AF566438

Natalie Schröder mit Ronja Treibholz

Die Zacken einer Krone

Wie ich als Straßenkind aus Kasachstan
meinen Wert bei Gott fand

NATALIE SCHRÖDER
mit Ronja Treibholz

Die ZACKEN einer KRONE

Wie ich als Straßenkind aus Kasachstan meinen Wert bei Gott fand

SCM

Stiftung Christliche Medien

Der SCM Hänssler ist ein Imprint der SCM Verlagsgruppe,
die zur Stiftung Christliche Medien gehört, einer gemeinnützigen Stiftung,
die sich für die Förderung und Verbreitung christlicher Bücher,
Zeitschriften, Filme und Musik einsetzt.

Einige Namen wurden aus Gründen des Persönlichkeitsschutzes geändert sowie manche Ortsnamen anonymisiert.

SCM Hänssler in der SCM Verlagsgruppe GmbH
Max-Eyth-Straße 41 · 71088 Holzgerlingen
Internet: www.scm-haenssler.de; E-Mail: info@scm-haenssler.de

Lektorat: Christina Bachmann
Umschlaggestaltung: Sybille Koschera, Stuttgart
Titelbild: Maggy Melzer, www.maggymelzer.com
Satz: typoscript GmbH, Walddorfhäslach
Druck und Bindung: GGP Media GmbH, Pößneck
Gedruckt in Deutschland
ISBN 978-3-7751-6218-0
Bestell-Nr. 396.218

Dieses Buch widme ich meiner ersten großen Liebe – meinem Ehemann Waldemar. Du bist das größte und wertvollste Geschenk, das ich je bekommen habe. In deinem Herzen und an deiner Seite ist mein Lieblingsplatz.

Mila und Lukas, ich möchte, dass diese Geschichte euch immer daran erinnert, dass mit Gottes Liebe alles möglich ist und ihr niemals allein seid! Denn Er liebt euch mit einer Liebe, die niemals aufhört, niemals aufgibt, niemals kaputtgeht und immer und ewig gleich stark bleibt.

Und an alle Niemandskinder, die dazu geschaffen wurden, eine Krone zu tragen.

Inhalt

1

ASCHENPUTTELS alte Schuhe

2009, Saran in Zentralkasachstan

Das gelb gestrichene, große Gebäude vor mir gleicht einem Spielzeughaus, das in einer Mülldeponie ausgesetzt wurde. Die hohe Fassade mit vielen Fenstern, der verzierte Zaun mit dem breiten Tor und die sorgfältig gepflegten Grünflächen im Vorhof – mitten im heruntergekommenen Nirgendwo Kasachstans. Umgeben von den dreckigen Straßen des ärmlichen Ortes Saran wirkt das Bauwerk deplatziert. Doch welcher Platz könnte sich für ein Kinderheim besser eignen als zwischen Schmutz und Armut?

Nadya öffnet das Gittertor und läuft zielstrebig den Weg zwischen den bewässerten Beeten entlang in Richtung Eingangstür. Ich folge der ehemaligen Heimmitarbeiterin langsam. Mein Blick schweift über die ordentlich geschnittenen Hecken, die geputzten Fensterreihen, das kleine, sechseckige Schwimmbecken in der Mitte des symmetrisch arrangierten Geländes. Alles will ich in mich aufsaugen und meine Augen kommen dabei kaum hinterher.

Wir erreichen den Haupteingang und Nadya klopft kräftig an die Metalltür. Nach vier Jahren Missionseinsatz im Kinderheim weiß sie auch nach längerer Abwesenheit, wie laut sie sich bemerkbar machen muss. Während wir einen Augenblick warten, blicke ich zurück zum Tor. Die grau-braune Straße hinter der Umzäunung scheint nun genauso unwirklich, wie es von außen das strahlend schöne Gebäude gewesen war.

Die Tür öffnet sich und eine Frau mittleren Alters begrüßt uns erfreut in russischer Sprache. Wir betreten den Eingangsbereich und stehen vor einem breiten Treppenaufgang, der sich nach einem Absatz aufteilt und entlang der beiden Raumseiten weiterverläuft. Die Heimerzieherin Tanja führt uns herum durch die Flure, die Küche, die Gemeinschaftsräume. Alle, denen wir begegnen, empfangen Nadya sehr herzlich und freuen sich über den Besuch einer Bekannten, die einst eine von ihnen gewesen ist. Auch ich werde freundlich begrüßt und antworte auf Russisch mit einem starken deutschen Akzent. Besucher von weit her, insbesondere aus Deutschland, ist das Kinderheim gewohnt.

Im Anschluss an den kleinen Rundgang stehen Nadya, Tanja und ich mit der langjährigen Mitarbeiterin Tante Lida in der Küche. Nach ein paar Worten des Austausches meint die Älteste im Kreis: »Wir warten alle noch auf die Ankunft von Natascha. Sie war ein Heimkind bei uns, kurz nach der Gründung des Heims. Sie möchte uns besuchen, hat man uns gesagt. Wir sind gespannt, ob sie heute noch kommt.«

Einen Moment lang schaue ich in das vertraute Gesicht.

»Ich bin da«, bricht es endlich aus mir hervor. »Ich bin Natascha.«

Der Speisesaal befindet sich mittlerweile in einem großen, achteckigen Anbau. Auf dem Weg zum neuen Gebäudebereich erscheint mir alles viel kleiner, so wie es den meisten Erwachsenen vorkommt, wenn sie Orte der eigenen Kindheit besuchen. Doch meine Neugier ist noch genauso groß wie damals. Die Mischung aus Bekanntem und Fremdem irritiert und lockt zugleich. Gespannt betrete ich den wabenförmigen Raum, wo sich die Heimgemeinschaft zu den Mahlzeiten versammelt.

Viele der Kinderaugen mustern neugierig die Fremde, andere linsen nur verstohlen herüber und tuscheln dann aufgeregt mit ihren Sitznachbarn. Mein Blick wandert durch das geräumige Zimmer und gleicht das Gesehene mit meinen Erinnerungen ab. Die Tische und Stühle sind neuer, aber von ähnlich robuster, schlichter Art. Wie zu meiner Zeit sitzen die Kinder nach Altersgruppen sortiert an den Tischen. Noch immer ist alles bunt und gemustert: die Vorhänge, die Wanddeko, die Kleider der vielen Kinder. Im Saal mischen sich Stimmengewirr und Geschirrklappern, Eintopfdampf und Teeduft.

Der Geruch erinnert mich an meine erste anständige Mahlzeit im Heim. So lecker, so reichlich – es weckte in mir glückliches Staunen und gieriges Verlangen. Ich wollte mehr davon und zukünftig nichts anderes mehr! Dementsprechend hastig verschlang ich auch meine Portion. Denn zu jenem Zeitpunkt wusste ich noch nicht, dass es von da an jeden Tag dreimal und ausreichend davon geben würde, ohne Hungerpausen und hartes Erkämpfen der Nahrung. Zubereitetes Essen, regelmäßig und sättigend, war in meiner Realität vor der Ankunft im Heim *Preobrashenije,* auf Deutsch so viel wie Umwandlung, undenkbar gewesen.

Unbewusst muss ich gleichzeitig lächeln und den Kopf schütteln: Wie viel Unbekanntes und Unglaubliches ich seither erlebt habe, hätte ich mir damals niemals vorstellen können. Mein Horizont wurde inzwischen um Welten erweitert, geradezu gesprengt.

Während ich ein paar Schritte weiter in den Raum gehe, betrachte ich aufmerksam die Tischgruppen, die beschäftigten Kinder und … stocke. Als sei ein Geschoss in meinem Herzen eingeschlagen, stoppe ich abrupt. Ausbremsende Schwere zieht an Herz, Verstand, Beinen. Kein Schritt ist mehr möglich und mein Blick verharrt wie magnetisch fixiert auf einem Punkt im Raum.

An einem der Tischenden sitzen einige ältere Heimkinder, mehr schon Jugendliche, nur wenige Jahre jünger als ich mit meinen neunzehn Jahren. Ich erkenne sie wieder: Sie saßen bereits als kleine Kinder im Speisesaal – mit mir zusammen. Auf der Straße Gestrandete und unverhofft im Heim Gelandete – wie ich. Für sie ist es bis zum heutigen Tag ihr Daheim geblieben.

Ich dagegen bin nun Gast. Die fremde Bekannte, die Urlauberin aus einem Zuhause, das wir uns damals immer als Schlaraffenland vorgestellt hatten. Das Eldorado unserer Sehnsüchte und Wünsche: Deutschland. Von dort bin ich angereist.

In der Gegenwart der bekannten Gesichter komme ich mir vor wie Aschenputtel, das das Schloss nur für einen Ausflug verlassen hat. Einst war ich genauso verloren, dreckig und verwahrlost im Haus *Preobrashenije* angelangt wie die Hiergebliebenen. Hatte gestaunt, rebelliert und mit dem neuen Alltag gekämpft. Ich war kein braves Töchterlein, kein verkanntes Prinzesschen gewesen.

»Die Frechste darf nach Deutschland«, hatten die anderen Kinder protestiert.

Und sie hatten recht. Ich verhielt mich meist mehr wie eine der Stiefschwestern aus dem Märchen und trotzdem holte ausgerechnet mich der Prinz ins Schloss. Wer war ich schon, als dass ich mit der Kutsche in den Sonnenuntergang nach Westen davonfahren durfte?

Wer bin ich geworden? Wer bin ich jetzt, fern von zu Hause und doch in meiner Heimat? Stiefschwester, Aschenputtel, Prinzessin oder … Niemandskind? Es fühlt sich an, als hätte ich meine Schuhe auf der Schwelle verloren und müsste sie nun selbst wiederfinden. Doch wohin wird es mich führen?

Langsam senke ich den Blick. Obwohl fest geschnürte Outdoor-Schuhe mich wärmen, sehe ich vor meinem inneren Auge kleine, nackte, leicht bläuliche Füße auf schmutziger Erde stehen, umgeben von aufgerissenen Zigarettenstummeln …

13 Jahre zuvor, 60 Kilometer südlich in Juschnij

»Natascha!«

Überrascht blicke ich auf und sehe den Jungen mit der hellen Stimme auf mich zurennen. Erst kurz vor mir bremst Alexej ab und zerquetscht dabei gleich drei der unbearbeiteten Kippen am Boden. Verärgert blicke ich ihn an. Mein Gegenüber zieht erschrocken die Schultern hoch, verwandelt den Reflex aber rasch in ein lässiges Schulterzucken und grinst unverfroren. Dabei macht er unauffällig einen kleinen Schritt zurück.

»Wo warst du denn?«, fragt er mich. Seine verfilzten, dunkelblonden Haare stehen zerzaust in alle Richtungen ab.

»Na hier«, grummle ich genervt und bücke mich nach einem weiteren Zigarettenstummel.

»Aber wolltest du nicht mit?«

Um meine Unwissenheit zu überspielen, schenke ich dem vergilbten Papierröllchen in meinen Fingern besonders viel Aufmerksamkeit, während ich es vorsichtig mit geübten Griffen öffne. Alexej springt ungeduldig von einem Fuß auf den anderen. Die fettigen Strähnen wippen mit.

»Meinst du zu den Bahnschienen?«, frage ich irgendwann, als mir bewusst wird, dass er auch bis zur bitterkalten Abenddämmerung auf meine Antwort warten würde.

»Nee«, winkt Alexej ab.

Obwohl der etwa Sechsjährige bestimmt nur ein paar Monate älter ist als ich, spielt er sich gerne wie die älteren Schulkinder auf. Wahrscheinlich ist er schlauer als ich, doch ich bin sicherlich geschickter. Ich drücke der Halbwaise mit meiner Rechten einen der Stummel in die Hand, während ich den Tabak aus meiner Linken in die kleine Plastiktüte zu meinen Füßen rieseln lasse.

»Sondern?«, hake ich nach.

»Wir wollten doch mal mit den anderen in die Keller!«

Vor Aufregung rutscht mir fast die gerade aufgehobene Kippe aus der Hand. Stimmt, das wollten wir! Schon seit zig Tagen, vielleicht sogar schon seit einer Woche. Ich weiß nicht, welchen Tag wir heute haben. Endlich werden wir in den verlassenen Häuserreihen im östlichen Ortsteil die Keller auskundschaften. Vielleicht finden wir ja ein paar Geister!

»Klar!«, antworte ich, ziehe die angekaute Hülle mit einer schnellen Drehung auf und kratze den stark riechenden Inhalt in meine Hand. Mit Genugtuung beobachte ich, wie sich Alexej mit dem Zigarettenstummel in seinen Fingern abmüht. Als er meinen Blick bemerkt, fällt ihm der erloschene Glimmstängel aus der Hand.

»*Blin* – Mist!«, flucht er und zermalmt das Tabakröllchen mit seinem nackten Fußballen. Entnervt, aber zugleich mit einem kecken Funkeln in den Augen, schaut er mich herausfordernd an. »Also? Kommst du mit?«

Sofort werfe ich den Papierfetzen fort und schütte das kümmerliche Häufchen achtlos in die Tüte. Viel ist nicht darin, aber egal, wie viel ich noch sammle, es wird meiner Mutter ohnehin nicht reichen. Morgen wird sie mich wieder losschicken, um Nahrung für eine ihrer Süchte zu besorgen. Auch wenn das Rauchen schon lange nicht mehr ihre größte Sucht ist.

»Hab ich doch gesagt: klar«, verkünde ich abenteuerlustig.

Eilig drehe ich die Öffnung der Plastiktüte zusammen und mache einen festen Knoten. Ich stopfe die Lieferung in meine zerschlissene Jackentasche, während wir zwischen den Dämmen aus Müll hindurchhasten. Mit jedem Schritt wächst die Nervosität, aber auf keinen Fall will ich mir die Chance auf Abwechslung entgehen lassen. Auch dann nicht, wenn sie sich »Geister« nennt.

2

LEBEN in der Leere

Das quietschende Knirschen lässt mich schaudern. Mit zusammengebissenen Zähnen unterdrücke ich den Impuls, mir die Hände auf die Ohren zu pressen. Denn keiner im Kreis macht das und ich will nicht als Einzige zeigen, dass das Geräusch in den Ohren wie eine schneidende Klinge schmerzt.

Ich frage mich, wie Dmitri das Jaulen des Eimers erträgt, während er ihn über den Boden durch Kies und Glassplitter schiebt. Wahrscheinlich dank seines Stolzes. Die Kiefermuskeln des Elfjährigen treten unter der Anspannung deutlich hervor, doch ansonsten lässt sich der Älteste in unserer Gruppe nichts anmerken.

Dmitri schiebt das umgedrehte, zerbeulte Gefäß langsam in geraden Linien kreuz und quer innerhalb des Kreises, den wir gebildet haben. Ab und zu klopft er auf den Boden des Kübels und wiederholt »Kommt her« oder »Sprecht zu uns«. Ich weiß nicht, was mir mehr Gänsehaut verursacht: die Aufregung, was wohl passieren wird, oder der schreckliche Ton. Soll ich fliehen oder abwarten, bis die Geister kommen? Sofern sie überhaupt kommen …

Meine Neugierde gewinnt das innere Tauziehen und meine Ohren müssen den Schmerz aushalten, so wie es mein Körper bereits vielfach gewohnt ist.

Die Kälte des feuchten Kellers in dem verlassenen und heruntergekommenen Haus ist vergleichsweise gemütlich. Zumindest verglichen mit den Laufwegen in den Wintertagen barfuß durch den kniehohen Schnee. Valerija reibt sich dennoch die Arme, als friere sie. Wahrscheinlich hat sie einfach nur Angst. Ihr großer Bruder Dmitri hat sie bestimmt wieder einmal ungefragt mitgeschleift. Ist sie auch dabei gewesen, als er ihre Oma beobachtet hat, wie sie die Geister rief? Vielleicht kommt daher Valerijas Angst. Vielleicht zu Recht…

Ihr Bruder hält inne und schaut zu den sechs um ihn Herumstehenden auf. »Sie sind gleich da«, sagt er mit einer Stimme, die ernst und wichtig klingt.

»Woher weißt du das?«, fragt Vasili mit großen Augen, die Hände durch den Bund bis in die Hosenbeine gesteckt, wie immer, wenn er nervös ist. Die Hose hat weder Taschen – dafür einige handgroße Löcher – noch einen Gürtel, sodass die gewohnte Geste sowohl das unruhige Fingerzucken versteckt als auch verhindert, dass der Sechsjährige plötzlich ganz ohne Hose dasteht. Komisch sieht er so handlos trotzdem aus.

Dmitri schenkt ihm nur einen herablassenden Blick. Stattdessen fährt Radik Vasili an: »Na, weil er es halt weiß! Er kennt sich damit aus!« Seine Worte hallen laut von den kahlen Wänden wider.

»Pscht«, zischt Dmitri.

Radik, sein persönlicher Schatten, zieht den Kopf ein. Flüsternd fügt er hinzu: »Wenn sie hier wohnen, sind sie ja nicht weit weg.«

Alle schauen sich unbehaglich in dem schmutzigen Raum mit der niedrigen Decke um. Das mulmige Gefühl in mir wächst. Ja, bestimmt wohnen hier Geister, wahrscheinlich von Verstorbenen. Vielleicht Vorfahren von denen, die dieses Haus verlassen haben. Ob sie verärgert sind, dass ihre Kindeskinder den Ort verlassen haben? Oder verstehen sie, dass die Nachfahren ihre Häuser dem Zerfall überlassen haben, der das ganze Land durchzieht? Dass sie aufgebrochen sind, um nicht selbst dem Verfall zum Opfer zu fallen? Wahrscheinlich lachen die Geister darüber, denn wie soll man das abwenden können. Es ist doch überall Zerfall. Wohin also fliehen?

Valerija stößt einen spitzen Schrei aus und alle zucken alarmiert zusammen – alle, außer Anatoly. Der lacht laut auf. Kichernd tippt er erneut auf Valerijas Schulter und kneift ihr feixend in die Wange. Die Siebenjährige läuft vor Scham und Ärger rot an. Anatoly erntet einen grimmigen Blick von Dmitri und sein Kichern ebbt rasch ab. Bei Valerijas großem Bruder weiß man nie genau, ob er sich für seine ängstliche Schwester schämt oder sich um das einzige von drei Geschwistern, welches die ersten fünf Lebensjahre überlebt hat, sorgt.

Radik steht der Ärger über den eigenen Schreck ins breite Gesicht geschrieben. Wütend zischt er den etwa Gleichaltrigen an: »Wenn du das noch mal machst, breche ich dir den Finger, Anatoly!«

In diesem Moment hören wir ein dumpfes Geräusch über uns, das augenblicklich von unserem lauten Aufschreien übertönt wird. Aufgescheucht wie eine Schar Hühner springen wir aus dem Kreis und dann kreuz und quer durch den Raum. Panisch stoßen unsere Körper aneinander, während wir Richtung Kellertreppe hasten. Dmitri hat schon das obere Ende erreicht, bevor ich zur ersten Stufe gelange. Hinter mir schnappt Alexej unkontrolliert nach Luft.

Endlich kommen wir oben an und stürzen einer nach dem anderen aus dem Gebäude. Keiner wartet oder schaut sich um, sondern alle rennen die Straße entlang weiter. Was auch immer das Geräusch verursacht hat – wenn es ein Geist war, ist er bestimmt schnell.

Mit Alexej fliehe ich auf kurzen Beinen durch die Gassen in Richtung unseres Wohngebiets. Wir schreien ununterbrochen, als könne das jenes unbekannte Etwas von uns fernhalten. Nach vier weiteren Abbiegungen spüre ich einen stechenden Schmerz in der Lunge und höre auf zu schreien. Als das Piksen zwischen den Rippen nicht besser wird, werde ich langsamer und komme zum Stehen. Alexej bemerkt es erst nach einigen Schritten und dreht sich um.

»Meinst du, es ist weg?!« Seine Augen sind geweitet vor Angst und dennoch kann sie das aufgeregte Funkeln darin nicht vollständig vertreiben.

»Ich … ich weiß nicht«, keuche ich mit zitterndem Atem. »Vielleicht bleiben die im Haus.«

Alexej nickt eifrig, wie wenn es dadurch wahr würde. Jedenfalls will er es ebenso gerne glauben wie ich. Das Geschehene zurücklassen – nur mit dieser Strategie gelingt es einem Kind in Juschnij, nachts einzuschlafen.

»Ich geh mal«, verkündet der Sechsjährige, eine seiner zottigen Strähnen zwischen den Fingern zwirbelnd.

Mein Atem beruhigt sich etwas und ich nicke: »Ich auch.«

Eine Straße stapfen wir noch gemeinsam entlang, dann biege ich in mein Viertel ab.

Der Schein der Sonne wird bereits trüber und das warme Licht überzieht das schmuddelige Braun und Grau mit einer bronzenen Schicht. Es überdeckt nicht die Risse im Boden, den allgegenwärtigen Dreck und die Ausscheidungen am Straßenrand. Doch die sanfte Helligkeit beruhigt mich ein wenig. Die Aufregung steckt mir noch in den Gliedern und lässt meine Hände zittern. Fast so wie bei allen Erwachsenen, die ich kenne, wenn sie seit längerer Zeit keine Flasche mit scharf riechender Flüssigkeit gehalten haben. Alle Erwachsenen, außer die im *Dom Molitvy*.

Bei dem Gedanken an diesen für mich besonderen Ort möchte ich am liebsten direkt mit dem Bus zu Oma fahren. Stattdessen erreiche ich die Straße mit den vertrauten Gebäudereihen. Die Mehrfamilienhäuser stehen einheitlich wie uniformierte Soldaten Spalier. Sie sehen auch ebenso wenig stramm und ordentlich aus wie die sowjetische Armee zurzeit.

Unsere Wohnung befindet sich in einem Haus, das sich von den angrenzenden nur durch die Musterung der Flecken auf der Fassade und die Anzahl an ausgeblichenen Vorhängen hinter den trüben Fenstern unterscheidet. Als ich mich den zwei Treppenstufen nähere, bemerke ich, dass die Tür offen steht. Noch bevor ich den Eingang erreiche, betritt ein Mann aus dem Haus rückwärtsgehend die Stufen. Ich kenne den breiten Rücken nicht – mein Halbbruder kann es nicht sein – und auch den runden Kopf mit lichtem Haar habe ich noch nie gesehen. Dem großen Rücken folgen zwei lange Arme, die eine Matratze hochkant heraustragen. Die Matratze erkenne ich sofort. Auf dem längst gelblich verfärbten Weiß zeichnet sich an einem Ende deutlich die Stelle ab, wo die bloßen Füße den Dreck des Tages im Schlaf abstreifen. An der nach oben gedrehten Kante prangt jener verlaufene blaue Fleck, der beim Kauen auf einer gefundenen Kugelschreibermine entstanden ist. Es ist meine Matratze.

Erstarrt schaue ich zu, wie mein abgenutztes Schlaflager das Haus mit zwei Männern an den Enden verlässt und um die nächste Mauer verschwindet. Unschlüssig stehe ich vor der offenen Tür. Vielleicht kommt noch jemand heraus? Doch eigentlich will ich nur nicht hinein – in die immer leerer werdende Wohnung, die gerade meinen einzigen eigenen Platz hat ziehen lassen. Zögerlich steige ich die Stufen zur Eingangstür hinauf. Dann schleiche ich die Treppen zur ersten Etage hoch, wo die Wohnungstür noch angelehnt ist. Beim Aufdrücken der verschrammten Holzplatte schlägt mir der wohlbekannte Geruch von zu Hause entgegen: verbrauchte Luft, Tabakqualm, Schimmel und der ganz eigene Gestank, der aus der Abstellkammer dringt. Schnell husche ich hinein, lasse Bad, Küche und das Schlafzimmer meiner Mutter hinter mir und betrete das Wohnzimmer. Bis auf einen Stuhl, ein niedriges Tischchen, viele leere Flaschen, vollgestopfte Plastiktüten und Kisten herrscht dort gähnende Leere.

Letzte Woche war nach unserer Stehlampe auch der Lampenschirm an der Decke verschwunden und die Birne hängt nackt vom Kabel herab. Da ich sie so gut wie nie anschalten darf, ist es ja eigentlich egal. Weil wir keine Gäste einladen, brauchen wir kein Sofa. Weil wir nur selten zusammen essen – wenn wir mal etwas zu essen haben –, reicht der kleine Tisch in der Küche. Weil wir keine Bücher mehr haben, brauchen wir keine Regale. Und die Kleider, die wir besitzen, tragen wir am Körper. Was übrig bleibt, passt in Tüten und Kisten, also sind auch die Schränke und Kommoden fort. Das sind alles gute Gründe dafür, dass Stück für Stück alles verschwand und verschwindet. Gute Gründe im Vergleich zur Wahrheit.

Einen Moment lang schaue ich zur hinteren Ecke im Raum, wo die staubfreie, rechteckige Fläche meine ehemalige Schlafstätte erkennen lässt. »Ehemalig« ist in dieser Wohnung und in dieser Familie für mich so viel greifbarer als in Bezug auf diese dauernd beschworene Sowjetunion, die es in meinem Leben nie gegeben hat. Alexejs Mutter meinte einmal, mit unserer Geburt sei die große Union gestorben. Was auch immer das bedeutet.

Ich kehre dem Zimmer den Rücken zu und laufe zurück zur Küche. Als ich die Tür aufdrücke, zeigt sich mir der erwartete Anblick. Der schmächtige Oberkörper meiner Mutter beugt sich mit gekrümmtem Rücken über den Küchentisch. Verkrampft sitzt sie vorne auf der Stuhlkante und wippt nervös mit den Füßen. Ihre zittrigen Finger stapeln sorgsam Münzen aufeinander, während ihre Lippen Zahlen vor sich hin murmeln. Wie aus einem Traum gerissen schreckt sie auf, als ich einen Schritt auf den Küchentisch zu mache. Die braunen Augen meiner Mutter versinken in dunklen Ringen und umrahmenden Falten. Hinter dem müden, trüben Schleier zucken die Pupillen kaum merklich hin und her. Dieses nervöse Flimmern erinnert mich an Opas Augen, als er das schlimme Fieber hatte, oder an den hektischen Blick der Straßenhunde, wenn sie in die Ecke getrieben werden, kurz vor dem Schlag mit dem Stock auf ihren Kopf.

Mamas Augen kommen mir heute noch verengter vor und es liegt mehr darin als die dauerhafte Müdigkeit. Etwas, das so schwer ist, dass es ihre Augen hinabzieht, bis sie auf den Tisch starren. Ihr Blick wirkt leerer als unser Wohnzimmer, während sie die letzten der wenigen Münzen aufschichtet. Angespannt presst sie die Ellenbogen auf die Tischplatte und beißt sich auf die Unterlippe.

Dann plötzlich wendet sie mir den Kopf mit aufgerissenen Augen zu und fragt mit heiserer Stimme: »Natascha, hast du den Tabak?«

Sofort greife ich in meine Jackentasche. Erleichtert ertaste ich den Knoten, der das gesammelte Gift sicher in der Plastiktüte bewahrt hat.

1996, Juschnij

»Du dreckige Sau!«, die donnernde Stimme des Jugendlichen hallt durch die leeren Räume, bevor sein Fuß mit Wucht in dem Bauch meiner Mutter landet. Japsend geht sie in die Knie und stützt sich mit der Hand an der schmutzigen Flurwand ab. Erneut zieht Evgenij das Bein an und schleudert die kraftlose Frau mit einem Tritt auf den Brustkorb zu Boden.

»Wo ist die Flasche?!«

Verängstigt drücke ich mich in den Türrahmen der geschlossenen Abstellkammer. Sonst meide ich das Zimmer, so gut ich kann, doch kein Schrecken reicht an den Zorn meines Halbbruders heran. In diesem fast täglichen Geschehen ist es immer gut, sich bereits in der Nähe der Haustür zu befinden. Die Klinke lockt nur zwei Schritte entfernt, doch noch wage ich nicht, mich zu rühren. Noch könnte ich in das Blickfeld des Sohnes von Mamas erstem Mann geraten. Dann würde ich auch Zielscheibe seiner Aggression werden.

»Wo ist die Flasche?! Ich habe sie gestern in die Küche gestellt. Hast du sie leer gesoffen, du missratenes Drecksweib?!«

Mama dreht sich stöhnend auf die Seite, eine Hand auf den Bauch, die andere auf die schmerzende Stelle zwischen den Brüsten gepresst. Die kleine Beule dazwischen wächst seit Monaten. Mittlerweile zeichnet sich eine walnussgroße Kugel unter dem dünnen, abgewetzten Stoff ihrer alten Bluse ab.

»Ich … ich habe sie nicht ge … ge …«, keucht sie.

»Natürlich hast du sie gesoffen!«

Evgenijs Brüllen schmerzt in den Ohren, aber auch das instinktive Draufpressen der Hände scheint mir zu riskant.

»Selbst dein widerlicher Gestank kann den Wodka-Geruch nicht verstecken! Du hast meine Flasche geleert! Meine, meine, meine …«, bei jedem Wort drischt der Jugendliche auf seine Mutter ein, die sich wehrlos mit verdrehten Augen auf dem Boden krümmt.

Ich erkenne meine Chance, springe zur Wohnungstür und reiße sie auf. Ohne sie zu schließen, flüchte ich die Treppen hinunter und stürze aus dem Haus ins Freie. Erst zwei Straßen weiter werde ich langsamer und versuche, zu Atem zu kommen. Die Luft ist eisig, doch sie fühlt sich gut an. Alles, was fern von Streit und Schlägen ist, schmeckt nach Freiheit. Dafür nehme ich gerne den kalten Boden unter nackten Füßen und den trüben Himmel über dem bloßen Kopf in Kauf. Noch ist es Tag, wenn auch Wolken die Sonne verdunkeln. Mein Halbbruder ist erstaunlich früh von wo auch immer nach Hause zurückgekehrt. Vielleicht haben seine Bekannten keinen Alkohol mehr gehabt und er hat nicht gewusst, was er heute noch anstellen könnte, um an Geld zu kommen.

Es ist also noch Zeit, etwas zu essen zu beschaffen oder es zumindest zu versuchen. Ich beginne mit der ersten Option: betteln. Zunächst versuche ich es in den bewohnten Hochhäusern. Nacheinander klopfe ich an den großen, farbigen Türen. Viele sind mit dicken Polstern verkleidet, andere präsentieren das wuchtige Holz, aus dem sie bestehen. Wie immer sind die meisten Leute abweisend. Wenn sie trotz des Rausches, in dem sich die meisten befinden, überhaupt öffnen können und das auch tun, ohne zu prüfen, wer stört, dann schlagen sie die Tür in der Regel wieder zu, bevor ich etwas sagen kann.

Oder sie beginnen zu schimpfen und schreien: »Meinst du denn, ich hätte selbst noch was zu kauen außer Tabak? Und selbst davon ist jedes Gramm zu gut für ein nichtsnutziges Ding wie dich! Scher dich weg!«

An manchen Tagen treffe ich Menschen zu Hause oder unterwegs an, die mir doch eine Kleinigkeit zustecken aus Mitleid oder weil sie nicht mehr richtig mitbekommen, was sie tun. Dieses Mal habe ich lange Zeit kein Glück, auch nicht bei den Reihenhäusern einen Block weiter. Doch endlich beugt sich eine sehr alte Frau über eine der Türschwellen. Ihr Rücken ist so tief hinabgekrümmt, dass sie das eingefallene Gesicht nicht höher als meines heben kann.

»Schau dort«, ihr knochiger Finger zeigt zu einem zerbeulten Blechbottich an der Wand zwischen den Häusern. »Da kannst du dir was nehmen, wenn du was findest.«

Mit kurzem Nicken danke ich und haste zum Müllbehälter. Enttäuscht ziehe ich eine leere Flasche und eine zerrissene Verpackung nach der anderen daraus hervor. Doch dann entdecke ich in einer Plastikbox angetrocknete Essensreste. Gierig nuckle ich an ihnen herum und ich stelle mir vor, wie die kleine Menge sich vermehrt und meinen Magen ausfüllt. Doch das kann sie nicht und der nagende Hunger bleibt. Mehr ist aus der Tonne nicht zu holen, also ist jetzt die zweite Option der Essenssuche an der Reihe.

Zielstrebig husche ich durch die Gassen und treffe unterwegs auf Vasili und seine Cousine Toma. Zusammen eilen wir zu dem großen Platz zwischen den Häuserblocks im Süden der Ortschaft, wo sich eine seit Langem anwachsende Hügellandschaft aus Müll ausbreitet. Die meisten Gipfel und Täler haben wir bereits ausgeweidet, doch in den vorderen Bereichen kann man immer wieder auf »Frischgut« hoffen, das erst wenige Wochen alt ist. Aber auch hier will sich heute keine ertragreiche Beute finden lassen.

»Morgen können wir zum Friedhof.«

Die Hände zwischen leeren Konservendosen vergraben, recke ich den Kopf, um den Sprechenden anzusehen. Vasili kniet auf einem umgedrehten Stuhl mit aufgeschlitzten Polstern. Wobei das Ding mehr wie eine Liege mit Armstützen aussieht und verschiedene Drehknäufe und Hebel hat. Wer besitzt solche Stühle in seiner

Wohnung? So etwas habe ich noch nie in irgendeinem Haus gesehen. Vielleicht, weil sie alle hier gelandet sind?

Vasili spielt an einer rostigen Rasierklinge herum, während er weiterspricht: »Da soll's wieder was geben.«

»Was denn?«, frage ich gespannt und taste blind mit den Fingern weiter in dem Müll unter mir.

»Essen!«, wirft Toma aufgeregt dazwischen. »Viel und frisches.«

»Ein Fest«, antwortet Vasili fast zeitgleich. »Weiß nicht genau, was da los ist, aber Radik hat gesagt, dass es wieder was an den Gräbern gibt.«

Der Gedanke an einen Ausflug auf den Friedhof entfacht augenblicklich Vorfreude in mir. Der Ort ist so besonders, so anders als die Gassen und Plätze in Juschnij. Ein weites Stück außerhalb der Siedlung wirkt der Ort tatsächlich friedlich. Das Hellblau der Stangen, welche wie Geländer geformt die Gräber umzäunen, sticht in der öden, farblosen Landschaft hervor. Die großen Steinplatten sind verziert und je nach Wetter ganz kalt oder herrlich warm.

Und besonders verlockend wird dieser Ort der freundlichen Zäune, wenn eines der Feste stattfindet. Keines der anderen Kinder konnte mir auch nur bei einer der Feiern sagen, warum sie überhaupt stattfindet. Aber das ist nicht so wichtig, entscheidend ist: Sie bringen Essen ein! Genauer gesagt: Viele Leute kommen und legen Speisen und Getränke auf die Steinplatten, wohl für die Menschen, die darunterliegen. Keine Ahnung, ob die das noch brauchen oder wollen. Wir brauchen und wollen und holen es, wenn alle wieder gegangen sind. Dann erbeuten wir frisches, leckeres Gebäck, wie ich es sonst nie kosten kann. Ganz süße Flüssigkeiten, manche blubbern und prickeln herrlich auf der Zunge und später im Bauch. Und sogar Süßigkeiten!

Ganz selten habe ich ein paar wenige solcher bunt verpackten Bonbons finden können, wenn ich mit einigen Kinder in den verlassenen Häuser Juschnijs die Schränke durchwühlt habe. Alexej war auch ab und zu dabei. Er hat eine Packung Mehl entdeckt. Aber es ist keine gute Idee, das weiße Pulver pur in den Mund zu schütten. Mein Hals wird ganz trocken, während ich mich daran erinnere. Doch sofort läuft mir wieder das Wasser im Mund zusammen, wenn ich an die angekündigte Chance denke.

»Ich komme mit«, verkünde ich.

Im gleichen Moment ertasten meine Finger etwas. Triumphierend ziehe ich die Faust zwischen den Dosen hervor, deren scharfe Deckelränder mir den Handrücken ritzen. Gute Beute liegt darin: eine ausgedrückte Zahnpastatube! Aber nicht so sorgfältig ausgedrückt, wie ich darin erfahren bin. Sofort lege ich den Kopf in den Nacken und sauge eifrig an der Tube, während meine Finger ihren Leib ausquetschen. Meinen Blick in den Himmel gerichtet, entdecke ich im Dunkelblau den inzwischen aufgegangenen Mond.

Es liegt ein gutes Stück Fußmarsch vor mir. Ich beschließe, mich nach diesem Abendessen auf den Weg zurück zu der Wohnung zu machen, wo meine Mama wahrscheinlich noch im Flur liegt.

Der Gedanke verlangsamt meine Schritte. Aber wohin soll ich denn sonst gehen? Letztlich muss ich entscheiden, ob ich die Nacht auf der Straße verbringe oder innerhalb der Wände, die »Zuhause« genannt werden. Ist das wirklich eine Wahl, wenn es ums Überleben geht?

3

STERBEN tun nur Kaltgeduschte

Ein paar Tage später schlendere ich lustlos durch eines der westlichen Viertel von Juschnij. Endlich stoße ich auf Alexej und wir beschließen, wieder einmal an den Bahngleisen zu spielen. Dort lungern ein paar ältere Schüler herum und machen Trinkspiele mit bereits halb geleerten Flaschen. Alexej und ich laufen ein Stück an den Schienen entlang, bis wir weit genug vom Gegröle entfernt sind. Dort legen wir ein Ohr an das aufgewärmte Metall und lauschen. Mehrere Minuten lang harren wir so aus, bis wir zeitgleich aufspringen und durcheinanderrufen.

»Er kommt!«

»Schnell, die Steine!«

»Pass auf, dass sie nicht runterrutschen!«

Hastig klauben wir ein paar Kieselsteine neben den Gleisen auf und legen sie auf die ebene Schienenoberfläche. Der ruckelnde Zug ist bereits in Sichtweite, als Alexej noch versucht, zwei Steinchen übereinanderzustapeln. Als es ihm gelingt, springt er an meine Seite, doch der kleine Turm fällt unter der Erschütterung der herandonnernden Bahn zusammen, bevor sie ihn erreicht. Die übrigen Kiesel werden unter den breiten Metallrädern zermalmt.

Die rostigen Waggons ziehen klappernd vorüber und treiben uns erfrischende Luftstöße entgegen. Dunkle Strähnen flattern mir wild ins Gesicht. Es erinnert mich an den Fahrtwind bei den gemeinsamen Ausflügen mit meinem Papa. Er fährt fast jeden Tag mit Zügen, sogar ganz vorne bei den Hebeln und Knöpfen. Früher hat er mich ab und zu mitgenommen, als er noch bei uns gewohnt hat. Mama und er stritten oft und heftig miteinander. Nun lebt er bei seiner Mama und ich besuche ihn nur manchmal. Züge sehe ich weitaus öfter als ihn, aber das war vor der Trennung eigentlich auch schon so.

Sobald der letzte Wagen uns seine Rückseite zeigt, eilen wir zu den zwei Schienensträngen. Staub – mehr ist von den Steinchen nicht mehr übrig. Begeistert schieben wir die Überreste zusammen und beginnen, auf dem stählernen Untergrund Häufchen, Spuren und Muster zu formen. Mit dem nächsten Zug beginnt das Spiel von vorn. So vertreiben wir uns die Zeit bis zum späten Nachmittag. Als lange kein Zug mehr kommt, wissen wir, dass erst wieder nachts Waggons vorbeiziehen werden. Wir machen uns auf den Weg, jeder zu sich nach Hause.

Mama sitzt am Küchentisch mit den Ellenbogen auf der Platte, den Kopf auf die Hände gestützt. Ihr Blick geht ins Leere. Es stinkt aus der Abstellkammer und ich flüchte ins Wohnzimmer. Doch dort tigert Evgenij umher. Schnell will ich wieder kehrtmachen.

Zu spät. »Natascha«, bellt sofort seine heisere Stimme. »Komm her!«

Ich gehe einen halben Schritt auf ihn zu.

»Du sollst herkommen!«, faucht mein Halbbruder ungeduldig.

Zaghaft wage ich mich zwei ganz kleine Schritte näher. Evgenij greift in seine Hosentasche und zieht seine Faust daraus hervor. Ich weiche instinktiv ein Stück zurück. Ärgerlich packt der Jugendliche meine Hand und drückt mir grob eine Münze in die Hand.

»Geh und kauf mir Zigaretten beim Kiosk!«

Unschlüssig betrachte ich das Geldstück in meiner Hand, dann schaue ich zu meinem Halbbruder auf. Seine dunkelbraunen Augen signalisieren unmissverständlich, dass er weder Widerrede noch Zögern duldet. Rasch nicke ich und eile aus der Wohnung.

Ein paar Straßen weiter befindet sich der Kiosk. Eine Art Container, in dessen lange Wandseite eine große Glasscheibe eingelassen ist. Dahinter hockt ein Mann, abwesend in eine Zeitschrift versunken, umgeben von lauter bunten Sachen: Heftchen, Flaschen, Zigarettenschachteln, verschiedenster Kleinkram und … Süßigkeiten!

Von jeder vorhandenen Sorte klebt ein Exemplar an der Scheibe, sodass die Auswahl einem direkt vor der Nase hängt. Unerreichbar – zumindest so lange, bis man durch die kleine, eckige Öffnung in der Scheibe einen Schein oder eine Münze in das Körbchen auf der Ablage legt. Mein Blick streift die vielen unterschiedlichen Zigarettenschachteln an der Wand hinter dem Mann. Dann kehrt er zurück zu den verlockenden Süßwaren an dem schmutzigen Glas.

Mein Finger hinterlässt einen weiteren Abdruck darauf, als ich auf einen der hinter der Scheibe klebenden Schokoriegel tippe. Die älteren Kinder nennen ihn »Snickers« und es duftet so gut, wenn ihn jemand isst. Der unrasierte Mann zieht einen der Riegel aus der Pappschachtel hinter sich und ich lege die Münze in das Körbchen, ohne zu ahnen, wie viel mehr mich diese Köstlichkeit noch kosten soll.

Sofort reiße ich die glänzende Verpackung auf, halte sie an die Nase und ziehe den süßen Geruch ein. Der Duft ist schwer vor Zucker, gleich einer angefüllten Wolke kurz vor dem Regen. Unwiderstehlich wie ein Sog. Mein gieriger Biss durchdringt den dicken Schokoladenkokon und die dunkle Kruste bricht mit einem köstlichen Knacken auf. Die Zähne graben sich in die zähe, cremige Masse, die sich wie dickflüssiger Kleber um sie legt und sie augenblicklich zu versiegeln scheint. An manchen Stellen sticht und pikst es. Mein Mund ist voll mit pappsüßer, herrlicher Masse. Die Süßigkeit schickt Genussraketen durch meinen Körper, die im Magen, im Kopf, auf der Zunge, eigentlich überall, prickelnd explodieren. Um das Ende hinauszuzögern, zwinge ich mich, den Schokoriegel ganz langsam zu genießen und den Geschmack Happen für Happen aufzunehmen.

Doch unaufhaltsam rückt mir ins Bewusstsein, dass ich zu Hause nicht zu lange auf mich warten lassen darf. Eigentlich will ich gar nicht mehr zurück. Der Gedanke an das, was mich dort erwartet, verstärkt den Wunsch, die Verpackung würde nie leer werden und ich könnte von dem Riegel unendlich oft abbeißen. Zuletzt bleibt nur noch ein hauchdünner Schokoladenstreifen auf der glänzenden Folie zum Abschlecken übrig.

Um das ungute Gefühl, das in mir wächst, zu unterdrücken, konzentriere ich mich auf den intensiven Nachgeschmack. Die Zunge nuckelt an den hartnäckigen Resten zwischen meinen Zähnen, während ich Schritt für Schritt den Weg zurücktrödle. Irgendwann ist alles aus den Ritzen hervorgesaugt und ich stehe wieder im Flur vor der Wohnzimmertür.

Mit den letzten Spuren der Süße ist auch alle Freude daran verschwunden. Jetzt breitet sich das unterdrückte Gefühl mit voller Wucht in mir aus: Angst.

Evgenijs Augen funkeln mich zornig an. Seine Stimme ist ungewöhnlich leise, ein Furcht einflößendes Zischen: »Wo sind die Zigaretten?«

Ich schlucke schwer und hoffe, dass wirklich alle Schokoladenreste samt Geruch beseitigt sind. Auch meine Stimme ist ganz leise, fast nur ein Nuscheln: »Ich habe keine.«

»Wo ist das Geld?!«, die Stimme des Jugendlichen schwillt bedrohlich an.

»Ich habe es verloren …«

Es folgt kein Schreien, kein Werfen von Gegenstanden, keine schlagenden Fäuste. Schlimmer. Evgenij steht beängstigend still. Mit bebender Stimme spricht er schließlich das Urteil: »So, Natascha, ich werde dich jetzt dafür umbringen.«

Dann bricht der Sturm aus. Rasende Wut schießt meinem Halbbruder durch den Körper, sodass er angespannt zittert. Seine Gesichtszüge verzerren sich zu einer harten Maske. Mit festem Griff packt er meinen Arm und zerrt mich in den Flur. Vor Schreck stolpere ich fast über meine eigenen Füße, doch Evgenij schleift mich unnachgiebig weiter zur Badtür.

Aus dem Augenwinkel sehe ich, wie Mama den Kopf hebt und durch den offenen Kücheneingang herüberschaut. Aber Evgenij stößt mich bereits in das gekachelte Zimmer, schlägt die Tür zu und schließt ab.

»Ich werde dich umbringen«, wiederholt er, während er seinen Gürtel öffnet und aus dem Hosenbund zieht.

In dem kleinen, kalten Bad breitet sich der Alkoholgestank aus, den Evgenij ausdünstet. Ich bekomme Todesfurcht. Er wird es tun. Kein Zweifel. Er hasst mich schon immer und trunken vom Wodka wird er vor nichts zurückschrecken. Seit ich ihn kenne, habe ich ihn noch nie mit Hemmungen erlebt. Er wird mich heute töten.

Ein dumpfer Schlag lässt mich zusammenzucken. Doch er hat nicht meinen Körper getroffen, sondern die Badtür.

»Evgenij, lass sie!« Unsere Mutter auf der anderen Seite klingt verzweifelt. Sie weiß wie ich, dass mein Bruder keine leeren Drohungen macht.

»Ich werde dich umbringen«, knurrt dieser nur immer wieder und beugt sich über die Badewanne. Er dreht den Kaltwasserhahn ganz auf und wendet sich mir wieder zu: »Vor dem Tod muss man sich kalt abduschen.«

Wie eingefroren starre ich gefühlt minutenlang ich den Wasserstrahl, während mein Halbbruder eine Schlaufe mit dem Gürtel formt und die Wanne sich immer weiter füllt. Das Rauschen vermischt sich mit den Rufen unserer Mutter: »Evgenij, hör auf! Lass mich rein! Lass sie raus! Hör auf damit!«

Die Schlaufe scheint meinem Bruder ausreichend gelungen und er prüft als Nächstes die Verankerung der Heizung links von der gefüllten Wanne. Mit einem Sprung steht er wieder vor mir. Hasserfüllte Augen starren auf mich herab. Die Pupillen zucken angespannt wie im Wahn. Dann streift er plötzlich die Gürtelschlaufe über meinen Kopf und zieht sie auf Halshöhe zu.

Schmerz und Panik explodieren in mir. Evgenij schnürt den Riemen so fest, dass mir augenblicklich die Luft wegbleibt. Strampeln hilft nicht und nach nur wenigen Augenblicken ist mein Körper unfähig, sich weiter zu wehren. Mir wird bereits schwarz vor Augen, als Evgenij mich ruckartig vorwärtszieht. Ich sehe nicht mehr, ob zur Wanne oder zur Heizung. Das Poltern an der Tür verschmilzt mit dem Pochen in meinem Kopf. Alles geht über in ein dumpfes Rauschen, während ich in dunkler Leere versinke.

Das Erste, das ich wahrnehme, sind Schmerz und Übelkeit. Ich kann nicht zuordnen, wo es schmerzhafter pocht: im Kopf oder im Hals.

Als ich die Augen aufschlage, sehe ich nur verschwommene Flächen aus schummrigem Grau. Langsam stellt sich die Umgebung scharf und ich erkenne die vergilbte Zimmerdecke über mir. Der Blick um mich herum bestätigt, dass ich im Schlafzimmer meiner Mutter liege. Nach und nach spüre ich auch die Matratze unter mir und die dünne Bettdecke auf mir. Doch je mehr ich wahrnehme, desto mehr macht sich der glühende, pulsierende Schmerz im Hals bemerkbar. Jeder Schluck sticht brennend.

Ich halte es nicht mehr aus, schlage die Decke zurück und schwinge meine Beine aus dem Bett auf den Boden. Der Schwindel lässt das Zimmer kreisen. Ich muss kurz warten. Vorsichtig stehe ich auf und schwanke mit dröhnendem Schädel zur Tür. Von dort aus taste ich mich weiter durch den Flur zur offen stehenden Küchentür. Immer wieder wird mir schwarz vor Augen und nur meine Finger helfen mir, mich zu orientieren – oder zumindest festzustellen, ob ich noch aufrecht stehe.

Am Küchentisch sitzen meine Mutter und mein Halbbruder, der mich töten wollte. Mama schaut mich mit einer Mischung aus Sorge und Erleichterung an. Die Falten und die dunklen Schatten der Augenringe haben sich tiefer in ihr Gesicht gegraben. Evgenij dreht den Kopf zu mir und mustert mich mit kühlem Blick. Das Bild verschwimmt immer wieder und der Wirbel in Kopf und Magen zwingt mich, mich an den Türrahmen zu klammern.

»Mir ist schwindelig.«

Die Gesichtszüge meines Halbbruders versteinern und der Anblick erinnert mich an die schrecklichen letzten Szenen vor der schwarzen Leere. Mein Magen zieht sich krampfend zusammen, als in seinem Blick erneut das Funkeln aufblitzt.

Doch Evgenij rührt sich nicht, stattdessen schleudert er mir die beängstigende Drohung hin: »Das nächste Mal wirst du nichts mehr spüren.«

Die Furcht im Gesicht meiner Mutter verstärkt meine eigene und ich wende mich schnell von der Küche ab. Etwas zu abrupt, denn ich kippe vornüber und kann mich gerade noch mit den Händen auf dem Boden abstützen. Taumelnd erreiche ich das Bad und merke erst, als ich darin stehe, dass es seit gestern der furchtbarste Ort ist, den ich kenne. Aber ich habe Durst und ich weiß, dass ich diesen Raum auch zukünftig nicht meiden kann. Wie so oft in meinem Leben muss ich einfach tun, was ich eigentlich nicht will, weil ich es brauche.

Meine Hände umklammern das Waschbecken und ich lehne mich vorsichtig zum ungleichmäßigen Wasserstrahl aus dem Hahn hinunter. Die Kühle im Gesicht tut gut, doch als ich schlucken will, beißt der Schmerz in der Kehle wieder zu. Unerträglich, als sei ein kantiger Klumpen glühende Kohle darin stecken geblieben.

Ich richte mich wieder auf und sehe im Spiegel mein Gesicht. Einen kurzen Moment lang erkenne ich gar nicht, dass es meines ist. Meine Haut ist aschfahl, das Weiß in meinen Augen rosa und es sieht alles irgendwie entstellt aus. Als ich den Kopf leicht hebe, entdecke ich ein violettes Band an meinem Hals. Der tiefe Abdruck zeichnet dunkel den Gürtel nach, der mein Leben abgeschnürt hat. Warum nicht endgültig, kann ich mir nicht erklären. Was während der schwarzen Leere geschehen ist, wird das Geheimnis dieses gekachelten Zimmers mit der Badewanne bleiben.

Vorsichtig taste ich erst meinen Hals ab, dann meine Haare. Sie sind trocken. Vielleicht bin ich deswegen nicht tot. Denn sterben tun nur Kaltgeduschte.

1997, Juschnij

Wenige Monate später kann ich den Tod wachsen sehen. Ich stehe im Zimmer, in dem ich nach der schwarzen Leere aufgewacht bin, vor dem Bett, in dem nun Mama liegt – seit Tagen, Wochen, Monaten. Würde ich schon länger zur Schule gehen, könnte ich die Tage bestimmt genau zählen. Aber ich habe erst vor Kurzem die Zahlen bis zur Zwanzig im Unterricht gelernt.

Gerade jetzt wäre ich viel lieber in der Schule als hier. Es hat mir dort vom ersten Schultag an gefallen. Im Unterricht bin ich beschäftigt, ich lerne viel und bin mit einer großen Gruppe von Kindern unterschiedlichen Alters zusammen. Die ganze Zeit über ist eine erwachsene Person für uns da. Persönliche Aufmerksamkeit erhält zwar meist nur derjenige, der stört oder eine Aufgabe vortragen muss, aber die Lehrerin scheint tatsächlich Interesse an uns zu haben. Schließlich kommt sie täglich nur für uns und erklärt eine Menge Sachen, von denen ich noch nie etwas gehört habe. Es gibt sogar Aufgaben für zu Hause. Dann habe ich den Rest des Tages noch länger was davon und etwas zu tun. Heute bin ich schnell fertig geworden und weiß nicht so recht etwas mit mir anzufangen.

Also besuche ich Mama an ihrem Bett. Vor einiger Zeit kamen Leute aus dem Gebetshaus, wo ich gerne hingehe, wenn ich Oma besuche. Sie haben mitbekommen, dass die Beule zwischen Mamas

Brüsten immer größer wird und sie sich kaum mehr bewegen kann. Diese »Baptisten« kamen eines Tages mit einem Bett, damit meine Mutter nicht länger auf der Matratze am Boden liegen muss.

Ich ziehe einen verpackten Keks aus der Hosentasche und lege ihn auf die Decke über Mamas Bauch. Den habe ich beim letzten Hochhaus-Plündern erbeutet und aufbewahrt. Auch Mama hat immer wieder Essen für mich aufbewahrt, vor Evgenij versteckt und mir zugesteckt. Nun zuckt sie nur kurz mit dem Kopf und ihre Augenlider flattern. Ich öffne die Verpackung und lege den Keks auf der anderen Seite des Körpers auf die Matratze.

Als ich die Bettdecke auf meiner Seite leicht anhebe, schlägt mir eine Welle an widerlichem Geruch entgegen. Doch ich kenne viele schlimme Gerüche und dieser eklige Gestank herrscht schon lange in unserer Wohnung. Mein Blick streift kurz die faulenden Füße am unteren Bettende, dann krabble ich unter die Decke an die Seite meiner Mutter.

Ich lausche ihrem schwachen Atem und spüre die laue Wärme des unbewegten Körpers, der Tag für Tag von unten nach oben verfault. Mama kann schon lang nicht mehr das Bett verlassen, sich kaum regen, nur leise stöhnen und ein paar Worte formen. Sie wird sich wohl auch nicht mehr kalt duschen können.

Meine Halbschwester wohnt ein Stück von unserem Ort entfernt mit ihrem Mann und ihren Kindern – und mittlerweile auch mit unserer Mutter. Deswegen bin ich nun zu Oma gezogen und besuche von dort aus weiter die erste Klasse und immer wieder *Dom Molitvy*.

Schon bei früheren Besuchen bei der Mutter meiner Mama haben mir Kinder von diesem besonderen Haus erzählt. Als ich mitging, bestätigte sich der gute Ruf, der sich bei uns herumgesprochen hatte. In dem Haus, das wohl irgendwie eine Kirche ist, dürfen wir in die warmen, sauberen Räume kommen, es gibt Essen und warme Milch und Erwachsene erzählen uns Geschichten aus einem Buch, das sie »Bibel« nennen. Besonders spannend finde ich den Mann, der in fast allen Erzählungen vorkommt. Dieser »Jesus« ist immer zu allen freundlich. Er verhält sich so anders als alle, die ich kenne. Von ihm bekommen die Leute den Luxus, der sich Liebe nennt.

Für mich ist das Gebetshaus *Dom Molitvy* ein Zufluchtsort, weil es leicht zugängliche Hilfe zum Überleben bietet: Nahrung, Wärme und einen Ort ohne Streit und Gewalt. Wann immer meine Großeltern meist im Suff streiten, schreien und beginnen, aufeinander einzuschlagen, renne ich zwischen ihnen hindurch ins Freie. Erst mal draußen, habe ich es nicht weit bis zu den Baptisten, in deren Haus des Gebets ich für eine Weile einfach nur sein kann.

An einem Abend versammeln sich wieder einmal mehrere Erwachsene bei meinen Großeltern. Natürlich zum Trinken. Eine Flasche nach der anderen wird geleert und die Stimmen werden lauter. Ich flüchte auf die Straße, wo bereits andere Kinder herumlungern. Die meisten sind älter und probieren sich im Drehen von Zigaretten.

»Willste mal eine probieren?«, fragt mich einer der Ältesten in der Runde.

Ich nicke. Der kleine Drahtige stopft eine Portion der gesammelten Tabakreste in ein rechteckiges Papierchen und rollt es zusammen. Mit einem »Hier!« steckt er es mir zwischen die Lippen, die ich rasch aufeinanderpresse, damit der Stängel nicht herausfällt. Ein großes Mädchen mit kurz rasierten Haaren kämpft mit dem Feuerzeug, bis endlich eine kleine Flamme erscheint. Sie hält es an das Röllchen in meinem Mund und augenblicklich entzündet sich das gesamte Papier. Kreischend springen die anderen zurück.

Die Stichflamme schlägt mir entgegen und verzehrende Hitze beißt in meine Lippen. Instinktiv spucke ich den lodernden Stummel aus und schlage mir auf den Mund. Einige der Umstehenden laufen weg, die anderen kreischen oder starren mich nur entsetzt an. Benommen vom Schock stolpere ich zurück zum Haus meiner Oma und laufe ins Wohnzimmer.

Einige Männer schreien aufgebracht über den Tisch hinweg durcheinander. Zwei Erwachsenen ist der Kopf auf die Platte gesunken. Eine Frau sitzt in ihren eigenen Ausscheidungen. Mein Blick irrt umher, bis er ein kleines, gefülltes Gläschen entdeckt. Rasch greife ich danach in der Hoffnung, dass die klare, kalte Flüssigkeit die Hitze auf und um meine Lippen herum löscht. Aber stattdessen noch mehr brennender Schmerz! Erst als er etwas nachlässt, kann ich wieder denken. Es war kein Wasser, sondern Wodka.

Doch wie schon beim Gürtelabdruck um meinen Hals kümmert sich niemand darum. Immerhin scheint der Alkohol die Wunde desinfiziert zu haben, sodass sie rasch verheilt. Wie gewohnt versorgt sich mein Körper selbst und schon bald sind von dem Vorfall keine Spuren mehr zu sehen, denn Niemandskinder lernen, niemanden zu brauchen.

1998, Juschnij

Es ist ein schöner Tag, an dem Oma mir sagt, dass Mama gestorben ist.

Die Sonne scheint und für mich ist das Wichtigste: Wir werden zur Beerdigung gehen und dort darf ich neben dem Sarg auf dem besonderen Auto sitzen. Viele Leute werden mitlaufen, wir fahren zum Friedhof und danach gibt es viel Essen. So habe ich es schon von anderen gehört.

Ich kann es kaum erwarten, auf dem Wagen mitzufahren. Doch am Tag der Beerdigung müssen Oma und ich erst mit dem Bus dorthin fahren, wo die Prozession beginnt – und das ist unser Verhängnis. Ungeduldig rutsche ich auf dem durchgesessenen Polster hin und her, während der Bus viel zu oft viel zu lange stehen bleibt. Die

Zeit verstreicht und so kommt es, dass wir viel zu spät an unserem Ziel eintreffen.

Als wir schließlich den Friedhof erreichen, ist die Beerdigung schon vorbei. Meine Mama liegt bereits verborgen im zugeschütteten Grab und ich habe die Fahrt mit dem Sarg-Auto verpasst. Noch nie war ich so enttäuscht!

Oma tätschelt mir den Kopf, als sie mein trauriges Gesicht sieht. Sie nimmt mich an der Hand und führt mich in einen Innenhof zwischen einigen Hochhäusern. Dort hat sich eine Gruppe von Leuten versammelt, die ich nicht kenne. Es sind wohl Bekannte von Mama. Auf dem kleinen Platz steht eine Schaukel, zu der mich meine Großmutter begleitet.

Während ich auf dem Spielgerät hin- und herschwinge, kehrt die Freude zurück. Mama ist gestorben, gleich gibt es Essen und alle beachten mich. Zufrieden genieße ich die Wärme der Sonne und die ungewohnte Aufmerksamkeit der Leute. Aus meiner Sicht ist meine Mutter nicht anders weg, als sie es in meinem bisherigen Alltag oft war. Was der Tod dabei für einen Unterschied macht, weiß ich nicht. Zumindest muss Mama nicht mehr Tag für Tag im Bett aushalten, sondern ist endlich draußen.

Die Schaukel hebt mich höher und höher dem freien Himmel entgegen. An einem schönen Tag wie heute verschwende ich keine Gedanken an morgen. Der Himmel wird dann sicherlich auch noch da sein.

4

IM HEIM und doch nicht daheim

2009, Saran

»Du warst schon mal hier?«

Dunkelbraune Augen blicken mich neugierig an und holen mich zurück aus meinen Erinnerungen an die Vergangenheit. Ich nicke zur Antwort.

Der etwa Zehnjährige badet beinahe sein T-Shirt im Suppenteller, während er sich noch weiter vorlehnt. Er hat mitbekommen, wie ich eben zu den anderen meinte, dass sich nicht nur der Einrichtungsstil hier verändert habe. Die anderen, das sind die, mit denen ich einst das Schicksal eines Heimkindes geteilt habe. Nun sind wir weder Kinder mehr noch weiß ich, was uns überhaupt noch als »wir« verbindet. Die älter gewordenen Gesichter meiner früheren Kameraden zeigen Interesse bis Skepsis – oder bleiben mir ganz verschlossen.

Etwas verlegen lächle ich den Jungen an, der mir am Esstisch schräg gegenübersitzt. »Ich habe hier sogar gewohnt. So wie du.«

Seine Augen weiten sich. »Echt?«, fragt er ungläubig.

Ich nicke wieder.

»Warum? Wie lange? Wie bist du fort? Du bist doch aus Deutschland?«

Ich muss schmunzeln. Das russische *Pashemu* – »Warum?« – habe ich in seinem Alter auch oft gefragt. Entweder aus Neugier oder um frech dagegenzuhalten. Die Erwachsenen hatten es nicht leicht mit mir.

Bevor ich antworten kann, kommt mir Tante Lida zuvor: »Später, Juri. Lass sie erst essen. Sie ist heute extra vom Immanuel-Lager hergefahren. Lass sie erst mal ankommen.«

Enttäuscht rutscht der Fragende ein Stück auf seinem Stuhl zurück und rührt widerwillig in seinem Reisgemisch herum.

Erst mal ankommen. Ich bin mir nicht sicher, ob mir das hier überhaupt noch gelingt. Dafür bin ich zu weit fortgegangen … Was habe ich von hier mitgenommen und was habe ich dagelassen? Mich lässt das Gefühl nicht los, hier noch etwas finden zu müssen – wie den Schuh von Aschenputtel, um weitergehen zu können.

Wenig später ziehen mich kleine Hände durch die Flure und Zimmer. Begeistert redet die aufgeregte Kinderschar auf mich ein, während sie mir alles zeigen wollen.

Aus dem Speisesaal im neueren Anbau führen sie mich durch den Gang in das mir bekannte große Hauptgebäude. Das frühere Esszimmer und die Küche haben die kleinen Guides schnell abgehakt. Ungeduldig eilen sie gleich auf die andere Seite des Erdgeschosses, welches mittig von dem breiten Treppenaufgang zum ersten Stock geteilt wird.

Im Gebäudeflügel links von der großen Eingangspforte und dem Garderobenbereich befindet sich das Büro von Ehepaar Thissen, welches das Heim gegründet hat und leitet. Es liegt noch hinter derselben Holztür, an der ich als Kind vorbeigeflitzt bin. Leicht versetzt gegenüber vom Büro präsentiert sich das Arztzimmer mit fast gleicher Ausstattung wie damals. Hier werden auch heute noch Gesundheitschecks durchgeführt, Wunden versorgt, Krankheiten diagnostiziert, Pflaster und Medikamente ausgeteilt. Bei meiner ersten Untersuchung saß ich aufgeregt auf einem der speziellen Behandlungssessel mit Armlehnen und staunte, was eine Ärztin so alles weiß, macht und an Ratschlägen parat hat. Die Begegnung mit einer Medizinerin eröffnete dem ehemaligen Straßenkind das beeindruckende Neuland der Gesundheit und Hygiene. Im *Preobrashenije* lernte ich, mich zu kämmen, gründlich zu waschen, die Zähne zu putzen und einiges mehr an Grundwissen für die Körperpflege.

Direkt neben dem Behandlungszimmer liegt ein Raum, der mir prägend in Erinnerung geblieben ist – und zwar auf negative Weise. Wobei … es gehört einfach zu meinem Leben im Heim dazu. Das Isolationszimmer. Eigentlich sollte es mich nur an den Start in das neue Leben nach dem Tod meiner Mama erinnern. Allerdings verbrachte ich überdurchschnittlich viele Tage in diesem Raum. Und das nicht etwa, weil ich ständig Krankheiten auskurieren oder Parasitenbefälle aussitzen musste. Die Betreuerinnen hatten jedes Mal unbestreitbare Gründe, weshalb sie mir eine Isolationsstrafe auferlegten. Aber ich hatte aus meiner Sicht ebenso gute Gründe, warum ich mich »sträflich« verhielt. Meine Rebellion war das lautstarke Symptom des unbezähmbaren Hungers in mir.

Die Waisen, Halbwaisen und Zurückgelassenen um mich herum wollen mich nun weiterziehen, um mir das nächste Zimmer zu zeigen. Ich stelle mich der Strömung entgegen und bleibe vor der Tür des Einzelzimmers stehen. Es ist ein besonderes Gefühl, die Klinke eigenständig hinabzudrücken. Damals ging mir stets jemand voran und verschloss hinter mir die Tür. Nun öffne ich sie selbst und trete ein.

Ich finde eine schlichte Einrichtung und viel grauweiße Leere vor. Ein Bett, ein kleiner Tisch mit Stuhl unter einem Fenster, blanke Wände. Mehr bot sich auch früher nicht für die Zeit, die ein Kind hier abgeschieden von den anderen verbrachte. Es diente zum Schutz vor Ansteckung von Krankheiten – oder als Erziehungsmaßnahme gegen Ungehorsam.

Häufig saß oder lag ich auf der Matratze auf dem roten Bettgestell, spielte mit Fusseln, sang mir selbst etwas vor, langweilte mich, träumte von Süßigkeiten oder Eltern.

Zwei weitere Schritte bringen mich in die Mitte des Zimmers. Es riecht anders. Das Putzmittel ist süßer – als in Deutschland, aber auch als damals. Wer weiß, was zu jener Zeit alles in die Reinigungsflüssigkeiten gemischt wurde …

Mich langsam im Kreis drehend sehe ich mich im Zimmer um. Irgendwie vertraut und zugleich ganz fremd. Wie ein Fenster mit Aussicht auf die eigene Vergangenheit. Das Heim hat sich gewandelt und ich habe mich verändert, sodass ich wie neu zum ersten Mal an dieser Stelle stehe. Etwa elf Jahre später schaue ich neugierig umher und bin mir wieder nicht sicher, welche Rolle und welchen Platz ich hier habe. Heute wie damals empfinde ich mich als Fremdkörper. Frisch im Heim wirkte das Straßenkind Natascha deplatziert wie das noch arme Aschenputtel ohne Kleid und hübsches Schloss. Die aus Deutschland angereiste Erwachsene Natalie kommt sich stattdessen vor wie Cinderella auf Besuch in ihrem verblassten einstigen Zuhause.

Unwillkürlich taste ich mit der linken Hand meinen Kopf ab und greife in volles, langes Haar. *Anders.* Meine Finger erinnern sich noch gut daran, wie sich die feinen Stoppeln auf der Kopfhaut meines achtjährigen Ichs anfühlten.

1998, Preobrashenije

Immer wieder streiche ich mit der linken Hand über meinen Kopf. Das mache ich ständig, seit Pavla mir die Haare abrasiert hat. Es fühlt sich irgendwie lustig an.

Pavla hat mir zum Abschied die Kurzhaarfrisur gestreichelt, bevor sie ging und mich hierließ. Gleich bei unserer ersten Begegnung hatte die zuvor Unbekannte mein Vertrauen gewonnen. Darum war es auch gar nicht schlimm gewesen, mit der Frau aus der Baptistengemeinde fortzugehen und bei ihrer Familie für drei Tage zu wohnen. Oma meinte, dass Mama gewollt habe, dass sich Leute aus dem *Dom Molitvy* um mich kümmerten.

Also sagten meine Großmutter und ich kurz nach der Beerdigung einander: »*Do svidaniia* – Auf Wiedersehen!« Auch wenn ich keine Ahnung hatte, ob und wann sich dieses Wiedersehen erfüllen würde.

Die Zeit bei der fremden Familie gefiel mir gut. Es gab Essen und Gemeinschaft, Pavla überprüfte mich auf Läuse, schor mir den Kopf und bereitete mich ein wenig auf das Kinderheim vor. *Preobrashenije* sollte mein neues Zuhause werden und ich war schon sehr gespannt. Ich hatte keine Ahnung, was ich mir darunter vorstellen sollte. Genauso wenig wusste ich bis dahin, wann ich Geburtstag hatte. Als Pavla ein paar Dokumente für das Heim ausfindig machte, entdeckte sie das Datum: 2. Juli 1990.

Die Baptistin backte an jenem Tag, an dem ich meinen Geburtstag erfuhr, sogar einen Kuchen und wir feierten ein bisschen. Auf der Straße hatten wir sehr oft »Geburtstag«. Ständig sagte eines der Kinder: »Heute hab ich Geburtstag!« Das konnte jeder sagen, weil keiner das Gegenteil beweisen konnte und es ohnehin keinen Unterschied machte. Es gab keine Gratulationen, keine Geschenke, keinen Kuchen und auch keine erhoffte Sonderbehandlung beim Spielen. Somit konnte jeder Tag »Geburtstag« sein – er würde sich ebenso wenig von den anderen Tagen abheben wie Weihnachten.

Meine Finger ziehen an den sehr kurzen Haarsträhnen, während ich die Frau auf dem Stuhl mir gegenüber mustere. Dunkle, schulterlange Locken betonen die helle Haut des sanften Gesichts. Sicherlich ist sie keine Kasachin, denn es ist nicht rund, mit schmalen Augen und dunklem Teint. Mama war halb Russin und halb Ukrainerin. Diese Frau ist bestimmt Russin, Ukrainerin oder … Russlanddeutsche.

Der Gedanke entfacht sofort Aufregung: Deutschland! Das wenige, was ich bisher davon gehört habe, klingt so spannend und wundervoll. Mein Gegenüber lächelt mich freundlich an und ich lächle zurück. Von nun an vertraue ich ihr.

»Hast du dir meinen Namen schon merken können?«, fragt die Frau, deren Alter irgendwo zwischen dem meiner Mama und meiner Oma liegt. Wobei das komisch klingt, weil Mama tot ist.

»Ja«, nicke ich eifrig. »Olga.«

»Richtig«, strahlen mich ungewöhnlich weiße Zähne an. »Und du bist Natascha. Ab heute wohnst und lebst du bei uns im Preobrashenije. Das bedeutet, dass du hier alles bekommst, was du brauchst. Hier sind viele Kinder, mit denen du spielen und lernen kannst. Du wirst weiter zur Schule gehen, sie ist ganz in der Nähe, und am Sonntag gehen wir alle gemeinsam in den Gottesdienst in die Gemeinde. Du kannst hier viel machen: spielen, basteln, Fahrrad fahren, im Chor mitsingen oder auch ein Instrument lernen. Aber alle Kinder helfen auch mit, damit es hier schön bleibt. Wir haben einige Regeln und an die musst du dich halten.«

Die ganze Zeit über, während Olga redet, nicke ich. Das scheint zu passen, denn sie lächelt. »Aber wie das alles genau abläuft, erfährst du noch und wirst du schnell lernen. Wichtig ist, dass du den Mitarbeitern gehorchst. Mein Mann Franz und ich haben dieses Heim gegründet und uns ist es sehr wichtig, dass es allen gut geht. Deswegen müsst ihr auf uns hören.«

Ich nicke und bewundere das saubere Fenster, durch welches man das Blau des Himmels so wunderbar klar sehen kann.

»Du musst zuerst ein, zwei Tage in diesem Zimmer bleiben, leider alleine«, erklärt Olga und nickt in die Richtung des roten Metallbetts, auf dem ich sitze. »Wir möchten nicht, dass du vielleicht eine Krankheit oder Parasiten hast, die andere Kinder dann auch bekommen würden. Aber Valja holt dich gleich ab und dann wirst du erst mal gebadet, ihr sucht passende Kleider heraus und unsere Ärztin Tatjana untersucht dich morgen, um zu sehen, ob alles in Ordnung ist.«

Ich nicke und lächle, Olga lächelt und nickt mir zu.

Da klopft es an der Tür und ich werde von der jungen Betreuerin namens Valja fortgeführt, um meine Verwandlung zu starten.

2009, Preobrashenije

»Natascha!«

Ich zucke zusammen. Wieder ist es Juri, der Junge vom Esstisch, der mich aus meinen Erinnerungen reißt. Er springt an meine Seite und schnappt meinen Arm. Er hat verwuscheltes, dunkelblondes Haar. Straßenköterblond, so wird die Haarfarbe in Deutschland auch genannt. Ausgerechnet dort, wo keiner eine Ahnung von Straßenhunden oder gar von einem Leben auf der Straße hat.

Für einen Moment schweifen meine Gedanken zur Abstellkammer in unserer verkommenen Wohnung in Juschnij zurück. Rasch schiebe ich die unangenehme Erinnerung wieder beiseite, während ich mich von Juri mitziehen lasse. Die Gruppe eskortiert mich im Zickzack wieder auf die gegenüberliegende Seite des Flures, denn an das Isolationszimmer reihen sich nur noch die privaten Räume der freiwilligen Kurzzeit-Mitarbeiter, der »Zivis«.

Durch diese Gänge des Hauses hat mich bereits Tante Lida nach unserer Ankunft heute Vormittag geführt. Doch es ist gut, das Gebäude wiederholt gezeigt zu bekommen, denn so kann ich die Eindrücke besser aufsaugen. Jetzt kommen noch mehr Verbindungen zu meiner Kindheit hoch, denn der quirlige Pulk besteht vorrangig aus jüngeren Heimbewohnern. Einige Jahre dieses Alters habe ich selbst im Heim durchlebt.

Im nächsten Raum empfängt mich ein Duft, den ich in all den Jahren nie vergessen habe und überall wiedererkennen würde: Das Waschmittel ist noch dasselbe. Feinherbe Sauberkeit wohlgeordnet aufbewahrt ergibt eine Riechatmosphäre, wie ich sie nur aus diesem

Kleiderlager kenne. Kisten und Regale, Tüten und Kleiderbügel säumen ordentlich sortiert die Wände und den Boden des Raumes. Es duftet nach Sauber, nach Gewaschen, frisch.

Der Großteil meiner gespendeten Textilien damals war bereits an einem anderen Irgendwo auf der Welt in Gebrauch gewesen. Wenn auch nicht neu, so bedeutete die Komplettausstattung für mich doch einen Sprung auf ein traumhaft höheres Lebensniveau und formte meine neue Identität mit. So viele, so saubere Kleidungsstücke hatte ich als Straßenkind noch nie gesehen, geschweige denn je besessen.

Mittlerweile weiß ich, dass es eine Zeit gab, in der meine Mutter auch über viel Eigentum verfügte. Vor dem Niedergang des kommunistischen Reiches verdiente sie gut als Meisterin in einer Firma, besaß feines Porzellanservice und moderne Möbel, achtete auf Haltung und kultivierten Umgang. Alte Fotos zeigen eine elegante Dame, die mit anderen am Teetisch sitzt oder ihre Kinder beim Ausfüllen von Lern- und Ausmalbüchern betreut. Doch das waren meine älteren Geschwister gewesen. Rund um mein Geburtsjahr begannen der Zerfall eines Großreiches und der Schwund des privaten Reichtums. Meine Erinnerungen reichen nicht so weit zurück, als dass ich Sauberkeit und Wohlstand in unserer Wohnung und Familie kennen würde. Mein Alltag war geprägt von immer weniger Besitz und Würde bei immer mehr Alkohol und Gewalt.

Und dann führte Valja mich in diesen märchenhaften Raum. Wie Alice im Wunderland gelangte ich mit acht Jahren an Orte und Dinge, die zuvor jenseits meines Vorstellungshorizonts gelegen hatten. Die Betreuerin schätzte meine Größe ab und zog aus beschrifteten Kisten verschiedene Kleidungsstücke hervor: Schuhe, Jacken, Socken, Unterwäsche, Shirts, Hosen, sogar Kleider und Röcke, Mützen und Handschuhe!

Wie gut, dass ich zuvor gebadet hatte – ein unglaubliches Gefühl! –, sonst hätte ich nicht gewagt, mir die sauberen Kleider überzuziehen. Doch so schwebte ich geradezu durch den Lagerraum und hätte ihn am liebsten nicht mehr verlassen. Und das war noch nicht alles: Immer, wenn ich aus einem Kleidungsstück herauswuchs oder es kaputtging, erhielt ich neue Sachen aus dem Lager.

Heute nun fällt mir auf, dass das Depot viel kleiner ist, als ich es damals empfunden habe. Keine Halle, sondern ein einfacher, großer Raum. So fühlt es sich überall im Heim an. Ähnlich, wie es Alice erging, die erst geschrumpft ihre Umgebung als riesig wahrnimmt und plötzlich durch den »Iss mich«-Kuchen wieder wächst, während ihr Umfeld sich aus ihrer Perspektive verkleinert. Noch immer erscheint mir der Zufluchtsort als eine wunderbare Welt, auch wenn nun nicht mehr der Zauber des Wundersamen auf allem liegt. Ich nehme mit anderen Augen wahr, den Augen einer Erwachsenen, einer Deutschen, einer Ehemaligen. Noch einmal atme ich den guten Geruch tief ein, bevor mich die kleinen Hausführer ungeduldig aus dem Lager ziehen.

Die Sporthalle präsentiert sich heute längst nicht mehr so riesig wie meinem achtjährigen Ich. Sie ist ein Ort zum Toben, Turnen, Trainieren, Spielen geblieben. Wir reizten den Raum gerne aus, nutzten aber ebenso jeden erlaubten Platz bis hin zu den Zimmerfluren, wo wir Räder schlugen oder auf den Händen auf und ab liefen und fielen. Die derzeitigen Heimkinder führen mir ihre Turnkünste, die Geräte und Sportutensilien vor. Es dauert ein Weilchen, bis sich ihre Aktivität wieder auf die Hausführung fokussiert. Dann jagen sie mir voraus die Stufen in der Mitte des symmetrischen Gebäudes hinauf. Schmunzelnd erkenne ich die Uhr über dem Treppenaufgang wieder – sie hat schon damals geduldig tickend über die wachsenden und wechselnden Sprösslinge gewacht.

In der Mischung aus Jungs und Mädchen von sieben bis zwölf Jahren sind ein paar Stillere, die einfach mitlaufen, manchmal wortlos auf etwas zeigen oder unauffällig meine Nähe suchen. Sie erinnern mich an meinen Bruder. Nicht an einen meiner Halbbrüder: nicht an Evgenij, den Sohn des ersten Mannes meiner Mutter, nicht an den früh verstorbenen Sascha vom zweiten. Sondern an den Bruder, mit dem ich nicht die Blutsverwandtschaft teile, sondern eine vertraute Herkunft und den gemeinsamen Weg.

Wobei es Denis zuvor härter getroffen hatte als mich. Mein Adoptivbruder kam erst zwei Jahre nach mir ins Heim. Seine Tante hatte ihm erzählt, sie bringe ihn nur für den Sommer in ein Freizeithaus. Stattdessen ließ sie den Waisen im *Preobrashenije* für immer zurück. Hier wurde er versorgt und bekam Zuwendung, konnte aber nicht die notwendige therapeutische Begleitung erhalten, die er gebraucht hätte. Zwei bis drei Betreuerinnen reichten bei Weitem nicht aus, um die psychischen Bedürfnisse von dreißig bis vierzig Kindern abzudecken. Erst recht nicht, wenn sich ein Zehnjähriger darunter befand, der hatte mitansehen müssen, wie sein Vater erst die Mutter tötete und dann sich selbst erhängte.

Die Kinder, die mich nun an Denis erinnern, sind die Ruhigeren, bei denen ich mich frage, was auf dem Grund ihres stillen Wassers verborgen, versunken, verdrängt liegt. Mein Heimbruder bildete jedenfalls einen deutlichen Kontrast zu dem extrovertierten, aufgeschlossenen und kecken Mädchen, das zu seiner Schwester wurde.

Ähnlichkeiten zu mir entdecke ich eher in einigen der neugierigen bis vorlauten Kinder. Wie sie feierte ich es, wenn Gäste das Heim besuchten, und vereinnahmte sie gerne. Obwohl wir ständig Besucher aus Deutschland beherbergten, wurde ich nie müde, ihnen zu lauschen, Fotos anzusehen oder sie bei Ausflügen zu begleiten. Wir Kinder konkurrierten darin, solche Privilegien zu ergattern. Nun erlebe ich selbst, wie es sich für Erwachsene von weit, weit weg anfühlt, von kleinen Menschen überrumpelt zu werden und überladen von Eindrücken durch den Zufluchtsort gelotst zu werden. Doch ich genieße es, sauge alles auf und habe den Vorteil, hier nicht völlig fremd zu sein. Ganz und gar nicht. Sehr entfremdet, aber auch sehr vertraut. Heute und damals finde ich im Heim ein Zuhause und doch ist es nicht mein Daheim.

Damals teilten sich im ersten Stock anfangs die Zimmer der Mädchen und die der Jungs auf die Flügelhälften links und rechts von der Treppe auf. Noch während meiner Aufenthaltszeit konnte dank Spenden und Helfern ein zweiter Stock ausgebaut werden. Von da an besetzten die Mädchen den obersten Flur mit den hübschen Dachgauben und die Jungs hatten die ganze Zwischenetage für sich.

Die heutigen Bewohner kramen ihre Spielzeuge unter den Stockbetten hervor und breiten sie im Gang vor mir aus. Nach nur wenigen Minuten werden die Mädchen ungeduldig und drängen mich, auch ihre Etage zu besichtigen. Mein Herz schlägt höher, während meine Füße die Stufen hinaufsteigen. Ich hatte es immer sehr genossen, mit gleichaltrigen Mädchen diesen Lebensraum teilen zu können. Auch Streit und Neid konnten das nicht ändern. Endlich war ich nicht mehr immer einsam zu Hause oder draußen unterwegs mit anderen Streunenden! Das Zimmer mit den zwei Stockbetten war unser eigenes kleines, sauberes Reich. Hier hatten wir Spielgefährtinnen und Inventar, das nicht schon kaputt war, bevor wir damit spielten.

Die Mädchen präsentieren mir jetzt ihre Kuscheltiere und Puppen in den Mehrbettzimmern. Sie sind nicht groß, aber hübsch und mit neuerer Ausstattung versehen. Nach einer Weile zieht es mich zu einer Tür auf dem Gang, von der ich weiß, dass dahinter keine Wohnräume liegen. Vor dieser hatte ich damals sehnsüchtig und sehr aufgeregt gewartet. An Weihnachten begrüßten uns dahinter ein Christbaum, Geschenke und Süßigkeiten. Mittlerweile sind die Feste in den Anbau ausgelagert, wie viele andere Aktivitäten und Räumlichkeiten.

Ein kurzer Blick in den ehemaligen Weihnachtsraum entfacht augenblicklich eine feierliche Stimmung in mir. Der ehemalige Festsaal wurde am 6. Januar immer wunderschön hergerichtet und dekoriert. Da in Kasachstan die orthodoxen Feiertage gelten, feierten wir an diesem Datum Heiligabend. Für diesen Tag lernten wir

Gedichte und Lieder, putzten uns heraus und platzten beinahe vor Aufregung vor jener Tür. Wenn uns dann endlich Eintritt gewährt wurde, stürmten wir begeistert in den Raum. Manche blieben beeindruckt und staunend auf halber Strecke stehen und beäugten den großen, geschmückten Baum – wie ich an meinem ersten Heiligabend im Heim.

Auf der Straße hatte ich bereits von anderen erfahren, dass es Familien gab, die Weihnachten feierten mit viel Essen, Süßigkeiten und einem geschmückten Nadelbaum in der Wohnung. Daraufhin hatte ich in jenem Jahr ein paar Zweige gesammelt und sie in unserem fast leeren Wohnzimmer an die Wand gelehnt. Das war mein Weihnachtsbaum gewesen – ohne dessen Bedeutung zu kennen noch die des zugehörigen Fests.

Doch im Heim stand ein echter Baum und auch die Weihnachtsgeschichte lernte ich kennen. An den beiden folgenden Heiligabenden raste ich mit den meisten anderen direkt Richtung Baum, der gesäumt war von Geschenken. Doch bevor wir sie erreichten, bremsten uns die mahnenden Rufe der Betreuerinnen aus. Also stellten wir uns brav auf, lauschten Franz beim Vorlesen der Bibelgeschichte, sagten Verse auf und trällerten Lieder. Bis uns das Ehepaar Thissen endlich die Geschenke überreichte! Spielsachen, Malbücher, Bonbons und Mandarinen, einmal sogar eine Spielküche. Ein Mädchen in Deutschland hatte sie geschenkt bekommen und dann für uns nach Kasachstan gegeben. Das beeindruckte mich. Wieso gab sie ihr Geschenk einfach so her? Ich hätte das sicherlich nicht getan. In einem anderen Jahr spendete jemand ein Playmobil-Haus, das ich besonders liebte. Als Erwachsene entdeckte ich dasselbe Modell wieder und musste es einfach kaufen. Es kommt mir nun sehr viel kleiner vor. Anfangs erschien alles hier so großartig.

An den Weihnachtstagen besuchten wir den Gottesdienst der Baptistengemeinde, zu der die Betreuerinnen des Heimes gehörten. Außerdem besuchten wir weitere Gemeinden in der Umgebung mit dem Chor und dem zugehörigen kleinen Orchester, in dem ich Handglocken spielte. Die Musikgruppe setzte sich aus Heimkindern und Kindern aus den Familien der Gemeinde zusammen. Wir trugen alle dieselben hübschen Uniformen: schicke Hemden und Hosen für die Jungs und schöne Schuhe und Kleider für die Mädchen. Im Advent traten wir in dunkelgrün-schwarzen Kleidern mit weißen Blusen und Socken auf und es fühlte sich so besonders an. Die älteren Mädchen aus den Gemeindefamilien schminkten sich zusätzlich. Das wollte ich auch, aber im Heim hatten wir so etwas nicht. Dafür waren wir kreativ. Kurzerhand bedienten meine Freundinnen und ich uns an den goldenen Christbaumkugeln im Gottesdienstraum. Flink rieben wir sie zwischen den Händen und strichen uns den Glitzerstaub ins Gesicht, bis es glänzte und schillerte.

Die Führung wechselt nach draußen auf den großen, gepflasterten Hof. Kinderfahrräder stehen ordentlich aufgereiht an der Hauswand und einige Mädchen springen Seil.

Im Winter türmten sich hier die Schneemassen auf. Mit meinen Freundinnen Marina und Lina baute ich eiskalte Höhlen, in denen wir spielten. Bei minus dreißig Grad gruben wir stundenlang Gänge, formten Throne und Figuren unter strahlend blauem Himmel, bis er dunkel wurde. In dem kleinen Haus, das etwas abgelegen an den Hinterhof grenzt, machten wir unsere Hausaufgaben. Es gab darin auch Räume, in denen wir werken und basteln konnten.

Ich schlendere hinüber und linse durch die Fenster. Hinter einem steht ein Klavier an der Wand. Noch immer wird an demselben Instrument Unterricht gegeben, auf dem ich die Tasten klimperte! Meine beiden sehr unterschiedlichen Lehrerinnen forderten mich manches Mal heraus, doch letztlich förderten sie mein Musikinteresse. Das Klavier steht für eine von vielen Weichen, die im *Preobrashenije* für mein Leben gestellt wurden.

Hinter dem Häuschen und Hofbereich reihen sich geradlinig die Metallstangen des hohen Zaunes aneinander, der die kleine, rechteckige Fläche umrahmt: diese kleine »heile Welt«, die in der unbedeutenden Stadt Saran nistet, mitten im großen Land Kasachstan, Teil der ehemaligen Sowjetunion. Auf diesem fast unwirklich scheinenden Flecken wächst sogar Gras und es gib Beete mit Blumen und Nutzpflanzen – umgeben von endloser Landschaft karger Erde und trockenem Gras. Wie eine Fata Morgana musste das wunderschöne Heimgelände den Bewohnern von Saran vorkommen.

Vor meinem inneren Auge sehe ich außerhalb vom Zaungitter meine Schulkameraden stehen, die in der Stadt und nicht im Heim lebten. Sie streckten ihren Arm zwischen den Stäben hindurch und verkündeten dabei laut: »Eine Hand ist in Deutschland und eine in Kasachstan!« Ihr Kichern konnte nicht überdecken, wie groß die Sehnsucht und der Neid auf ein solches Leben war.

Seit neun Jahren wohne ich nun sogar selbst in jenem Traumland, auf das dieses Heim verweist, gleich einer abgelegenen Provinz. Dort lebe ich vollständig mit Hand und Fuß und allem dazwischen, mit deutschem Pass und deutscher Identität. Selbst mein Russisch ist unüberhörbar durchdrungen vom deutschen Akzent, der meine ehemaligen Betreuerinnen und Kameraden bei meinem jetzigen Besuch überrascht, amüsiert, irritiert.

Aufmerksam spaziere ich über den Hof, an den Beeten und Rasenflächen entlang, löse mich von der lauten Kindergruppe und umrunde das Gebäude. Im grün angelegten Bereich zwischen Haus und Eingangsbereich verweile ich ein bisschen. Auf dieser Fläche habe ich meine ersten Versuche auf dem Fahrrad bestritten. Allerdings reichten weder die Anzahl der Zweiräder noch der Betreuerinnen aus, damit alle Kinder es wirklich lernen konnten.

Schmunzelnd blicke ich in den noch leeren »Pool«. Das sechseckige Becken hatte zu meiner Zeit hier für sehr viel Gaudi und Abkühlung im kontinentalheißen Sommer gesorgt. Die Betreuerinnen brauchten meist viele Anläufe und manche Androhungen, bis sie das Planschen beenden konnten, damit wir im Haus unsere Schulaufgaben oder zugeteilten Dienste erledigten. Ich war besonders taub dafür gewesen, was ganz sicher nicht am Wasser in den Ohren lag.

Meine Füße führen mich über den Kiesweg zum Gittertor. Dahinter liegt die Gasse, die direkt in die Hauptstraße mündet, welche Saran mit der nächsten Großstadt Karaganda verbindet. Das Metall der Stäbe ist warm. Meine Finger umklammern die Stangen, während meine Gedanken das Tor zu jenen vergangenen Tagen öffnen …

2000, Preobrashenije

Ich hau ab. Entschlossen packe ich die Klinke der hoch aufragenden Zaunpforte, drücke sie hinab und den rechten Torflügel auf. *Dieses Mal wirklich!*

Heute will ich weiter kommen als die letzten Male, am besten ganz weg. Vielleicht hilft es, dass ich alleine losziehe. Marina als Gefährtin an der Seite zu haben, hat sich bei den anderen Fluchtversuchen zwar gut angefühlt. Anfangs haben wir uns noch mit aufgebrachten Worten ermutigt. Aber irgendwann – ziemlich schnell – schlichen sich dann doch Zweifel ins Gespräch ein. Immer hatte eine von uns beiden zu schnell Hunger, bekam Kopfschmerzen oder wollte nicht mehr in der Hitze durch die erdigen, dreckigen Straßen Sarans ziehen. Außerdem hatten wir weder Plan noch Ziel – aber den festen Willen, das Heim endgültig zu verlassen und uns der »Schikane« von Hausaufgaben und Haushaltsdiensten nicht mehr zu beugen.

Wenn wir nicht von selbst den Rückweg antraten, holte uns eine der Betreuerinnen nach kurzer Zeit ein und überzeugte uns davon, umzukehren. *Dieses Mal nicht!*

Valja ist zu weit gegangen. Andauernd putzen zu müssen, nervt schon genug. An die festgelegten Zeiten und Regeln fürs Spielen,

Schlafen, Lernen und alles andere will und werde ich mich nie gewöhnen. Dass Valja jetzt aber auch noch das Playmobil-Spielhaus beschlagnahmt hat, bis ich meinen Küchendienst erledige, geht zu weit. *Ihr gehört das Haus doch gar nicht! Das haben wir geschenkt bekommen, wir! Und mit dem, was mir gehört, kann ich spielen, wann ich will!*

Dann der Tropfen, der das Fass zum Überlaufen gebracht hat: Nur weil ich mir aus dem Schrank geholt habe, was ohnehin mir gehört, hat sie zur Strafe zwei Tage Isolationszimmer angekündigt! Weil ich nicht gehorcht und »geklaut« habe. *Das Heim und seine dummen Regeln! Die bringen doch keinem was!*

Geklaut?! – Ich habe mir immer genommen, was ich brauche, sonst hätte ich mein neuntes Lebensjahr ganz sicher nicht erreicht. Früher konnte ich gehen, wann und wohin ich wollte. Es interessierte und störte niemanden. Ich schaute nach mir selbst und hatte damit ausreichend zu tun. Als Straßenkind musste ich keine Aufgabe erledigen, außer zu überleben, und konnte ansonsten spielen, herumstreunen und nach meinem Willen handeln. *Und das will ich wieder, das hole ich mir zurück!*

Meine schwarzen Schuhe sind bereits von einer braunen Staubschicht überzogen, als glichen sie sich der Straße an. Wenigstens regnet es heute nicht. Beim letzten »Ausbruchsversuch« hatte sich schon eine breite Wolkendecke zusammengezogen. Doch das bedrohlich dunkle Blaugrau konnte uns nicht abschrecken. Nach wenigen Metern brach der Platzregen über uns herein und weichte die ungeteerten Straßen zwischen den umliegenden Häuserblocks in wenigen Augenblicken auf. Die Betreuerin hatte noch nicht einmal das Zauntor erreicht, als meine Zimmerkameradin und ich durchnässt wieder davorstanden.

Gestern hat es auch geregnet und in den unzähligen, gefüllten Schlaglöchern spiegelt sich der bedeckte Himmel. Gut möglich, dass es der letzte Schauer für lange Zeit war. Nach einem kalten Winter mit viel Schnee folgt kräftiger Regen, bevor schlagartig die trockene Hitze einzieht. Und genauso plötzlich wird die Zeit der sengenden Sonne dann auch wieder von eisiger Kälte abgelöst.

Geübt hüpfe und balanciere ich im Slalom um die Pfützen. In manchen würde gerade so mein Fuß versinken, in anderen könnte ich mich komplett baden. Das dreckige Braungrau würde mich in dieser Umgebung gut tarnen. Rostige Wellbleche bedecken die Giebel über den einzeln stehenden Häuschen. Deren Wände kleiden sich in verschmutztes Weiß, lehmiges Rotbraun oder verblichene Farben. Auch die Knitterfalten in meinem Rock haben Ähnlichkeit mit den Rissen der abblätternden Fassaden. Vielleicht gehöre ich doch noch in diese Umgebung, zu diesem Leben, auf die Straße … Mir wird etwas mulmig zumute. Das sind eigentlich nicht die Gründe, warum ich vom Heim fortwill …

Der Groll treibt mich stur weiter und ich biege bereits um die dritte Ecke. Hier ragen Häuserblöcke auf, Plattenbauten aus farblosem Beton und weiter hinten mit Ziegelsteinen verklinkert. Energisch schwenke ich in eine Seitengasse ein, wo ich meinen Lauf verlangsame. Ich weiß nicht, was mich entschleunigt, aber meine Beine wollen nicht mehr so eilig voran. Oder ist es mein Herz, das nicht weiter fortgetragen werden will? Von dem Ort, der mir Zuflucht gibt.

Aber es ist kein richtiges Zuhause, nicht mein Daheim!, antwortet der Kopf trotzig. *Mein Zuhause ist eine leere Wohnung mit einer kranken Mutter gewesen. Wenn ein Ort nochmals mein Daheim werden kann, dann nur einer, wo ich Eltern habe und ich machen darf, was ich will, und bekomme, was ich möchte!*

Die verwahrloste Gasse vor mir macht mich stutzig. Bauchinstinkt und Herz bremsen Verstand und Beine endgültig aus. Obwohl sich hier Läden aneinanderdrängen und die Fenster in den Stockwerken darüber auf Wohnungen hinweisen, scheint die kleine Straße wie ausgestorben. Die geschwungenen russischen Buchstaben sollten einst zum Kauf von Tabak, Konserven und Getränken einladen.

Aber die Leuchtschriftzüge hängen schief und verblasst über trüben Schaufensterscheiben und verschlossenen Türen. Ich halte inne und lausche. Nur die knatternden Motorengeräusche von einem ausgedienten Auto dröhnen dumpf aus weiter Entfernung her, sonst ist nichts los. Ich bin allein. Ich sehe niemanden und niemand sieht mich …

In diesem Moment höre ich Schritte hinter mir. Hin- und hergerissen zwischen Unsicherheit und Hoffnung wirble ich herum. Einen Moment später ärgere ich mich über die Erleichterung und Freude, die ich empfinde, als Irina um die Ecke biegt.

Die alte Betreuerin stoppt abrupt, sobald sie mich in der Gasse stehen sieht. Auch in ihr scheinen gegensätzliche Empfindungen miteinander zu streiten. Ihr Gesichtsausdruck wechselt zwischen einem erleichterten, milden Lächeln und einem ernsten Mustern hin und her.

»Natascha!« In ihrer Stimme schwingt Ärger mit.

Aber der rügende Ton verdrängt nicht den warmen Klang, mit dem die jahrelang treue Mitarbeiterin uns aus Büchern vorliest, geduldig Hausaufgaben erklärt oder herzlich lacht. Ich bin froh, dass sie mich gefunden hat.

»Ja?!«, antworte ich dennoch trotzig. Ich bereue nichts!

Aber weil es Irina ist, renne ich nicht weg. Nur weil sie sich nicht so lange in der aufkommenden Hitze aufhalten sollte. Weil sie vertrauenswürdig ist.

Ihr Rufen war keine Frage gewesen, auf die ich mit Worten antworten soll. Die Betreuerin winkt mich mit unmissverständlichem Blick zu sich. Verbissen verziehe ich das Gesicht und schlendere bewusst ganz langsam zur Hausecke zurück. Irina hält mir ihre Hand hin. Zuwendung und Einengung zugleich. Ich lege meine Faust hinein. Irina umschließt sie mit ihren langen Fingern. Fest, aber sanft. Gemeinsam laufen wir lange Zeit ohne ein Wort heimwärts. Heim! Kein »Daheim«!

Die warme, umgebende Hand lässt meine Faust bald unangenehm schwitzen. Trotzdem ist es ein gutes Gefühl, das sich von der verbindendenden Berührung ausgehend in meinem Körper ausbreitet. Es verwandelt sich in Treibstoff für Kopf, Herz und Beine und lässt mich wie einen Motor weiterlaufen.

Als der dunkle Metallzaun wieder in unser Sichtfeld gelangt, kündigt Irina mit entschlossener, ruhiger Stimme an: »Ins Isolationszimmer musst du aber, Natascha. Wir bleiben bei dem, was wir sagen.«

Unwillkürlich verhärte ich Faust und Gesichtszüge. Die ältere Frau geht unverwandt weiter dem Tor entgegen. Sie ergreift bereits die Klinke, da hält sie noch mal einen kurzen Moment inne und flüstert mir leicht hinabgebeugt zu: »Das gilt aber auch für alle guten Worte und Zusagen. So wie auch beim Herrn Jesus.«

Dann öffnet Irina die Eingangspforte und wir betreten das Gelände des Heims.

Die zweitägige Isolationszeit zieht sich schleppend hin. Allerdings lässt sie sich besser ertragen, seit ich erfahren habe, dass in drei Wochen endlich wieder das Immanuel-Lager stattfindet. Die darauffolgenden Tage verhalte ich mich so brav, wie es mir möglich ist, und bemühe mich, alle Dienste ohne zu viel Bocken auszuführen. Denn ich will auf keinen Fall riskieren, nicht an diesem Highlight teilnehmen zu dürfen.

Die zwei Wochen auf dem Freizeitgelände mit dem mitreißenden Programm haben mich in den beiden vorherigen Sommern absolut begeistert. Kinder aus ganz Kasachstan kommen zusammen, viele Mitarbeitende reisen dafür an, sogar aus Deutschland.

Ich halte brav durch und endlich ist es so weit. Die Autos, die uns von Saran zum Freizeitgelände transportieren, rauschen an unendlich weiten Steppen vorbei. Mittlerweile ist das hohe Gras in der

Vierzig-Grad-Hitze verdorrt und säumt in Sandbraun die Ebene. Die Kombis ruckeln über Schlaglöcher, während flache Hügelkämme vorüberziehen. Ungeduldig fahre ich sie mit dem Finger auf der Scheibe nach, immer wieder von Neuem, wenn eine abebbt und eine andere auftaucht. In der Ferne stehen vereinzelt Jurten, umgeben von den dürftigen Ziegenherden ihrer Bewohner. Ein paar Mal habe ich in solchen kreisförmigen Zelten übernachtet. Unter einem robusten Stoffdach, das sich sacht zu einer abgerundeten Spitze in der Mitte erhebt, lag ich schlaflos da und bewunderte durch die Öffnung des Rauchabzugs den Sternenhimmel. Wir verbrachten als Heimgruppe mehrere Freizeittage in einem Nomadenlager und bekamen dabei ein wenig von der ursprünglichen Lebensweise unseres Landes mit. Deren Größe verging lange vor dem Verfall des großen Reiches. Jene ehemalige Sowjetunion hat allerdings zu verantworten, dass die Nomaden Kasachstans beinahe zugrunde gingen.

Ich habe die Besuche in diesem anderen Leben immer sehr genossen. Auch wenn vieles darin bestimmt ziemlich anstrengend und unangenehm ist, finde ich es faszinierend, geradezu verlockend. Die Nomaden können frei umherreisen und sogar die Mädchen lernen zu reiten. Die Dachöffnung in ihren Zelten nennen die Wanderhirten *Schangyrak* und sie ermöglicht nicht nur, dass Rauch und Blick den Himmel erreichen. Es ist auch das Zeichen für Daheim, Familie und Offenheit zur Welt. Ich könnte endlos zu diesem freigelegten Kreis hinaufschauen, in dem alle Holzstangen des Zeltes zusammenfinden.

Verträumt verdrehe ich den Kopf, als die Filzhäuser aus dem Sichtfeld der Autoscheibe verschwinden. Aus der vorbeiziehenden Grasebene ragen sie hervor wie die Zähne im Gebiss vieler alter Menschen in Juschnij: In weiten Abständen voneinander, abgenutzt von schweren Jahren mit viel Verlust und wenig Versorgung, stecken sie recht verloren in den Flächen, die immer leerer werden.

Es kommt mir vor, als würden wir schon den halben Tag lang durch die immer gleich aussehende Landschaft fahren, als die Autobusse endlich nach etwa einer Stunde Fahrt auf den Parkplätzen halten. Aufgeregt stürmen Marina und ich los und erobern die zugeteilten Unterkünfte. In den kleinen, einfachen Häuschen werfen wir nur schnell unsere Taschen zur Markierung auf die Betten und schwärmen gleich wieder aus, um die Umgebung zu erkunden.

Sehr viele Kinder wuseln herum. Von den vorherigen Freizeiten weiß ich, dass sie aus ganz Kasachstan zusammenkommen, aus verschiedenen Gemeinden, aber auch aus Familien, die in keine Gemeinde gehen. Auch die Mitarbeitenden stammen aus ganz unterschiedlichen Regionen und Gemeinden. Über mehrere Sommerwochen verteilt bildet sich im Immanuel-Lager eine bunte Mischung aus den vielen Volkszugehörigkeiten, die es in unserem Land gibt.

An dem Gelände und Ablauf hat sich nicht viel geändert, nur Inhalt und Gestaltung sind an das diesjährige Thema angepasst. Am meisten zieht es mich zu dem großen Gebäude mitten auf dem Gelände: die Stiftshütte. In der weiträumigen, gemütlichen Halle ist genug Platz, dass sich alle versammeln können. Die kasachischen Kinder mit ihren runden Gesichtern, schmalen Augen und dunklen Haaren sitzen neben den hellen, blonden Russland- und Kasachstandeutschen, dazu all die Kasachstaner, deren Vorfahren allen möglichen Völkern entstammen: Ukrainer, Usbeken, Tataren, Uiguren, Kirgisen, Chinesen, Perser, Polen, Turkmenen ... Wie schon auf der Straße und im Heim macht es für mich keinen Unterschied. In meiner Welt gibt es nur bunt gemixte Gruppen und ich selbst bin ja auch eine Mischung aus Ukrainisch und Russisch.

Jeden Abend findet in der Stiftshütte ein begeisterndes Programm statt. Das Freizeitteam legt sich richtig ins Zeug: Einige verkleiden sich für kleine Theaterstücke, andere üben mit uns Lieder und Bewegungen ein, es gibt Geschichten aus der Bibel und aller

Welt, tolle Spiele und spannende Erzählungen der Mitarbeitenden aus ihrem Leben mit Jesus.

Da ist er wieder, dieser Jesus.

Beginnend mit den guten Erfahrungen im *Dom Molitvy* bin ich immer wieder von Neuem fasziniert von dieser besonderen Person. Seitdem ich im Heim lebe, erfahre ich fast jeden Tag etwas über ihn. Zum einen besuchen wir jeden Sonntag die Baptistengemeinde, zum anderen arbeiten zum Teil deren Mitglieder als Betreuerinnen bei uns. Außerdem wird das ganze Werk von Christen finanziert und unterstützt. Das Ehepaar Thissen und auch die Zivildienstleistenden, die für ein Jahr aus Deutschland extra ins *Preobrashenije* kommen und mithelfen, glauben an Gott. Jesus ist ständig Thema. Irgendwie passt das ja auch: Dieser besondere Mann war so liebevoll und hilfsbereit zu jedem, vor allem zu den Schwachen und Armen. Die Christen im Kinderheim bemühen sich ebenso darum. Durch die Immanuel-Freizeiten begegne ich außerhalb vom Alltag anderen Menschen, die mit Jesus leben, und dabei noch intensiver auch ihm selbst.

Der Mitarbeiter Georgi erzählt heute von einem Jungen, der Jesus persönlich begegnet ist. Er lauschte Jesu Geschichten und wie er von Gott als Vater redete. Es war so spannend, dass der Junge gar nicht merkte, wie hungrig er wurde – das passiert mir im Immanuel-Lager auch manchmal. Doch mehrere der vielen versammelten Menschen wurden unruhig. Manche machten sich schon zum Aufbruch bereit. Aber dann fragten die Freunde von Jesus in der Menge herum, ob jemand etwas zu essen dabeihabe. Da fiel dem Jungen der Beutel ein, den ihm seine Mama mitgegeben hatte. Er war ganz schön aufgeregt, als die Männer ihn in die vordersten Reihen führten, direkt vor Jesus. Georgi beschreibt, wie besonders es für den Jungen war, dieser bekannten Person so nahe zu sein. Dass Jesus eben nicht wie ein Machthaber oder Star unnahbar ist, sondern sich für jeden interessiert. Auch für den Jungen, den er liebevoll anblickte und dem er dafür dankte, dass er sein Essenspäckchen teilte.

In meinem Bauch kribbelt es, als Georgi fesselnd erzählt, wie Jesus die fünf Brote und zwei Fische nahm, zum Himmel streckte, Gott dankte und dann die Lebensmittel verteilen ließ. Sie wurden weitergegeben und weiter und weiter und … die Körbe wurden nicht leer! Jeder bekam so viel, bis er satt war, und es blieb sogar einiges übrig! Jesus versorgte auf diese Weise Tausende Menschen mit einem Abendessen und vollbrachte dafür extra ein Wunder.

Ich spüre, wie ein angenehmer Schauer meinen Körper mit Gänsehaut überzieht. Was für ein krasser Mann! Einer, der die Kleinen sieht, sich um sie sorgt und Unglaubliches kann. Ein Wundermacher!

So ein Wunder hätte ich gerne auch einmal in Juschnij erlebt. Ein Stück Brot, das für alle reicht und von dem immer etwas übrig bleibt für den nächsten Tag und den nächsten und den nächsten … Jetzt brauche ich das zwar nicht mehr, weil ich ja jeden Tag im Heim zu essen bekomme, aber so ein Wunder will ich trotzdem erleben. Und ich will auch mal vor Jesus stehen.

Georgi schließt die Geschichte aus der Bibel ab: »Jesus sieht auch uns – dich und mich. Er hat dafür gesorgt, dass wir nun hier sind und es uns so gut geht. Es ist kein Zufall, dass es dich gibt und du hier bist!«

Wie ich es schon von anderen Freizeitabenden kenne, lädt Georgi nun dazu ein, sich für Jesus zu entscheiden. Das erste Mal, als ich davon hörte, überraschte mich das sehr: Man konnte sich entscheiden?! Für ein Leben mit diesem faszinierenden Jesus?

In den vorherigen Jahren habe ich schon miterlebt, wie sich Kinder dafür entschieden haben. Sie gingen aus freien Stücken durch den Saal nach vorne, wo gemeinsam gebetet wurde, um Jesus »ins Herz einzuladen«. Keine Regeln, keine Pflicht. Ich darf. Selbstständig. Und jetzt will ich es auch!

»Jesus kann dich und mich retten«, sagen die Christen häufig. »Er kann dir helfen und … er liebt dich.«

Jetzt, da ich alles habe, was ich zum Überleben brauche, will ich mehr. Leben statt nur überleben. Nun scheinen »Liebe« und »Sinn« ein Luxus zu sein, den ich auch haben kann. Ich will einen Freund, einen Wundermacher, der mich sieht, obwohl ich von der Straße komme und im Heim lebe. Obwohl ich oft nicht das Richtige tue. Irgendwas ist da in mir, das mich ständig zu Entscheidungen und Handlungen treibt, die irgendwie nicht gut sind. Die Mitarbeitenden auf der Freizeit und in der Gemeinde nennen es »Sünde«. Etwas, das mich von Gott trennt. Etwas, das ich tue und das nicht zu Gott passt. Wenn ich im Gesicht meines Gegenübers sehe, dass ich sie oder ihn verletzt habe, merke ich, was damit gemeint ist. Dann fühle ich mich schuldig. Wenn ich nur auf mich achte, zieht mich mein Verhalten von Gott und anderen Menschen weg. Dieses »Irgendwas« ist so groß und stark in mir. Aber jetzt will ich etwas anderes in mir drin haben. Jemand anderen in meinem Leben, der wirklich gut ist.

»Wer mit Jesus befreundet ist, ist mit Gott befreundet«, sagen sie. Ich weiß nicht, wie genau das dann funktioniert, aber es klingt gut. Und heute entscheide ich mich für gut.

Entschlossen schnelle ich von meinem Platz hoch und laufe zielstrebig durch die Stuhlreihen. Ein paar weitere Kinder kommen dazu. Georgi begrüßt uns mit leuchtenden Augen. Es fühlt sich an, wie sich der Junge gefühlt haben muss, ganz vorne in den Reihen und ganz nah am entscheidenden Geschehen. Mein Herz und mein Bauch hüpfen um die Wette.

Der Mitarbeiter spricht ein Gebet vor mit jenem Akzent, den ich oft bei deutschen Besuchern gehört habe. Satz für Satz wiederhole ich zusammen mit den anderen die Worte, dass ich Jesus im Herzen haben möchte. Mit dem »Amen« ist es beschlossen.

Im hüpfenden Lauf kehre ich zu meinem Platz zurück, gespannt darauf, wann ich ein Wunder von Jesus erleben werde – und erst mal darauf, wie jetzt die Fortsetzung der Gutenachtgeschichte vom Vortag weitergeht.

Erschrocken zucke ich zusammen und starre zum Fenster. Dort hat sich etwas bewegt.

Ganz sicher. Vorüberbewegt. Jemand. Und es ist keiner von den Freizeitteilnehmenden oder Mitarbeitenden, das weiß ich. Aber woher? Wieso ist mir ganz klar, dass es jemand anderes ist? Etwas Fremdes ist spürbar, das es mir zuflüstert.

Ängstlich kralle ich meine Finger in die Bettdecke und erstarre, während mein Blick an der Öffnung in der Wand klebt. Nur dumpf nehme ich durch den Schleier der Angst und der Anspannung den ruhigen Atem von Melina im Schlaf wahr. Die anderen zwei Mädchen in der Freizeitunterkunft höre ich nicht. Sind sie noch da? Noch am Leben?

Vielleicht sollte ich mich totstellen. Aber mehr als mit aufgerissenen Augen regungslos daliegen kann ich gerade nicht.

Da! Wieder die Gestalt!

Einem Schatten gleich geht sie am Fenster vorüber. Geisterhaft und doch ganz deutlich eine Person, so präsent, als könne ich sie greifen – oder sie mich. Es ist eine Frau, ganz in Schwarz gekleidet. Um ihren Körper ist ein schwarzer Umhang geschlungen, dessen Kapuze auch das Gesicht in Dunkelheit hüllt. Die Finsternis, die von der Frau ausgeht, streckt sich nach mir aus. Unkontrolliert beginnt mein Körper zu zittern und ich bekomme eine Gänsehaut. Die feinen Härchen stellen sich auf, während in mir die Furcht aufsteigt.

Draußen rauschen laut die hohen, dicht stehenden Gräser im starken Wind, der beständig über die Steppe fegt. Sonst beruhigt mich der Klang, aber jetzt schürt er meine Angst wie der Blasebalg das Feuer. Die Frau geht vor dem Fenster hin und her, wandert ihren

Weg ab, als halte sie Wache. Und ich weiß, dass ich es bin, die sie bewacht. Aber wieso? Warum ich? Weil ich in den Kellern Juschnijs dabei gewesen bin? Ist sie es etwa, die wir gerufen haben? Aber warum kommt sie jetzt und was will sie von mir?

Ab und zu wendet sich der dunkel umhüllte Kopf unserem Zimmer zu und ich spüre ihren Blick, ohne Augen zu sehen. Doch sie kommt nicht näher, nicht herein. Immer wieder schreitet die Frau in Schwarz vorüber, als wolle sie nie mehr fortgehen. Und mich niemals mehr gehen lassen. Verkrampft verharre ich unter meiner Decke, starre in die Dunkelheit und warte voller Angst.

Am nächsten Morgen weiß ich nicht, ob in der Nacht zuerst die Gestalt endlich verschwunden ist oder ich zuvor völlig entkräftet eingenickt bin. Zumindest ist sie nicht hereingekommen. Glaube ich. Hoffe ich. Jedenfalls hat sie mich nicht mitgenommen. Doch es bleibt die düstere Vorahnung, dass es nicht die letzte finstere Wache war, die mich heimsuchen wird.

5

TICKET ins Schlaraffenland

2000, Preobrashenije

Der bittere Klumpen in meinem Magen wächst an. Er nährt sich von der schmerzenden Säure, die aus meinem Herzen sickert und auch meinen Hals trockenlegt: Neid.

Ohne mich zu rühren, stehe ich oben an der Treppe im Eingangsbereich des Heims. Für Anastasija und Oleg ist es nun der Ausgangsbereich. Sie lachen, rufen, hüpfen um ihre gepackten Taschen herum. Ihre neuen Eltern wirken ebenfalls aufgeregt, während sie mit Franz und Olga Thissen sprechen und gleichzeitig versuchen, die aufgedrehten Geschwister etwas zu beruhigen.

Eltern. Sie haben es geschafft. Bruder und Schwester bekommen Mama und Papa.

Adoptiert. Was für ein süßer Klang, der von der bitteren Säure in mir verschluckt wird.

Die Flut des Neides schwillt dadurch noch weiter an. *Ich will das auch.* Adoptiert werden, Eltern haben, Kind einer Familie sein. Doch keiner will mich.

Auch Arthur wird nicht mein Vater werden, egal wie sehr ich es mir wünsche und obwohl er mich mag. Unser erster Zivi hat sofort mein Vertrauen gewonnen. Während seines Einsatzjahres nimmt er sich für uns Kinder so viel Zeit, wie ihm neben seinen Diensten im Heim möglich ist. Für mich ist Arthur der absolute Traumpapa. Der Anfang Zwanzigjährige hilft uns bei den Hausaufgaben, tobt und spielt mit uns, nimmt uns auf den Schoß und erzählt Geschichten. Er hat auch eine Verlobte: die wunderschöne Esther. Auf einem Foto, das er immer bei sich trägt, habe ich sie betrachten dürfen. Er wählte mich auch aus, ihn zum Flughafen zu begleiten, um seine zukünftige Braut für ihren Besuch in Kasachstan abzuholen. Ich durfte ihr sogar den von ihm besorgten Rosenstrauß überreichen.

Sie sind beide so toll, traumhaft. Sie müssen einfach meine Eltern werden! Doch sosehr ich mich bemühe, so viel Aufmerksamkeit ich auch erhalte – es reicht nicht, um ihr Kind werden zu dürfen. Nach den bald verstreichenden zwölf Monaten wird Arthur wieder abreisen, um in Deutschland seine Traumfrau zu heiraten und in jenem Traumland eine eigene Familie zu gründen.

Anastasija und Oleg ziehen nun in eine Stadt weiter im Westen von Kasachstan. Dort gibt es wohl auch Christen, denn ihre neuen Eltern sind ebenfalls aus einer Gemeinde. In unserer laden die Familien häufig einzelne Kinder aus dem Heim zum Mittagessen ein. Dann genieße ich für ein paar Stunden geteiltes Familiendasein und koste davon, was es bedeutet, in einem Daheim zu leben.

Die neu gegründete Familie bricht auf. Das Ehepaar nimmt die Taschen der Geschwister und trägt sie für die beiden durch die große Tür hinaus über den Kiesweg. Bevor Anastasija und Oleg mit ihren Eltern das Tor im Zaun erreichen, drehe ich mich weg. Ich will nicht zuschauen, wie sie die Pforte zu ihrem neuen Leben durchschreiten.

Der saure Schmerz setzt sich in meinem Innersten ab und hinterlässt einen bitteren, bleibenden Nachgeschmack.

Sommer 2000, Preobrashenije

»Wie viel Kinder habt ihr denn?«, frage ich das Besucherpaar aus Deutschland, während ich auf der maroden Holzbank an die Seite der Frau heranrutsche.

»Zwei«, antwortet sie. Sie legt ihren schlanken, sehnigen Arm um meine Schulter und ein wohliges Gefühl durchflutet mich. »Eine Tochter und einen Sohn.«

Ich rücke noch ein Stück näher und kuschle mich an die Russlanddeutsche. Oder besser gesagt an die Kasachstandeutsche, denn sie und ihr Mann haben mir erzählt, dass sie beide ursprünglich auch aus Kasachstan kommen. Darum können sie auch so gut Russisch, wenn auch mit leichtem Akzent. Sie lernten sich in ihrem Geburtsland kennen und wanderten dann als junge Erwachsene mit ihren Familien in die Heimat ihrer Vorfahren aus. Ins Paradies! – den Bildern nach zu urteilen, die uns Gäste aus dem westeuropäischen Land gezeigt haben: große, schöne Häuser, saubere Asphaltstraßen, viele neue Autos, bunt gefüllte Supermärkte, Landschaften mit kräftigem Grün, mit Wald, Wiesen, Feldern. Die Kinder auf den Fotos besitzen tolle Spielsachen und können auf wunderschönen Spielplätzen toben. Bei Festen gibt es Unmengen an Essen, viel Süßes und Tische voller Geschenke. Alle tragen schicke Kleider, die ungebraucht aussehen.

Mein Blick wechselt zwischen der Frau und ihrem Mann hin und her, dann greife ich erneut in die Kekspackung, die sie offen hingestellt haben. Ich mag die beiden. Auch Denis nimmt sich schüchtern einen Keks, seinen zweiten, während Jakow sich, wie ich, seinen fünften schnappt. Uns drei hat das Besucherpaar Anna und Franz mit auf einen kleinen Ausflug genommen. Nun wieder zurück in Saran genießen wir Gebäck und Süßgetränke bei einer Pause im Park. Ich mag den Ort mit den knorrigen Bäumen und abgenutzten Bänken. Die Rasenflächen sind nicht grün wie die auf dem Heimgelände, sondern gleichen der Farbe nach eher Sandkästen. Aber mir gefällt, dass sie nicht von Zäunen umschlossen sind. Hier ist alles offen, umgeben von Straßen, die in alle Richtungen führen, und unterschiedlichste Menschen spazieren über die Wege. Mein Blick fällt auf das Denkmal, das in einiger Entfernung auf einem gepflasterten Platz steht. Eine bronzefarbene Frau, die sich zu einem Kleinkind auf ihrem Schoß neigt und ihren Arm um die Schultern eines älteren Jungen neben ihr gelegt hat. Eine Mutter mit ihren Söhnen.

»Wann haben sie Geburtstag?«, bohre ich nach, wobei mir Krümel aus dem gefüllten Mund purzeln.

Die Frau lächelt: »Luise feiert im Herbst ihren Geburtstag und Roland im Sommer.«

Meine Augen weiten sich vor Aufregung: »Euer Roland hat im Sommer Geburtstag und seht ihr: Eure Natascha auch!«

Wieder huscht ein Lächeln über das Gesicht der Frau, allerdings mit einer kleinen Falte auf der Stirn. Sie wirft ihrem Ehemann einen Blick zu, den ich ebenso wenig deuten kann wie seinen. Aber das ist ja auch egal. Alles ist gerade gut. Denn die beiden sind gut, auch zu mir. Es ist ein schöner Tag, wir machen einen Ausflug und zumindest für heute fühlt es sich wie Familie an. Schnell schiebe ich noch einen Keks in meine Wangentasche.

»Natascha, kannst du dich noch an Tante Anna und Onkel Franz erinnern?«

Tatjana steht am Fußende meines Krankenbetts in der Klinik von Saran. Ich bin weder krank noch verletzt, sondern verbringe geplant ein paar Tage im Krankenhaus für alle möglichen Untersuchungen. Bei diesen regelmäßigen medizinischen Check-ups begleitet und betreut uns immer die Heimärztin.

Ich nicke. Natürlich erinnere ich mich an das Ehepaar aus Deutschland, das zu Gast war, mit uns einen Ausflug gemacht hat und vor mehreren Wochen in seine Heimat zurückgekehrt ist.

»Sie wollen dich und Denis adoptieren.«

Der Satz ist kurz und mächtig. Er schlägt mit voller Wucht ein. Mir klappt der Mund auf und ich bin sprachlos, was wirklich etwas heißt.

»Tante Anna und Onkel Franz wollen schon lange zwei weitere Kinder. Adoptionen sind innerhalb von Deutschland sehr schwierig. Darum haben sie unser Heim besucht, um die Kinder hier kennenzulernen. Ihre Gemeinde unterstützt die Einrichtung und die beiden kommen auch aus Kasachstan, das weißt du ja.«

Mir gelingt noch nicht mal ein Nicken. Ich bin vor Anspannung wie elektrisiert. Mich durchströmt unfassbares Glück und ich wage nicht, mich zu rühren. Aber in mir sprudeln die Hochgefühle – nein, vielmehr bricht ein gewaltiger Springbrunnen hervor! An jener Stelle, an der sich einst die bittere Neid-Säure abgesetzt hat. Die Fontäne der Euphorie spült diese Pfütze einfach weg. Meine Gedanken verschwimmen, ich bestehe nur noch aus Glücksgefühlen. Alles Vorherige scheint zu versinken in den Wellen, die betörend rauschen: »Adoptiert … Familie … Deutschland!«

»Sie haben viel gebetet und überlegt«, berichtet die Frau am Fußende des Bettes weiter. »Heute haben sie im Heim angerufen und gemeint, dass Gott es ihnen aufs Herz gelegt hat, euch beide zu adoptieren. Ein Mädchen und einen Jungen, wie ihre eigenen Kinder.«

»Ich?«, rutscht es nun endlich etwas krächzend aus meinem trockenen Mund.

»Ihr gehört zu den wenigen, die zur Adoption freigegeben sind. Ich weiß nicht, warum sich das Ehepaar für euch beide entschieden hat. Gott weiß um das Beste. Jedenfalls seid ihr von nun an wohl Geschwister.« Tatjana lächelt mich kurz an. Dann wird sie wieder ernst.

»Aber, Natascha, das kann lange dauern. Wenn der Staat es überhaupt genehmigt. Ihr wärt die ersten Kinder aus unserem Heim, die ins Ausland adoptiert werden, und ich weiß auch sonst von keinem Fall bisher in Kasachstan. Nach Deutschland ist es wohl sehr schwierig und die Ämter und überhaupt …«

Die Ärztin spricht weiter, doch ich sehe nur die Bewegungen ihrer Lippen. Innerlich hebe ich ab und schwebe davon.

Deutschland. Adoptiert. Eltern. Geschwister. Familie. Deutschland!

Ich kann es nicht fassen. Mein Körper schwankt zwischen Glücksstarre und dem Impuls, die Decke wegzureißen, aufzuspringen und schreiend durch das Krankenhaus zu rennen. Deutschland!! Das unerreichbare Schloss des Prinzen. Und ich würde es betreten. Ich!

Die Wahl ist auf das Straßenmädchen Natascha gefallen. Ich bin wie verzaubert und bin wie nie zuvor gerne und glücklich im Hier und Jetzt.

2009, Saran

Der Manti duftet herrlich und ich rieche nochmals an der Teigtasche, bevor ich sie mir vorsichtig in den Mund schiebe. Aus reichlich Erfahrung weiß ich, dass die Hackfleischfüllung darin wärmer als ihr Mantel ist, und puste hinein, nachdem ich den dicken Teig an einem Ende weggeknabbert habe. Die Nudelhülle ist genau richtig zwischen weich und bissfest dampfgegart. Mit viel geschmolzener Butter gleitet der Happen meine Speiseröhre hinab. Ich tunke den Manti noch einmal in die warme Butter ein, bevor ich erneut abbeiße. Die Mischung aus Rind- und Schweinefleisch zerfällt auf meiner Zunge und das intensive Zwiebelaroma entströmt. In fast gleichen Mengen sorgen die beiden Zutaten zusammen mit Salz und Pfeffer für die schlichte und unschlagbare Mischung. Es ist herrlich lecker und warm, gerade so, dass die Füllung mir nicht den Gaumen verbrennt, während ich genüsslich kaue.

Mit dem würzigen Geschmack breitet sich ein wohlig prickelndes Gefühl der Nostalgie in mir aus. Ein Teil von mir ist in meinem ehemaligen Heim angekommen. Zumindest Zunge und Magen. Mein Lieblingsgericht aus Kasachstan habe ich nach russischem Rezept schon mehrfach selbst in Deutschland zubereitet. Doch nirgends schmecken die Manti so gut wie dort, wo ich sie zum ersten Mal gekostete habe: in meinem Mutterland.

Das wird es immer bleiben, auch wenn inzwischen Deutschland mein Heimatland geworden ist. Dort stehen nun natürlich andere Teigtaschen sehr viel öfter auf dem Speiseplan. Während Ravioli viel zu klein für den Vergleich sind, könnten die dicken Manti weit entfernt an Maultaschen erinnern. Aber Deutsche vergleichen alle mit Fleisch gefüllten Nudelbeutel mit dem schwäbischen Regionalgericht. Dabei eröffnet der Geschmack der jeweiligen Teigtasche völlig unterschiedliche Welten – so wie es auch deren Herkunftsländer tun.

Tante Lida ermahnt einige Kinder, die noch während des Kauens nach dem nächsten Manti in der Schüssel greifen. Hier ist alles begrenzt und rationiert – anders als im Schlaraffenland, wo Denis und ich damals in den ersten Wochen Bauchschmerzen bekamen, weil wir zu viel aßen.

Wir schaufelten alles in uns hinein, was uns angeboten wurde. Das riesige Glas mit russischen Bonbons, das Papa aus Kasachstan mit nach Deutschland brachte, leerten wir zusammen mit unseren zwei neuen Geschwistern in nur wenigen Tagen. Bei den Mahlzeiten durfte sich jeder so oft auftun, wie er oder sie wollte. Keine eingeteilten Tellerportionen wie im Speisesaal des Heims. Einmal streckte Denis nach einem Mittagessen seinen aufgeblähten Bauch vor und jammerte: »Mein Bauch pikst.«

Meine neuen Eltern stellten fest, dass wir nicht selbstständig ein gesundes Essensmaß abschätzen konnten. Wer bisher immer weniger bekommen hatte, als er eigentlich wollte, der nahm alles, sobald er endlich konnte. Nach jahrelangem Hungergefühl – und anschließend im Heim nur sparsamen Rationen – erkannten wir das Sättigungsgefühl nicht. Selbst das mussten uns Mama und Papa nun anerziehen. Die Mengen wurden eingeschränkt – großzügig, aber in begrenztem Maß. Wir hatten wirklich viel zu lernen in unserem neuen Zuhause.

»Was heißt Manti auf Deutsch?«, fragt auf Russisch ein Mädchen, das mit mir am Tisch sitzt, und holt mich zurück in die Gegenwart in Saran.

Das Fenster in ihrem Rücken umgibt sie wie ein Bilderrahmen mit wolkengeflocktem Himmel-Hintergrund. Die Augen der Kleinen leuchten blau, als hätten sie ein Stück aus den Lücken zwischen den weißen Tupfern stibitzt.

»Es heißt auch Manti. Das ist ein eigner Name. In Deutschland gibt es dieses Gericht gar nicht. Das machen nur Leute, die aus anderen Ländern kommen.«

Erstaunen breitet sich in dem Blau und dem Gesicht drum herum aus. Tatsächlich gibt es Dinge, die nicht einfach so im Schlaraffenland existieren. Ich habe das in ihrem Alter auch nicht gedacht.

»Und was heißt *woda*?«, fragt Juri eifrig und hebt mir seinen Trinkbecher unter die Nase.

»Wasser«, übersetze ich.

Nun ist der Damm gebrochen und ich werde mit einer Flut an Vokabelfragen überschüttet. Mit großem Spaß übersetze ich ihnen alle möglichen russischen Wörter und lache über die faszinierten bis belustigten Reaktionen auf die deutschen Begriffe. Ich habe die deutsche Sprache als Heimkind ebenso interessant und schön gefunden. Wenn Gäste aus dem europäischen Land sich untereinander unterhielten, klang das so cool für mich. Heute finde ich Englisch cooler. Wie bei so vielem verfliegt der Zauber des Unbekannten, sobald es einem allzu bekannt wird. Dazwischen gab es bei mir noch die Phase des Hasses …

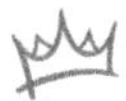

»Das ist die Sprachen von Faschisten! Ich will eure blöde, faschistische Sprache nicht lernen«, schleuderte ich meinen Eltern entgegen, nur wenige Wochen nachdem ich in das Heimatland jener deutschen

Sprache gezogen war. Jeden Tag musste ich nach der Schule zusätzlich mehrere Stunden Deutsch pauken, Texte abschreiben, vorlesen, Vokabeln lernen ... Es war mir zu viel und die Luft war raus. Die Leute in der Schule, in der Gemeinde, die Nachbarskinder, die eigenen neuen Geschwister – alle sprachen nur Deutsch und das war so anstrengend.

Aber es war auch der Grund, warum mein Papa nicht lockerließ und unnachgiebig hinterher war. »Ihr braucht die deutsche Sprache wie die Luft zum Atmen«, wiederholte er immer wieder und nach einem Jahr konnten wir uns fließend in der zuvor fremden Sprache unterhalten. Diesen mühsamen Prozess hatte ich nicht im Entferntesten vor Augen gehabt, als mir mein Adoptivvater zum ersten Mal ein einfaches, kleines Wörterbuch über den Tisch zugeschoben hatte.

Zwei Wochen – so der Plan – bevor Denis und ich mit ihm abreisen sollten, besuchte unser neuer Papa nochmals das Heim. Etwa ein Dreivierteljahr hatte der Kampf gedauert, seit sich Anna und Franz für uns entschieden hatten. Die Bürokratie war ein zäher Ringer, der ihnen im deutschen wie auch kasachischen Trikot entgegentrat. Doch das Ehepaar zeigte sich hartnäckig und ausdauernd: Sie boxten sich durch die Behördengänge, fochten Forderungen aus und schlugen sich durch die Stapel an Dokumenten. Nun standen sie im Finale und Franz musste für die letzte Runde in den Ring mit dem zähesten Gegner. In den Ämtern von Karaganda stand nun alles auf der Kippe.

Kasachstan war und ist ein Mix aus so vielen Nationalitäten und von Narben der Vergangenheit gezeichnet. Daher wollte es seine Kinder nicht bereitwillig in jene Staaten ziehen lassen, die mit für die Wunden verantwortlich waren. Es waren ohnehin schon so viele Menschen nach dem Zerbruch der Sowjetunion abgewandert und aus den Rissen waren die Kraft und Identität Kasachstans gesickert. Langsam begann der Staat, sich wirtschaftlich und politisch zu erholen. Doch die Gesellschaft blieb angeschlagen, gespalten in Arm und

Reich, ein Sammelsurium an Ethnien und Religionen, auf der Suche nach einer vielversprechenden Zukunft, die nicht nur versprochen wird.

Mitten in diesem Aufräumen und Wiederaufbauen, Neuanlegen und Orientieren hockten in einem Heim zwei Kinder, um das ein russlanddeutsches Ehepaar beharrlich kämpfte. Es hatte eine Menge investiert und war zu vielem bereit, allerdings nicht zu dem, was die Behörden forderten: Bestechung.

So musste Papa viele zähe Behördengänge über sich ergehen lassen, während die Uhr tickte. Er hatte zwei Wochen eingeplant. Nach vier Wochen würde sein Visum enden und zuvor musste er mit uns im Flugzeug abgehoben haben. Neben den anstrengenden Amtsbesuche nutzte er die Zeit, um sich mit dem neuen Familienzuwachs auszutauschen und mit uns schon etwas Deutsch zu üben. In seinem schlichten Gästezimmer im *Preobrashenije* brachte er Denis und mir die ersten Wörter bei.

Apfel, Brot … Noch fand ich überhaupt keinen Bezug zu den Begriffen, außer dass ich sie exotisch schön fand. Mein russischer Akzent verzog die Laute bis zur Unverständlichkeit. Das O in Brot sprach ich zu schnell aus und das R und T zu hart. »Ich esse Eis« wurde zu »Ich esse Aas«. Doch das später folgende, intensive Üben der Sprache zahlte sich aus. Ich selbst wollte ja auch nicht immer nur mit Händen und Füßen mit den anderen Kindern kommunizieren oder Missverständnisse ausräumen müssen. Wobei wir dadurch auch einiges zu lachen hatten.

»Das ist scheiße«, rief ich in Deutschland einmal entsetzt aus und betrachtete den Flecken, der sich auf dem Teppichboden ausbreitete. Rasch bildete sich eine Pfütze um den Becher, in dem wir drei Mädchen die Wassermalfarbe aus den Pinseln ausgewaschen hatten. Die beiden Töchter einer befreundeten Familie schauten mich mit einem Gesichtsausdruck an, der noch entsetzter war als meiner.

Die Ältere flüsterte: »Das darfst du nicht sagen!«

Mir tat das Missgeschick wirklich leid und so wiederholte ich: »Doch, das ist voll scheiße!«

Die beiden sahen sich an, dann wieder mich. »Nein, das sagt man nicht, sagt Mama immer. Du darfst nicht ›scheiße‹ sagen!«

Irritiert blickte ich von einer zur anderen. Hitze stieg in meine Wangen und ich bekam ein ungutes Gefühl. *Ich habe wohl etwas Falsches gesagt. Hoffentlich mögen sie mich noch!* Verunsichert machte ich auf der Stelle kehrt und rannte aus dem Kinderzimmer durch den Flur ins Wohnzimmer der Familie aus der Mennoniten-Gemeinde. Meine Eltern saßen mit den Bekannten am Tisch bei Kaffee und Kuchen, deren Sohn und Denis spielten ums Sofa herum mit Legosteinen.

»Mama! Papa!«, rief ich stürmisch und schob mich an den sicheren Ort zwischen ihren Stühlen.

Die Schwestern kamen nach und schauten etwas hilflos drein. Aber ich fühlte mich hilfloser, weil ich nicht wusste, was los war. Aufgebracht erzählte ich meiner Mama stockend in brüchigem Deutsch, was mit dem Wassermalbecher passiert war, und kam schließlich zum entscheidenden Punkt: »Das ist doch scheiße! *Zhalka* ist doch ›scheiße‹, oder?! Aber die beiden sagen, ich darf das nicht sagen.«

Mein Papa brach in lautes Lachen aus und meine Mutter fiel mit den anderen Erwachsenen ein. Nun verstand ich gar nichts mehr.

»›Scheiße‹, Natalie, bedeutet *gowno*«, klärte mich meine Mama endlich auf. »Was du sagen wolltest, heißt ›schade‹.«

Jetzt konnte ich endlich mitlachen.

So lernte ich Fehler für Fehler die Tücken der deutschen Sprache und mit der Zeit, sie zu umgehen. Aber oft sah ich in all den Anforderungen keine Chancen, sondern Zwänge. Dieses traumhafte Paradiesland zeigte mir viel mehr Grenzen auf, als ich erwartet hatte. Meiner Meinung nach durfte es dann gar nicht mehr als solches betitelt werden. Dabei hatte ich mich zuvor so sehr danach gesehnt, dorthin zu kommen. Und meine Eltern hatten so viel eingesetzt:

Lebenszeit, Nerven und Schweiß … doch letztlich brauchte es ein Wunder.

Juni 2001, Karaganda

Die Augenringe meines Vaters erzählen von schlaflosen Nächten und auszehrenden Stunden. Sie sind tief eingesunken wie beladene Hängematten – beladen mit den Ereignissen der letzten Tage. Meine letzten in Kasachstan.

Ein Kribbeln sprudelt in meinem Bauch bei dieser Vorstellung. Das Prickeln steigt wie aus einer hervorbrechenden Quelle schon seit Papas Ankunft im Heim immer wieder auf, doch heute ist es so stark, dass ich kaum etwas von meinem Essen herunterbekommen habe. Obwohl es zum Abschiedsfest extra köstliche Manti für alle gab.

Auch Papa hat nur wenig davon gegessen, obwohl er sein Fasten schon seit einer Weile beendet hat. Vielleicht ist er auch so aufgeregt wie ich. Er wirkt jedenfalls angespannt und unruhig. Ist es noch nicht vorbei? Mein Vater hat doch alle Befragungen der Behörden überstanden und die Ämter endlich überzeugt …

Vater. Papa. So darf ich Franz nun offiziell nennen.

Ich kann kaum still stehen, während wir in der Schlange vor dem Kontrollschalter am Flughafen von Karaganda warten. Es ist einfach alles zu wunderbar. Auch Denis tippelt aufgeregt von einem Fuß auf den andern. Papa steht steif da, schaut immer wieder auf die Uhr, checkt wiederholt die Pässe oder reckt sich ein wenig, um die Beamten am Schalter zu beobachten. Seine Augenringe zeugen von den unangenehmen Begegnungen mit Beamten in den vergangenen vier Wochen. Vier Wochen lang hat sich der Prozess hingezogen!

Beginnend bei den Behörden von Karaganda, wo wir an drei Tagen hintereinander stundenlang zu viert, in Begleitung der Heimärztin Tatjana, in einem großen Büroraum sitzen und Fragen beantworten mussten. Jeden Tag dieselben. Obwohl der deutsche Staat die Adoption bereits genehmigt hatte. Wir brauchten nur noch die Ausreisedokumente von kasachischer Seite.

Denis und ich langweilten uns oft lange bei den Terminen im Wartebereich vor der großen Holztür, während unser neuer Vater weiter Auskunft geben musste. In diesen Tagen hat Papa weder gegessen noch getrunken, stattdessen viel gebetet.

Als wir am Ende des dritten Fastentages vom Amt zurückkehrten, meinte er zu Tatjana: »Es war gut zu fasten. Wir haben zwar noch nicht die Pässe für die Kinder. Aber immerhin besteht noch Hoffnung. Wenn ich nicht so erschöpft vom Fasten wäre, hätte ich heute womöglich jede Chance zunichtegemacht. Sie kennen mich ja schon ein bisschen, Dr. Tatjana …«, mein Vater lächelte matt. »Ich kann auch aufbrausend sein. Nach den stundenlangen Schikanen wäre mir heute eigentlich der Kragen geplatzt! Aber das Beten und Fasten hat mich ausgebremst. Gott hat durch die körperliche Schwachheit meine Impulsivität geschwächt. Statt zu explodieren, habe ich den Beamten ruhig, aber deutlich gesagt: ›Warum stellen Sie uns seit drei Tagen immer dieselben Fragen? Wir haben sie alle schon beantwortet.‹ Die Sekretärin, die alles protokolliert, hielt es nicht mehr aus. Sie schickte uns kurzerhand aus dem Raum und auf der Wartebank hörten wir drinnen die Leute laut diskutieren.«

Tatjana nickte nachdenklich. Dann sah sie erst uns beide, dann den deutschen Besucher an: »Und nun?«

Papa zuckte mit den Schultern: »So schnell bekommen wir die Pässe nicht. Sie wollen Schmiergeld – diese korrupte Bande! Aber sie werden es nicht bekommen. Doch langsam wird es zeitlich knapp … Ja, was nun? Ich werde auf jeden Fall wieder essen und trinken. Die Zeit des Fastens ist vorbei. Die des Gebets nicht!«

Die Stärkung brauchte mein Vater auch. Denn die Behörden-Odyssee setzte sich fort. Unser Heimleiter hatte einen Kontakt bei den Ämtern einer anderen Stadt und versuchte, ihn für uns spielen zu lassen. Dafür fuhr Papa extra in die Hauptstadt Astana – vergeblich. Als Nächstes reiste er nach Almaty zur deutschen Botschaft – erfolgreich!

Endlich händigte man ihm dort Denis' und meinen Pass aus. Aber das war nur ein Etappensieg, denn wir brauchten noch die Ausreisegenehmigung. Von den Behörden in Karaganda. Zurück zum stursten Gegner. Zurück in jenes Amt für eine weitere Runde im Ring.

Heute ist nun der letzte Werktag der letzten Woche, die der Familienvater noch in Kasachstan verbringen darf. Dann läuft sein Visum ab – mit oder ohne Kinder.

7.58 Uhr: Franz steht bereits wenige Minuten vor der Öffnungszeit am Schreibtisch der Sekretärin mit den Pässen in der Hand, dem Anliegen auf den Lippen und der tobenden Unruhe in sich. Er solle warten. Wieder. Die Stunden fließen dahin.

11 Uhr: Ein Gerichtsbeamter nimmt die Pässe von der Ablage auf dem Schreibtisch mit und verschwindet, ohne Franz zu beachten, in seinem Büro. Es ist einer jener monotonen Befrager der zähen Drei-Tage-Sitzungen.

12 Uhr: Mittagspause. Die Leute verlassen ihre Büros und das Gebäude für ihre Mahlzeit. Die Flure sind leer und der Wartende vergräbt das müde Gesicht in den Händen, die Arme auf den Knien abgestützt. Die spitzen Ellenbogen gräbt er in seine Oberschenkel, um sich wach zu halten.

13 Uhr: Die Leute finden sich wieder ein und verbarrikadieren sich hinter ihren abweisenden Bürotüren.

14.17 Uhr: Ein Angestellter mit viel Körperfülle und wichtigem Getue erscheint. In bürokratisch-formellen Worten umschreibt er, dass ohne finanzielle Gegenleistung nichts für die Ausreisegenehmigung zu machen sei. Franz verweigert das Schmiergeld und nennt die Korruption beim Namen. Der untersetzte Mann verschwindet verärgert im Zimmer seines Vorgesetzten. Die Zeit wird eng. Um 17 Uhr wird das Amt geschlossen werden und damit auch die Tür nach Deutschland.

15.30 Uhr: Franz muss aktiv werden. Kurzerhand spricht er die Sekretärin an. Freundlich, aber mit grimmiger Entschlossenheit verkündet er ihr als Übermittlerin: »Wenn Sie die Kinder nicht ohne Schmiergeld mit mir ausreisen lassen, dann werde ich dieses Amt in Deutschland anzeigen. Ich werde der Presse und den Medien berichten, dass Kasachstan – und namentlich Karaganda! – versucht, seine Kinder schwarz zu verkaufen.«

Die Augen der Frau weiten sich fast auf die Größe ihrer runden Brillengläser. Sie scheint keinen Zweifel an der Entschlossenheit des Deutschen und der Glaubwürdigkeit seiner Androhungen zu haben. Sie nickt und wispert mit angehaltener Luft: »Ich schaue, was möglich ist, Herr … Peters.« Mit klackernden Absätzen verschwindet sie im Büro. Lautstarke Diskussionen dringen dumpf durch die Tür und es verfließen weitere Minuten, bis über eine Stunde daraus wird.

16.40 Uhr: Die Sekretärin eilt aus dem Zimmer. Ohne Franz anzusehen, sucht sie Dokumente auf dem Schreibtisch zusammen. Die aus dem Dutt gelösten Haarsträhnen wirbeln dabei um ihr gerötetes Gesicht. Hastig schiebt sie die Brille zur Nasenwurzel hoch, während die andere Hand Unterlagen unter den Arm klemmt, und klackert zurück ins Büro.

Den Familienvater hält es nicht mehr länger auf dem Stuhl, er tigert nervös im Wartebereich auf und ab. Zwingt sich, nicht permanent die große tickende Uhr anzustarren, auch wenn sich alles auf sie auszurichten scheint. Wie im Westernfilm *Zwölf Uhr mittags*. Wenn es doch nur erst kurz vor zwölf wäre! Stattdessen springt nur der Minutenzeiger unbarmherzig weiter auf die Zwölf zu, während der kurze Zeiger schon fast die Fünf erreicht hat. Er ist im falschen Film, doch Franz hofft, dass auch dieser Showdown zuletzt gut endet.

16.56 Uhr: Die Sekretärin rutscht beinahe auf einem ihrer spitz zulaufenden Absätze aus, als sie aus dem Geschäftszimmer eilt. Sie wirft die Dokumente auf den Tisch und kramt ein paar daraus zusammen. Der Angestellte stapft ebenfalls aus dem Zimmer und stellt sich neben den Schreibtisch, die Fäuste in die Hüfte gestemmt. Mit finsterem Blick betrachtet er den Antragsteller und schiebt die Brust provokant nach vorne – über den Bauch ragt sie allerdings nicht hervor. Die Sekretärin mit dem aufgelösten Dutt winkt Franz zu sich. In schnellem Russisch gibt sie ihm noch ein paar Hinweise zu den Stempeln und zum Abflug, doch der Deutsche schwebt in Gedanken bereits mit den Genehmigungen aus diesem grässlichen Gebäude. Sie müssen nur noch von den schmalen Händen in seine wandern … Endlich! Die Helferin reicht die Papiere über die graue Tischplatte zwischen ihnen und Franz greift mit schwitzigen Fingern danach.

17.02 Uhr: Eine russische Dankesformel, ein knappes gegenseitiges Zunicken, das Ignorieren des Bürobüffels, der mit den Hufen scharrt, dann endlich kann Franz die Kanzlei verlassen. Erleichtert taumelt er die Stufen vor dem Gebäude hinunter, die Unterlagen an die Brust gedrückt wie eine Siegesmedaille.

Allerdings liegen die Grenzen des Landes noch nicht hinter ihm und den Kindern.

Nervös schaut Papa nochmals die Papiere durch. Gestern erst vervollständigt, werden die Stempel uns heute die Schranken ins neue Leben öffnen – hoffentlich.

Als nur noch drei Personen vor uns in der Warteschlange stehen, strafft unser Vater die Schultern und hält die Adoptionsdokumente und Pässe sortiert in den Händen bereit. Mit einem höflichen Nicken überreicht er die Dokumente einem der beiden Beamten, der dem Aussehen nach Kasache ist. Während dieser die Bescheinigungen durchgeht, werden seine Augen noch schmaler, sodass sie beinahe hinter Pausbacken und Brauen verschwinden. Der andere, scheinbar Russe, schaut ihm interessiert über die Schulter.

Ich kneife Denis in die Seite und lache auf, als ihm vor Schreck die Tasche aus der Hand fällt. Im Gegenzug schnappt er nach dem Gurt meiner halb gefüllten Tasche, in der sich alles befindet, was ich aus Kasachstan als meinen Besitz mitnehme – alles gespendeter und geschenkter Besitz. Wir zerren beide an den Trägern der Tasche, bis wir die Blicke der drei Männer bemerken. Papa schaut tadelnd und schüttelt unwillkürlich den Kopf. Und die Zollbeamten … ja, wie schauen sie? Ihr Blick verunsichert mich. Er erinnert mich an meine Schullehrerin in Saran, während sie uns die Aufgabenlösungen abfragte. Prüfend, skeptisch und …

»Das geht nicht«, verkündet der Kasache plötzlich und wendet sich mit einem Ruck an unseren Vater. »Sie können die Kinder nicht einfach so mitnehmen.«

Papas Oberkörper sackt ein Stück in sich zusammen. Ich spüre, wie seine Reaktion auf mich abfärbt und Enttäuschung sich in mir ausbreitet wie ein Tintenklecks auf Stoff.

»Wir werden die Pässe nicht zur Ausreise stempeln, bis Sie eine Genehmigungsgebühr gezahlt haben.«

Augenblicklich straffen sich die Schultern meines Vaters wieder und er schiebt angriffslustig das Kinn vor. »Nein.«

Nun werden auch die Augen des Russen so schmal wie die des Kasachen.

»Nein, das werde ich nicht«, wiederholt mein Vater mit lauter werdender Stimme. »Ich habe alles, was benötigt wird, beantragt, gezahlt und auch genehmigt bekommen. Wir haben alle Dokumente und Stempel und Sie haben keinen Grund, die Ausreisestempel zu verweigern!«

Die Pausbacken des einen sind auf einmal sehr rot, beim anderen hebt sich eine Augenbraue.

»Die Kinder kommen jetzt mit mir«, beharrt mein Vater. »Und wenn Sie uns nicht alle drei gehen lassen, dann werde ich in Deutschland im Fernsehen erzählen, dass Sie in Kasachstan Ihre Kinder verkaufen! Das ist Korruption. Alle werden erfahren, dass hier Kinder verschachert werden wie auf dem Schwarzmarkt!«

Der Hals unter dem runden Gesicht des Kasachen schwillt an. Der Russe schielt leicht verunsichert zu seinem Kollegen und murmelt ein paar Worte, die nicht freundlich klingen. Noch bevor einer von beiden sie laut ausspricht, nimmt Papa uns rechts und links an die Hand und verkündet: »Also, geben Sie uns die Stempel. Wir kommen gleich wieder und werden dann abfliegen!«

Daraufhin macht er mit uns kehrt und läuft in großen Schritten von der Warteschlange weg. Nach einigen Metern erkenne ich das Toilettenschild, auf das wir eilig zusteuern. In dem gekachelten Raum schließt Papa die Tür hinter uns und geht in die Hocke: »Kinder, wir müssen jetzt beten.«

Ich nicke. Nicke die ganze Zeit, während unser Vater mit dem »Herrn Jesus« spricht, ohne dass ich verstehe, was eigentlich genau das Problem ist. Denis und ich schauen uns aufgewühlt an. Es ist jedenfalls ernst. Warum auch immer: Die Männer im Schalterhäuschen wollen uns ebenso wenig gehen lassen wie die anderen im Amtsgebäude von Karaganda.

Papas Fingerknöchel sind weiß, so fest presst er sie beim Beten zusammen. Es ist ernst! Er fleht mit geschlossenen Augen um das »Ebnen des Weges«, um ein »Erweichen der Herzen«, um ein ... »Wunder«! Kaum spricht er dieses Wort aus, wächst in mir Hoffnung, die sich wie Vorfreude anfühlt. *Der Wundermacher!*

Irgendwann ist es lange still. Nach einiger Zeit begreife ich und sage auch noch was zu Jesus. Zuletzt murmelt Denis kaum verständlich vor sich hin. Papa schließt danach mit einem lauten »Amen« und erhebt sich wieder. Es liegt Spannung in dem miefenden Toilettenraum. Die Aufregung und die Umgebung kurbeln plötzlich meine Blase an. Rasch nutzen Denis und ich noch mal die Gelegenheit, auf der Keramikschüssel Platz zu nehmen. Als ich mich auf Zehenspitzen über das Waschbecken beuge, trifft mein Blick auf den von der Natalie im Spiegel. *Ich will nach Deutschland! Ich will nicht zurück ins Heim!*

Wie peinlich wäre es denn, wenn wir nach der großen Abschiedsfeier wieder mit unseren Taschen an der eisernen Eingangstür klopfen würden?! Noch nicht einmal alle Bonbons wären verteilt, die mein Vater für die Heimkinder besorgt hat, und wir ständen wieder in dem Gebäude, von dem ich mich für immer verabschiedet habe. Schon in den letzten Monaten habe ich mich kaum mehr wie ein Heimkind gefühlt, sondern irgendwie anders als die anderen. Besser. Denn es würde mir bald besser gehen als ihnen allen.

Natürlich wussten das die anderen Kinder auch. »Wieso die beiden?«, beschwerten sich viele bei den Betreuerinnen.

»Warum nicht ich?«, schoben einige schluchzend nach.

»Ich verstecke mich bei dir im Koffer!«, schlug Marina vor und ergriff meine Hand, die gerade Sachen ins Gepäck stopfte, und umklammerte sie fest. Aber das konnte sie nicht, denn wir hatten jeweils nur eine Tasche – und wir, das waren nur Denis und ich.

Wir sind die Auserwählten. Es ist so traumhaft. Es darf auf keinen Fall nur ein Traum sein!

Selbst Arthur hat doch gesagt: »Schau, Natascha, nun hat Gott doch für Eltern für dich gesorgt. Wenn auch anders, als du dachtest.« Als unser ehemaliger Zivi dieses Jahr nochmals kurz das Heim besuchte, freute er sich mit mir über die unglaubliche Neuigkeit.

Aber jetzt steht alles auf der Kippe. Vielleicht werde ich Arthurs Heimatland doch nicht kennenlernen, es nie mein Zuhause nennen können …

Papa räuspert sich. Aus der Gedankenkette aufgeschreckt rücke ich zur Seite, um Denis an den Wasserstrahl zu lassen. Kurz darauf durchqueren wir wieder die große Halle. Es sind keine Leute mehr vor unserem Schalter, doch die beiden Beamten sitzen noch in dem Kasten hinter der Theke.

Das Gesicht des kasachischen Bediensteten hat an hitzigem Rot verloren, aber sich zu einer noch grimmigeren Maske verzerrt. Wir erreichen das Häuschen vor dem schmalen, offenen Durchgang. Nur hier durch und wir haben es geschafft!

Aber noch steht Papa den beiden Schwellenwächtern gegenüber. Kurz sagt keiner ein Wort. Dann beginnt ein wildes Wortgefecht zwischen dem Einheimischen und dem Ausländer. Unser Vater lässt sich nicht kleinkriegen von der dauernd wiederholten Forderung, er solle noch mehr Geld zahlen. Aber seine Argumente und Warnungen prallen an seinem trotzigen Gegenüber ab wie Fliegen an einer Scheibe.

Gebannt schauen wir zu, wie über unser Schicksal hin- und hergestritten wird. Nicht nur wir. Plötzlich entscheidet einer kurzerhand über unsere Zukunft und schnappt sich die Pässe. Der Russe hämmert die Stempel in die Heftchen hinein, bevor der überrumpelte Kollege überhaupt reagieren kann. Dann wirft der entnervte Staatsdiener die Dokumente auf die Ablagefläche direkt vor uns hin: »Fliegt!«

Hastig schiebt mein Vater die Papiere zusammen und stopft sie in seine Aktentasche. Gerade rechtzeitig, bevor das Unwetter hereinbricht und der Kasache losdonnert. Mit verständnislosem Groll geht er seinen Kollegen an, während unser Vater uns eilig vor sich her zwischen den Schalterhäuschen hindurchschiebt. Wir sind auf der anderen Seite und ich kann unser Glück, das so plötzlich besiegelt wurde, noch gar nicht fassen.

Papa zieht uns weiter, ohne langsamer zu werden. Im Lauf beugt er sich zu uns hinab und raunt: »Wir sind erst weg, wenn wir im Flugzeug sitzen und der Flieger abhebt!«

Mein Herz hüpft im Takt der schnellen Schritte. Nun bricht unaufhaltsam die große Vorfreude der letzten Tage wieder durch: Ich werde zum ersten Mal fliegen!

Das Schlagen meines Herzens schwillt so stark an, dass es bereits wehtut. Etwas im Flugzeug beginnt ordentlich Lärm zu machen. Aus dem verschmierten, ovalen Fensterchen sehe ich, wie sich verschiedene Klappen an den großen Flügeln auf- und zubewegen.

Zwei Frauen in gleich aussehenden Röcken und Blusen und mit einem merkwürdigen Hut auf der Steckfrisur stehen in den engen Gängen des Fliegers. Sie gestikulieren synchron mit eleganten Bewegungen und erklären etwas. Aber ich höre nur das Poltern der Motoren und das pulsierende Hämmern in meinem Kopf. Das Flugzeug beginnt zu rollen, erst langsam eine Kurve ziehend, dann geradlinig immer schneller und schneller und schneller und … Plötzlich zieht etwas in meinem Bauch nach oben. Herz und Lunge setzen aus und mein Mund klappt unwillkürlich auf. Ich jauchze tonlos vor Schreck und Hochgefühl. Wir heben ab. Steigen immer höher und höher. Der wolkenlose Himmel flimmert blassblau über der Steppe, die sich mit zunehmender Höhe immer weiter ausdehnt. Die Häuser schrumpfen, als würde ich riesig werden. Aber je mehr ich zu sehen bekomme, desto mehr merke ich, wie klein ich bin. Wie eine Figur in einem Spielzeughaus, das hochgehoben wird. Doch das Playmobilhaus bleibt zurück im Heim und ich fliege immer weiter empor, immer ferner in Richtung meines neuen Daheims, das ich noch nicht kenne.

Die braunen, gelben, teilweise auch grünlichen Grasflächen verschmelzen zu einer großen Mischpalette. Die seichten Hügel sind schon längst nicht mehr zu erkennen und am Horizont tauchen plötzlich die Bergrücken eines gewaltigen Gebirges auf. Mit einem Mal stehen massive Gipfel in mehreren Reihen am Ende der Welt. Ihre schneebedeckten Spitzen strahlen und schimmern in der gleißenden Sonne.

Beeindruckt drücke ich mein Gesicht an die Scheibe und folge mit dem Blick den Umrissen der thronenden Bergreihen. Auf und ab, auf und ab, auf und ab ... wie bei den Zacken einer Krone. Wie in meinem Leben.

2009, Preobrashenije

Wir spielen Mama, Papa, Kind. In Deutschland kenne ich niemanden, der dieses Spiel nicht schon gespielt hat. Es ist ein kindliches Wiedergeben von dem, was einen umgibt, ein Reflektieren und Ausprobieren des Gewohnten. Hier ist es ein Träumen. Im Kinderheim ist es kein Nachstellen, sondern das Vorstellen davon, wie es sein könnte, eine Familie zu haben.

»Du bist die Mama«, Aigul setzt mir die blonde der beiden langhaarigen Puppen vor die Knie. Statt zu antworten, schlucke ich schwer. Betroffen beobachte ich, wie das Mädchen mit dem lila Plüschhaarband geschäftig im Puppenhaus die Möbelchen umherschiebt. Sie lässt sich nicht anmerken, wie viel wahre Sehnsucht in ihrer Aussage steckt. Alle Heimkinder hoffen auf die deutschen Besucher. Alle hoffen auf Eltern.

»Und ich bin der Vater«, Amina schnappt sich eine kurzhaarige Puppe, die der Größe nach eher ein Junge ist, und grinst mich an. Ihr schelmisches Lächeln und die Art, wie sie nahe an meine Seite rückt, erinnern mich an mich selbst. Und nicht nur diese Verhaltensweisen ...

»Das heißt: Ich bestimme!«, verkündet sie keck und lacht dabei ansteckend.

Wir räumen in den Zimmern des Häuschens allerlei hin und her, lassen die steifen Stofffiguren darin herumhüpfen und spielen »Familie«. Allerdings rennt der »Vater« ständig weg, um einzukaufen, zu trinken oder sich irgendwo im Raum schlafen zu legen. Das Puppenkind wiederum räumt die Unordnung auf, die dabei ständig von Neuem entsteht. Zwischendurch lässt Aigul die »Tochter« in deren eigenem Zimmer mit schnellen Drehungen tanzen, bis das abgenutzte Kleidchen mitfliegt.

»In Deutschland haben alle Kinder ein eigenes Zimmer, oder?« Schimmert Neugierde oder Neid in den dunklen Augen, die mich aufmerksam mustern?

»Nein, nicht alle. Viele teilen es anfangs mit ihren Geschwistern.«

»Hast du Geschwister?« Amina hechtet aus der anderen Ecke des Spielzimmers zu uns.

»Ja. Eigentlich habe ich sechs Geschwister ...«

»Und mit denen hast du ein Zimmer geteilt?«

»Nein, nein«, lächle ich. »Drei Halbgeschwister hatte ich hier in Kasachstan. Sie alle haben andere Väter als ich. Einer meiner Halbbrüder ist schon gestorben. Der andere und meine Schwester wohnen nicht sehr weit weg von hier. Aber ich habe sie, seit ich ins Heim kam, nicht mehr gesehen.«

Kurz halte ich inne. Das ist wirklich lange her. Elf Jahre. Wer weiß, ob sie dort noch wohnen, überhaupt noch leben ...

»Einer von meinen neuen Brüdern war auch ein Heimkind«, erkläre ich weiter. »Mit Denis bin ich nach Deutschland gegangen und seitdem haben wir noch eine Adoptivschwester und einen Adoptivbruder. Aber Denis und ich bekamen tatsächlich beide ein eigenes Zimmer, die extra für uns freigeräumt wurden.«

»Erzähl!«, ruft Amina und wirft kurzerhand den »Vater« in die Küche.

»Ja!«, stimmt Aigul zu und drapiert die »Tochter« zum Zuhören auf ihrem Schoß.

Zögernd streiche ich die schwarzen Haarsträhnen aus meinem Gesicht hinter die Ohren. Ich bin mir nicht sicher, was die beiden genau erzählt bekommen wollen. Und was ich erzählen will. Wie soll ich von Deutschland berichten, ohne ihnen dadurch noch deutlicher auszumalen, was sie nicht haben? Doch dann fällt mir ein, dass ich es auch immer hören wollte. Wir saugten die Erzählungen auf, als könnten wir dadurch selbst etwas davon besitzen. Jeder Wunsch verleiht auch Motivation, Perspektive und das Hoffen auf Wunder. Und wer, wenn nicht ich, kann davon erzählen, dass es sie wirklich gibt?

Schließlich entscheide ich mich, einfach draufloszuerzählen, was mein Russisch noch hergibt, und beginne mit jenem wundervollen Tag: »Vor neun Jahren sind Denis und ich mit unserem Adoptivvater im Flugzeug viele, viele Stunden von Kasachstan nach Deutschland geflogen. Nach Düsseldorf.«

Die etwa achtjährigen Mädchen kichern bei dem für sie seltsam klingenden Namen.

»Der Flughafen war sehr groß und das meiste darin ganz neu ausgebaut. Alles war sauber und hell. Glatte Böden und Glastüren, die sich bewegten. Überall Menschen, die aussahen wie die Heimbesucher aus Deutschland, aber viele mit schickerer Kleidung und viel mehr Gepäck. Meine neue Mutter und meine neuen Geschwister haben uns mit einem roten Auto abgeholt. Meine Schwester und mein Bruder waren sehr aufgeregt und haben sich gefreut, dass wir jetzt endlich da waren. Aber sie konnten kein Russisch und wir kein Deutsch. Als wir nach Hause fuhren« – in diesem Moment wird mir bewusst, wie verrückt es ist, dass ich es ganz selbstverständlich so nenne, »unterhielten sie sich begeistert mit unserem Papa. Die vier lachten oft. Und wir zwei verstanden nichts. Aber das war nicht so schlimm, es gab ganz viel Spannendes zu sehen. Die anders aussehenden Häuser und die Einkaufsläden mit bunten Aufschriften in fremden Buchstaben. Ampeln, Schilder und so viele große, neue Autos. Und die Straßen haben keine Löcher! Kein einziges auf dem ganzen Weg. Je näher wir zu unserem neuen Zuhause kamen, desto grüner wurde es. Die Häuser in den Orten sind fast alle weiß gestrichen und haben große Dächer, die oben steil zusammenlaufen, wie das hier«, ich zeige auf das Puppenhaus, das sicherlich aus Deutschland gespendet wurde. »Aber in meiner Gegend sind die Dächer nicht rot, sondern viele haben dort dunkle Ziegel. Unsere Zimmer lagen nebeneinander im zweiten Stock. Denis und ich traten ein und es war, als würden wir schon immer dort leben. Meine Mama und Schwester hatten alles vorbereitet, alles eingerichtet und dekoriert. Aufgeregt rissen wir jeden Schrank und jede Schublade auf und rannten ständig in den Raum des anderen, um uns gegenseitig unsere Entdeckungen zu zeigen. Kleiderstapel, Spielzeug, Schulsachen, Bastelkram ... Ich habe mich gefühlt wie eine Prinzessin im Schloss. Aber mittlerweile weiß ich, dass ich und du kein Schloss brauchen, um eine Prinzessin zu sein.«

Ich lege Amina den Arm um die Schultern und zwinkere ihrer Freundin gegenüber zu. »Wir sind kostbare Prinzessinnen, weil Jesus uns eine Krone aufsetzt. Besser noch, wir sind alle Gottes Lieblingskinder. Egal, wo wir leben und ... egal, was wir machen. Ich habe nämlich ziemlich viel Falsches gemacht.«

Die Blicke werden noch aufmerksamer.

»Zum Beispiel habe ich noch einige Male gestohlen. Hier in Kasachstan und auch im Heim habe ich immer wieder mal Geld aus Taschen geklaut. Bei meiner neuen Mama machte ich das dann auch noch mal ... Und ich habe oft gelogen. Das war gar nicht einfach für meine Eltern. Dadurch machte ich es ihnen natürlich schwer, mir zu vertrauen. Was ich machte, war nicht gut, aber das war mir früher nicht so bewusst. Ich kannte es noch von der Straße, dass man das halt so macht. Hier im Kinderheim merkte ich schon, dass das nicht gut ist, und eigentlich wollte ich mich ja auch für das Gute entscheiden. Aber es hat eine Weile gedauert, bis es klappte. Mein Vater war da sehr geduldig und erklärte mir viel. Auch wieso Gott nicht möchte, dass wir stehlen oder lügen. Meine Eltern mussten mich erst mal erziehen. Da hatten sie ganz schön viel zu tun.«

Dieses Mal zwinkere ich Amina zu, da ich mir vorstellen kann, dass auch sie eine herausfordernde Kandidatin dieser Art ist. Ich betrachte das Spielhaus und finde »meine« Mamapuppe im Wohnzimmer wieder. Sie erinnert mich daran, weshalb ich eigentlich einen Monolog halte, und ich kehre zur Anfangserzählung zurück: »Die ersten Tage waren sehr spannend und aufregend. Und oft auch lustig. Es gab viel zu erkunden. Wir hatten einen großen Garten und viele Haustiere. Nach unserer Entdeckungstour gab es Wassermelone zur Erfrischung. Es war Sommer und wir kamen alle zusammen an den Esstisch. Auch meine deutsche Großmutter, Oma Elisabeth. Sie wohnte mit uns im Haus, auch jetzt noch. Sie war anfangs nicht so begeistert über unser Kommen wie meine Eltern und Geschwister.«

»Wieso?!«, grätscht Amina empört dazwischen.

»Na ja, weißt du, sie machte sich Sorgen, ob das alles gut geht. Sie kannten uns ja gar nicht. Meine Eltern hatten sich lange Zeit weitere Kinder gewünscht, konnten aber keine mehr bekommen. Von Pflegekindschaft hörten sie damals nur Schlechtes und für Adoptionen in Deutschland waren sie zu alt. Ihnen wurde geraten, nach Möglichkeiten im Ausland zu schauen. Darum entschieden sie sich für eine Adoption von Kindern aus Kasachstan. Doch meine Oma hat schon geahnt, dass es mit der Erziehung nicht einfach wird, und es ist eben gar nicht so leicht, fremde Kinder oder Enkel so lieb zu haben wie die eigenen. Sie meinte zu meinen Eltern: ›Die beiden werden nie meine Enkel sein.‹ Doch das änderte sich mit der Zeit sehr. Heute haben wir uns sehr lieb. Ich bin oft bei ihr und wir reden wie gute Freundinnen miteinander.«

Die glänzenden Gesichter entspannen sich wieder, als erzähle ich das Happy End eines Märchens.

»Sie hat uns damals auch gar nicht gezeigt, wie schwierig sie das Ganze fand. Wir saßen einfach gemeinsam am Tisch und futterten Melone und dann … hat sie ihre Zähne aus dem Mund geholt!« Ich lache laut auf bei der Erinnerung, während die Mädchen mich entsetzt anschauen. Noch entsetzter muss ich Elisabeth damals angestarrt haben.

»Sie hat künstliche Zähne, ein Gebiss! Das gibt es in Kasachstan nicht. Wenn die Zähne kaputt sind und ausfallen, dann sind sie weg. Mein Opa in Kasachstan hatte keinen einzigen Zahn mehr. Hier ist es zu teuer, sich so etwas machen zu lassen. Aber in Deutschland ist dafür gesorgt. Dort bekommt man Zähne zum Anstecken. Ein Melonenkern hatte sich darin verfangen und sie hat einfach ihr Gebiss aus dem Mund geholt. Ich bin total erschrocken!« Ich bin die Einzige, die lauthals lacht, aber das muss man auch miterlebt haben. Rasch überlege ich, was es sonst noch zu berichten gibt.

»Alles war neu und ich verstand ja auch kein Deutsch. Das machte es sehr anstrengend in der Schule. Darum habe ich die fünfte Klasse wiederholt und bin zu einer leichteren Schule gewechselt. In Deutschland sind nicht alle Klassen auf einer Schule, sondern aufgeteilt. Ab der siebten Klasse ging ich dann wieder auf die vorherige Schule. Oh, was sehr cool ist: Die Tafeln kann man rauf- und runterschieben! Und es ist ganz leicht, darauf zu schreiben.«

Unvermittelt springt Amina auf und flitzt zu einem der Basteltische. Mit einem wehenden Blatt Papier und einem Stift bewaffnet kehrt sie zurück. »Schreib mal deinen Namen in Deutsch!«

Ich nehme ihr Papier und Buntstift aus den Händen und schreibe groß und langsam Buchstabe für Buchstabe. Gespannt folgen die kasachischen Schülerinnen nicht nur mit dem Blick, sondern unbewusst mit dem ganzen Kopf meinen Bewegungen.

»Und das heißt Natascha?«, quietscht Amina mit hohem Lachen, als ich mich wieder aufrichte.

»Nein, Natalie.«

»Heißt du nicht Natascha?!«, fragt Aigul irritiert.

»Nicht mehr. In Deutschland werden manche Namen anders ausgesprochen. Oder es gibt bereits einen anderen Namen mit derselben

Bedeutung. Deshalb wird dein Name im Pass und allen Dokumenten geändert, wenn du ganz nach Deutschland ziehst. Denis wurde zu Dennis und Natascha zu Natalia.«

»Hä?! Aber da steht doch Natalie!« Amina tippt auf meine Schriftzeichen, als könne sie sie tatsächlich lesen.

»Ich mochte Natalia nie wirklich. Ich habe mich lieber Natalie genannt.«

»Und Natascha?« Aiguls Blick dringt tief.

»Ich mag Natascha«, sage ich sanft. »Aber dass ich einen neuen Namen bekam, gehörte einfach dazu. Zu meinem neuen Ich. Das haben wir einfach mitgemacht, um in Deutschland ganz anzukommen. Deshalb hat es für mich gepasst.«

Die Augen der Achtjährigen verraten mir nicht, ob die Vorstellung von einer neuen Identität sie nun noch mehr lockt oder es doch eher Zweifel gegenüber jenem Paradies sät.

»In der Nachbarschaft wohnten ein paar Mädchen in meinem Alter. Zusammen spielten wir, wie ihr, mit Puppen und anderen Spielsachen. Und ich lernte endlich richtig Fahrradfahren. Vor unserem Haus befand sich ein steiler Abhang und ich habe die Vorderbremse volle Kanne zugedrückt und mich überschlagen. Hier gab's ja keine Räder mit Vorderbremse…«

»Hast du mit deiner Schwester auch viel mit Puppen gespielt?«, wirft Aigul ein und zupft an dem Kleidchen der »Tochter« herum.

Einen Moment lang muss ich überlegen. »Kaum. Sie war ja ein ganzes Stück älter. Wir haben andere Sachen miteinander gemacht und uns lieb gewonnen. Ich bin sehr dankbar für meine jetzigen Geschwister. In den ersten Tagen haben wir zu viert sehr viel UNO gespielt. Das kennen auch die Kinder in Deutschland und man muss dafür nicht dieselbe Sprache sprechen können.«

»Au ja, UNO!«, Amina springt auf und rennt zu einem Regal an der hinteren Wand des Raumes. Während sie chaotisch Schubladen durchwühlt und große Spielepackungen von den Brettern wuchtet, klammert sich Aigul demonstrativ an ihre Puppe. Mehr Widerspruch zum abrupten Spielwechsel wird sie wohl nicht äußern.

»Ich hab nur einen Bruder«, flüstert sie leise, mehr zu der Stofffigur als zu mir. In der Aussage schwingt eine bedrückende Schwere mit. Sicherlich gibt es dafür mehr Gründe, als dass Aigul das Puppenspielen unter Geschwistern fehlt. Doch außer den Puppen wird diese wohl vorerst niemand erfahren.

Familie. Schwester. Bruder. Der Schmerz in ihrer Stimme weckt bei mir die Erinnerung an eine fast vergessene, tief abgespeicherte Szene und spielt sie wie auf Knopfdruck ab …

2001, Radehain

Zielstrebig betrete ich das geräumige Wohnzimmer des Hauses, das seit ein paar Monaten mein Zuhause in Deutschland ist. Zielstrebig, obwohl es gar nicht mein Ziel ist. Eigentlich bin ich gerade ziellos auf der Flucht – vor dem Aufräumen meines Zimmers. Vor dem Moment, wenn meine neue Mutter kontrolliert, ob ich meinen Auftrag erledigt habe – was nicht der Fall ist. Vor der Konsequenz, deshalb noch weitere Aufgaben übernehmen zu müssen. Vor der Überwachung, der Aufmerksamkeit, der Festlegung meines Tuns für die nächsten Stunden, Tage, Wochen …

Die Terrassentür zieht mich verlockend näher. In dem Garten dahinter befindet sich ein kleiner Pfad zur Straße, die hinauf zum Ortsende und zu den angrenzenden Wiesen führt. Auf dieser Route könnte ich den Hausflur umgehen und damit die offen stehende Tür zur Küche meiden, wo Mama kocht. Draußen müsste ich nur noch ungesehen an dem Fenster vorbeihuschen, um zu entkommen …

Auf dem Weg nach draußen komme ich am Esstisch vorbei. Auf einem Tablett sehe ich Trinkgläser und eine Wasserkaraffe. Spontan lasse ich die Fluchttür rechts liegen. Das waren sicher schon die Gläser für unser Abendessen.

Ich zähle innerlich: Eins, zwei, drei ... vier. Nicht mehr. Mir ist, als würden alle Gläser plus Karaffe mit einem lauten Knall zerbersten. Dem Schlag folgen Scherben, die zerstreut auf dem Boden meines Herzes liegen bleiben. *Ich bin nicht gewollt. Ich bin nur adoptiert. Ich habe hier niemanden und bin weit weg von Kasachstan.*

Mein Blick flieht vor den vier Gefäßen und bleibt an der Kommode hängen, auf der eingerahmte Fotos stehen. Zwischen drei Bildern mit sechs Personen stehen zwei mit vier. Die eigentliche Familie. *Ich bin nur die Adoptivtochter. Ich bin nicht geliebt.*

Wie aus einem Traum erwachend nehme ich erst nur dumpf das Tippen an meiner Schulter wahr.

»Natascha? Natascha! UNO!« Amina hat bereits die Karten auf der Fläche zwischen Aigul und mir wild verteilt. Ihre Freundin hält die Puppentochter zwischen ihren Händen fest umschlossen und guckt mich mit großen Augen an. Tapfer fügt Aigul sich mit einem Nicken: »Ja, UNO.«

Ich halte es nicht mehr aus. »*Izvinyayus* – Es tut mir leid«, nuschle ich eine Entschuldigung und rapple mich vom Boden auf. Zweimal muss ich schlucken, um meinen Hals ausreichend anzufeuchten: »Ich muss kurz weg ... Wir spielen irgendwann ein anderes Mal zusammen UNO.«

Schnell wende ich mich von den enttäuschten, fragenden Gesichtern ab und eile aus dem Zimmer. Im Tunnelblick flüchte ich durch die Gänge, bis ich schließlich mein kleines Gästezimmer erreiche. Hinter der Tür lasse ich den Damm in mir brechen. Tränen, Fragen, Gedanken fluten Verstand und Herz.

Wieso ich?! Wieso darf ich dieses Glück haben?! Ich, die Frechste, die Ungehorsame, die Undankbare! Mir war der neue Alltag in Deutschland zu viel. Ich fühlte mich nicht geliebt, obwohl monatelang darum gekämpft wurde, mich in die Familie aufzunehmen. Es wurde um mich gekämpft. Ich wurde und werde geliebt. Und ich?! Ich rebellierte, rebelliere bis heute. Und die Kinder hier?! Und die Kinder damals?! Sie haben nichts von alldem, nichts! Keine Eltern, keine Geschwister, kein Zuhause, kein Deutschland, keinen Besitz… Nur eine schlimme Vergangenheit und eine perspektivlose Zukunft! Ich bin nicht besser als sie. Wieso geht es mir so viel besser? Wieso, Gott, dürfen andere nur träumen? Warum blieb es ein Traum für all die anderen, die damals mit mir hier waren – und noch immer sind?! Warum, Gott?

Ich komme kaum hinterher mit Denken, Schlucken, Tränenwegwischen, Nasehochziehen und Fragen. Fragen, Fragen, Fragen. Und Klagen. Auch Anklagen? Ich weiß nicht. Nein, eigentlich nicht. Nach und bei all dem, was mir geschenkt wurde, kann ich Gott doch nicht anklagen! Aber es scheint so ungerecht, dass es die anderen nicht bekommen haben.

Gott, was ist das für ein Plan?! Was hast du mit mir vor, dass du das alles so gemacht hast? Auf einmal wiegt das Geschenk, das mir viel zu lange gar nicht mehr bewusst war, so schwer. Das Zimmer um mich herum verschwimmt hinter den ständig nachfließenden Tränen. Und auch in mir nehme ich alles nur noch verschwommen wahr.

Will ich das Geschenk überhaupt? Ich weiß nicht, was noch darin wartet. Wunder, die ich ebenso wenig verdient habe wie die bisherigen? Aufgaben, die mich aus der Bahn werfen werden?

Es kommt mir vor, als würde mich Jesus zu sich herrufen. Er hat Brote und Fische in den Händen. Glücklich hebt er sie hoch und dankt laut seinem Vater im Himmel. Dann teilt er das Essen und reicht es weiter mit dem Auftrag: »Gebt weiter und verteilt es.«

Überfordert blicke ich auf meine Hände. Nur verschmierte Tränen. Sind sie etwa das Getränk, das man zu einer Wunder-Mahlzeit reicht?

6

NIEMANDSKIND sucht Prinzen

2009, Karaganda

Ich mache in Kasachstan, was ich nur tun kann, weil ich einst von hier fortging: shoppen.

Mit einigen Freizeitmitarbeiterinnern vom Immanuel-Lager spaziere ich durch Karaganda. Wir streifen durch die Straßen, stöbern in Läden, suchen nach Mitbringseln und decken uns mit Waren ein, die hier viel günstiger sind. Wie in so vielen Ländern sorgt die Armut der Bevölkerung für Preise, bei denen Besucher aus wohlhabenderen Staaten ungläubig blinzeln – und zugreifen. Als Gast aus dem Schlaraffenland könnte ich in meinem Herkunftsland geradezu prassen. Preise, die mir früher utopisch erschienen, locken nun als Schnäppchen.

So gerate ich beim Schlendern durch die Einkaufsgasse in den Bann des Schaufensters einer Schneiderei. Fasziniert betrachte ich die schillernden Hochzeitskleider: glänzende Stoffe, geflochtene Bänder, glitzernde Steinchen, funkelnde Perlen, prächtige Schleier, gigantische Tüllmassen, Rüschen, Spitzen, Schleifchen, Muster in schimmerndem Gold, Silber, Bronze, Rosa, Himmelblau, Glitzer, Glanz und Gloria. Berauschend!

Gebannt trete ich näher an die Scheibe. Nur die dünne Schmutzschicht lässt mich stoppen, bevor meine Nase das Fenster berührt. Als Kind hätte ich sie trotzdem dagegengepresst. Verzaubert hätte ich mir vorgestellt, wie ich in einem dieser Kleider umherschreite, tanze, heirate. Natürlich einen Prinzen.

Und kaum war ich damals im märchenhaften Deutschland angelangt, traf ich denjenigen, der es sein sollte – mein Prinz, mein Traummann! Na ja, jedenfalls träumte ich davon. Denn eigentlich war er mit elf Jahren eher ein Traumjunge und ich kurz zuvor noch ein Niemandskind …

2001, Radehain

Sechs Sandwichs! Neugierig schiele ich durch die offene Küchentür zum Esstisch hinüber, während ich in den Händen je eine Käsescheibe halte.

Der Junge beißt erneut in die dick belegten Brotscheiben, während seine Wangen noch prall gefüllt vom vorherigen Sandwich sind. Schon mit dem vierten hatte Waldemar die anderen Jungs übertrumpft, die mit ihm quatschend und mampfend um den Tisch saßen. Und seit dem fünften gilt ihm endgültig meine Aufmerksamkeit. Mit jedem Happen, den er verschlingt, bemerke ich etwas Neues an dem gleichaltrigen Jungen, das ich interessant finde. Das mir gefällt.

Beim Kauen treten seine Sommersprossen deutlicher hervor. Die blassen Sprenkel bedecken nicht nur seine glänzenden Wangen, sondern auch die feine Spitzbubennase. Jedes Mal, wenn der Elfjährige sich vorlehnt, um nach zwei weiteren Toastscheiben zu greifen, schimmern seine braunen Haare rötlich im Sonnenlicht, das durch die Fenster fällt. Die meiste Zeit sitzt er kauend und schweigend zwischen den anderen Geburtstagsgästen von Dennis, grinst und beobachtet.

»Natalie!«

Der mahnende Stupser von Mamas Ellenbogen gegen meinen Arm lässt mich zusammenfahren. Fast fallen mir die Gouda-Scheiben aus den Händen und ich balanciere sie gerade noch auf die bereits bestrichenen Toastbrote. Meine schmierigen Fingerspitzen lassen erahnen, dass ich wohl fast eine Schmelzdauer lang hinübergeschaut habe. Schlimmstenfalls geglotzt … Doch die Geburtstagsgruppe meines Bruders ist mit Reden und Futtern ausreichend abgelenkt.

Meine Mutter nennt mir einige deutsche Begriffe für verschiedene Sachen in der Küche, doch ich höre nicht zu.

»Hast du verstanden?«, fragt Mama schließlich auf Russisch, während sie die letzten Brotdeckel platziert.

Ich lüge mit einem Nicken.

»Dann wiederhole mal, wie das hier heißt …«

Rasch schnappe ich die längliche Keramikplatte mit den Sandwichs und hebe sie mit unschuldigem Schulterzucken meiner Mutter hin. Fast zeitgleich mache ich einen Schritt in Richtung Durchgangstür, und bevor sie etwas erwidern kann, verschwinde ich flugs ins Nebenzimmer. Dort knalle ich schwungvoll den großen Teller auf den Tisch – direkt vor Waldemar.

Einen Moment lang gucken mich zwei braune Augen überrascht an. Dann senkt sich der Blick auf die Servierplatte und findet sein Zielobjekt. Der schlaksige Arm greift über den Tisch und ich beobachte, wie die Finger eine von meinen Kreationen wählen und sie zu Waldemars Teller abtransportieren.

Das siebte Sandwich! Faszinierend.

Die Haustür fällt ins Schloss und ich höre die Schritte meines Vaters im Flur. Dann das dumpfe Geräusch, als er seine Arbeitstasche am Boden absetzt, und das Rascheln der Jacke, die er an der Garderobe aufhängt. Ich lausche, wie das Stapfen Richtung Küche wandert, wo Papa wie jeden Abend Mama begrüßen wird. Doch unterwegs weichen die Tritte plötzlich von ihrem Weg ab und nähern sich. Mit einem leichten Stoß schiebt Papa die angelehnte Kinderzimmertür auf.

»Hallo, Natalie. Hast du deine Hausaufgaben schon gemacht?«

Demonstrativ male ich an meinem Bild weiter. »Nein.«

Aus den Augenwinkeln sehe ich, wie mein Vater fragend die Brauen hebt.

»Mama hat sie nicht mit mir gemacht«, schiebe ich trotzig hinterher. Das muss als Antwort genügen, denn ohne die Hilfe meiner Eltern schaffe ich die Hausaufgaben auf Deutsch noch nicht.

Nun zieht Papa die Augenbrauen stirnrunzelnd zusammen: »Und weshalb?«

Ich zucke schweigend mit den Schultern.

Einen Moment lang wartet der Heimgekehrte an der Türschwelle eine weitere Reaktion ab. Schließlich entfernen sich seine Schritte auf direktem Weg zur Küche. Ich höre noch seine Begrüßung, danach wird die Tür geschlossen. Als Mamas Stimme dumpf dahinter erklingt, knalle ich impulsiv den Stift auf den Tisch und verschränke die Arme vor der Brust. Wie ein Abwehrschild gegen das, was kommt. Einzelne Worte der fremd klingenden Sprache dringen nicht durch die geschlossene Tür, aber ich weiß, was meine Mutter erzählt.

Kurz darauf öffnet sich die Küchentür wieder und die Schritte kehren zu meinem Zimmer zurück. Papas Stirn ist noch immer in Falten gelegt. Blick und Stimme sind ernster. »Mama hat mir erzählt, warum sie dir nicht bei den Hausaufgaben geholfen hat.« Er macht eine kurze Pause, als erwarte er von mir die ganze Geschichte.

Meine Antwort ist eine zusammengezogene Schnute.

»Du warst heute mit Spülen dran und hast dich geweigert. Du hast zu deiner Mutter gesagt: ›Ich bin nicht dein Dienstmädchen, spül selber!‹ Und sie hat geantwortet, dass sie dann eben keine Hausaufgaben mit dir macht.«

Wieder eine Pause. Ich soll mich wohl entschuldigen. Doch mein Ausatmen klingt wie ein Schnauben.

»So«, Papa atmet tief ein und ich weiß, es wird ernst. »Nun spülst du eine Woche lang und wischst jeden Tag den Boden.«

»Aber wir wischen sonst nie jeden Tag!«, platzt es aus mir heraus.

»Aber diese Woche«, lautet das Urteil unanfechtbar. »Und wenn du es einmal ausfallen lässt, musst du zwei Wochen lang jeden Tag wischen. Und wenn du es in diesen zwei Wochen einmal ausfallen lässt, dann einen Monat lang.«

Mein Vater meint, was er sagt. Ich habe keine Chance zu entkommen und alle Instinkte richten sich auf Flucht aus.

»Ihr liebt mich nicht!«, schmettere ich dem Mann an der Tür entgegen. »Ihr habt Luise und Roland viel lieber als mich! Die müssen niemals jeden Tag wischen!«

Kurz öffnet sich Papas Mund und klappt wieder zu.

Doch ich bin noch nicht fertig: »Ich will zurück ins Kinderheim! Dort musste ich nie wischen und nie spülen! Ich will nach Kasachstan zurück!«

Nun zuckt mein Vater mit den Schultern. Seine Antwort kommt in ruhigem, entschlossenem Ton: »Okay.« Dann macht er auf dem Absatz kehrt und verschwindet im Flur.

Entsetzt haste ich an die Schwelle, wo er zuvor stand, und beobachte, wie er das Telefon ansteuert. Er greift nach dem Hörer und beginnt, die Tasten auf dem Apparat zu drücken. Das Blut schießt mir in den Kopf und mir wird augenblicklich im ganzen Körper heiß. Mit aufgerissenen Augen verfolge ich das Tippen der Finger, dann den Hörer, der sich wie in Zeitlupe Papas Ohr nähert …

Mit zwei Sprüngen stehe ich neben dem Telefon, und gerade, als Papa den Mund öffnet, schlage ich auf die größte der Tasten. *Klack.*

Mein Vater schaut mich an. Ich starre zurück. Mehrere Wimpernschläge verstreichen. Mein Atem geht hektisch. *Ich will nicht zurück. Aber ich will auch nicht bleiben. Und irgendwie doch.*

»Nein, nein!«, presse ich mit unterdrückten Tränen auf Deutsch hervor, in der Hoffnung, ihn in dieser Sprache eher zu erweichen. »Ich will doch bleiben.«

Papa blickt mich noch eine Weile an. Endlich – in nervenzerreißender Langsamkeit – führt er den Hörer zurück und legt ihn an seinen ursprünglichen Platz. »Okay«, antwortet er erneut viel zu ruhig. »Das heißt, du spülst und wischst die ganze Woche?«

»Ja«, jammere ich.

Papa nickt und geht an mir vorbei zur Küche, wo Mama im Türrahmen steht. Ich halte den Blick der beiden nur für zwei Sekunden aus, bis ich ins Zimmer stürme und die Tür hinter mir zuschlage. Beim lauten Knall schrecke ich zusammen und versteinere. Eine halbe Ewigkeit verharre ich so, darauf wartend, dass mein Vater hereinkommt und verkündet, dass ich nun einen ganzen Monat wischen muss. Doch nichts passiert.

Irgendwann atme ich wieder aus. Der Trotz und die Wut pressen mir Tränen in die Augen. *Ich will nicht weg. Ich will aber auch nicht bleiben.*

Es ist wie in einem verwunschenen Schloss. Es müsste doch ganz anders sein! Diese vielen Regeln hier – zu Hause und in der Gemeinde … Das ist nicht das Paradies, wie ich es mir ausgemalt habe.

Ich mag die Kinderstunde der Russlanddeutschen sehr. Die Mitarbeitenden geben sich viel Mühe, uns ein tolles Programm zu bieten. In der Gemeinde sind meine Freunde, ich verbringe viel und gerne Zeit dort – sie ist mein Nest.

Aber einiges nervt mich. Zum Beispiel, immer den Rock tragen und die Haare zubinden zu müssen. Immer soll ich brav sein und zuhören.

Auch im Kinderheim und in der Baptistengemeinde in Kasachstan gab es Regeln. Aber wir durften mit offenen Haaren toben und Hosen tragen. Vieles wurde lockerer gehandhabt und dadurch kommt es mir vor, als sei es dort lebendiger gewesen.

Warum ist Gott so streng in Deutschland? Warum lassen mich meine Eltern nicht machen, was ich will?

Ich befinde mich endlich im Land meiner Träume, bin aber wie die Prinzessin im Turm: gut versorgt, aber eingeengt. Ich brauche einen Prinzen! Er muss auch kein Schwert haben. Es reichen ein Grinsen und Sommersprossen.

Juli 2004, Tagebucheintrag

Mein Geburtstag war ein sehr schöner Tag!

Lisa kam am Nachmittag herüber und wir bereiteten alles vor. Dann kamen die Mädels und es war sehr lustig und schön.

Ich danke dir, Herr, dass du mir ein so schönes Jahr bereitet hast, und ich bitte dich, auch das neue zu segnen. Bewahre mich und mein Herz. Ich bin so durcheinander … wegen Waldi.

Er hat mir einen Diddl-Anhänger geschenkt!

Kristina und ich waren neulich auf dem Weg zu ihr. Auf der Treppe zwischen den Gartenhecken kamen uns Emil und Waldi entgegen. Wir haben uns wieder so angeschaut … Da hab ich gefragt, was er will. Dann hat er einen Anhänger aus der Jackentasche geholt und mir hingehalten. Der war von Diddl und mit einem großen N … Oh Waldi!

Habe mit Kristina darüber geredet, was sie dazu denkt. Sie und Waldi reden ja oft. Er redet mit allen Mädchen. Außer mit mir. Kristina findet, dass er so gut zuhören kann und gute Gespräche führt. Aber mit mir redet er fast nie. Er hat auch nix mehr zum Anhänger gesagt. Kristina meint, er hat auch nicht über mich gesprochen.

Gott, du bist so gut. Bitte zeige mir den richtigen Weg. Ist er mit Waldi?

Bitte bereite mich und ihn vor, wenn es so sein soll. So, wie du es dir denkst! Ich weiß es echt nicht. Ich glaube, da ist mehr und wir könnten zusammen sein.

Ich denke, ich werde mit Papa und Mama drüber reden und dann mit Waldi. Vielleicht will er ja auch mit mir zusammen sein.

2005, Teichern

Ich zucke leicht zusammen, als plötzlich Bewegung in den Gottesdienstsaal kommt. Nachdem sich zuvor eine halbe Stunde lang fast nichts gerührt hat, greifen nun alle Gemeindemitglieder nach den Gesangbüchern und schlagen die Liednummer eines Klassikers aus dem 18. Jahrhundert auf. Rasch spicke ich bei meiner Nachbarin auf die Seitenzahl, denn die Ankündigung der Liednummer habe ich verpasst. Meine Gedanken waren auf Wanderschaft und sind noch immer nicht ganz ins Hier und Jetzt zurückgekehrt.

Die rund vierhundert Anwesenden stimmen in die Klänge des Klavierflügels ein und ich bewege den Mund, während Herz und Verstand andere Worte bilden: *Bitte verzeih, Herr!*

Am Anfang des Gottesdienstes hatten mich meine Augen immer wieder von der Predigt abgelenkt. Sie versuchten, einen freien Blick durch die Sitzreihen zu finden, um den Platz zu erspähen, den ich gleich beim Betreten des großen Raumes ausgekundschaftet hatte. Einmal entdeckt, hatte der rötlich braune Haarschopf ständig meinen Blick auf sich gezogen. Waldi.

Warum lässt er mich nicht los? – Warum lasse ich ihn nicht los?! Alles spricht dafür, nachdem er mir mitgeteilt hat, dass er mir keine Hoffnungen machen will. Dass er sich nicht festlegen und stattdessen auch andere Mädchen kennenlernen möchte. Das war eindeutig.

Aber seine Blicke bleiben zweideutig und unauslegbar für mich. Sie sind genauso unverständlich für mich wie meine eigene närrische Hoffnung. Selbst die Kränkung und der Trotz konnten diese Hoffnung bisher nicht vertreiben. Die Gedanken an den unergründlichen Teenager lassen sich einfach nicht abschütteln und ich kann mich noch nicht einmal von dem Anhänger trennen, den er mir geschenkt hat. Wann immer wir uns treffen, finden sich unsere Blicke, und die Fertigmischung an Gefühlen in meinem Bauch-Topf wird aufs Neue aufgewärmt. Irgendwann kocht er über. Wie oft werde ich mich noch daran verbrennen?

Jede Begegnung zerrt mich zwischen verärgertem Stolz und schmerzender Sehnsucht hin und her. Und der Alltag bietet ständig Gelegenheit dazu, denn überall kreuzen sich unsere Wege: im gemeinsamen Freundeskreis, im Viertel der Russlanddeutschen, in den Gemeindegruppen, bei Feiern, Aktionen und natürlich jede Woche in der Jungschar, in der Bibelstunde und im Gottesdienst.

Doch an diesem Sonntag ist es mir nach dem dritten Lied endlich gelungen, zu widerstehen und nicht mehr hinüberzulinsen. Stattdessen fokussierte ich stur unseren Pastor wie einen Fixstern, der mich fortlotsen sollte. Ich konzentrierte mich auf jedes Wort, als sei es ein erdender Pflasterstein auf meinem Weg fort von Waldemar und den schwebenden Fantasien. Und es gelang.

Bis ich über einen dieser »Pflastersteine« stolperte. Ich knickte um. Ein Wort stach innerhalb der Aufzählung aus einem der Briefe von Paulus hervor: *Unzucht.*

In der aufgeführten Liste an schlechten Eigenschaften und Verhaltensweisen reiht es sich unter Gier, Neid und Bosheit ein. Doch »sexuelle Ausschweifung« ist besonders schändlich und ins Unglück stürzend, wie es die Predigten immer wieder hervorheben. Auch heute warnte der Pastor vor leichtfertigem Umgang und schlechten Gewohnheiten in diesem Bereich. Früher ging ich zur Kenntnis nehmend einfach darüber hinweg. Doch seit einiger Zeit lässt mich das Thema jedes Mal stolpern und das schlechte Gewissen zieht mich zu Boden. Denn immer häufiger flüchte ich mich in den heimlichen Genuss meiner ganz persönlichen Unzucht. Neben der Selbstbefriedigung reizen mich zunehmend Medien mit erotischen Inhalten. Bücher, Filme, Werbung ... die sexualisierten Szenen ziehen mich in ihren Bann. Ich will es nicht, ich darf es nicht und komme doch nicht los davon. Verdammt! – Also ich. Ich bin verdammungswürdig. Oder?

Wie kann ich Gott denn um einen rechten Ehemann bitten und dass er uns füreinander vorbereitet, wenn ich nicht in frommer Keuschheit lebe?! Wie kann ich auf einen Prinzen hoffen, wenn ich keines Kleides würdig bin? Außer einem Bußkleid der Scham und Schande. So sagt es doch die Bibel, die Gemeinde … Gott?

Aber ohne diese Angewohnheit fehlt mir Ausgeglichenheit. Es füllt ein wenig von dem sehnsüchtigen Loch in mir. Ich brauche es. Es ist mittlerweile ein Zwang und zugleich ein Teil von mir. Ich bin verdammt dazu … und verdammt dadurch? *Herr, bitte verzeih mir!*

In der Jungschar ging es vor Kurzem um die Aussage von Paulus, dass er das Gute tun möchte, aber nicht fertigbringt, und stattdessen das Böse tut. Und jetzt? Was soll ich denn tun? Vielmehr: Wie soll ich das, was man soll, schaffen? Fällt es nur mir so schwer?

Die letzte Strophe des Liedes schwingt sich in nahezu unerreichbare Tonhöhen. Doch auch das besungene »Blut des Lammes« und die »ew'ge Freude« geben mir keine Antwort, sondern liegen mir wie Steine im Magen. Dort sammeln sich schon einige. Ich hoffe, sie schichten sich nicht zu einer Mauer auf. Denn von Mauern fühle ich mich häufig bereits umgeben. Von Mauern, die stärken sollen, aber hart machen. Von Wänden, die stützen wollen, aber verschließen. Von Steinen, die das Herz nicht nur festigen, sondern überdecken und nichts mehr durchdringen lassen. Ich bin überfordert und fühle mich eingeengt. Ich habe Glauben, aber ich sehe nur Gesetze.

Aber es muss doch mehr geben! – So viel mehr, das zu mir durchdringen will. Ich habe so eine große Sehnsucht nach »mehr« im Leben. Was hält Gott für mich bereit?

Mit meinem Gott kann ich über Mauern springen … Was auch immer David damit in seinem Psalm meinte – ich will es erleben!

Die letzte Strophe endet, die Bücher werden zugeschlagen. Mit dem Segen schließt auch der Gottesdienst. Die Gemeinschaft erhebt sich und ich streiche routiniert meinen Rock glatt. Ungeduldig tipple ich von einem Fuß auf den anderen, während sich die Leute meiner Bankreihe schleppend langsam zum Mittelgang bewegen.

Dort angelangt, bahne ich mir einen Weg durch den hinaustrottenden Strom. Ich brauche frische Luft, Sonnenlicht, Freiraum … und ich will endlich heim, mich umziehen und Tagebuch schreiben. Aber das wird noch eine Weile dauern. Im Anschluss an den Gottesdienst sind wir häufig bei einer anderen Familie zum Mittagessen eingeladen. Darüber freue ich mich eigentlich auch. Fast den ganzen Sonntag verbringen wir wie üblich in dem Viertel, in welchem das Versammlungsgebäude der Mennonitengemeinde steht, viele Mitglieder sich angesiedelt haben und … wo auch Waldi wohnt.

Kaum kreuzt er meine Gedanken, bricht er auch schon in mein Sichtfeld ein. Von der rechten Seite mündet seine Sitzreihe in die Strömung Richtung Ausgang. Unsere Blicke treffen sich. Natürlich. Wie auch nicht? Zwei Magnete, den Kräften unterworfen. Wenn es mir nur einmal gelingen würde, mich ganz von ihm abzuwenden, vielleicht stoßen sich dann die Pole ab und ich bin frei … Doch ich schaffe es noch nicht mal, ihm beim Vorbeigehen die kalte Schulter zu zeigen. Stattdessen kapitulieren meine Mundwinkel wieder einmal und rutschen, von seinem verhaltenen Grinsen angesteckt, nach oben.

Verdammt.

2005, Radehain

Verzückt blicke ich auf meine Füße. Sie stecken in schwarzen Stiefeln mit zwei schicken, weißen Streifen. Meine Stiefel. Selbst ausgewählte, moderne Stiefel mit Stil.

Mein Wunsch nach frischem Wind in meinem Kleiderschrank wurde erhört und Mama ging mit mir gemeinsam Schuhe kaufen.

Ausgesucht habe ich sie aber selbst – die Wahl hätte sonst keiner in meiner Familie getroffen.

»Die sind ja echt … auffällig.« Ich wirble herum und gucke meine Schwester an, die wiederum meine Stiefel betrachtet. »Wie kann man so was tragen?«

»Genau so«, gebe ich zurück und strecke überzeugt meinen rechten Fuß in Luft.

Die auf dem Sofa Hockenden folgen dem präsentierten Objekt mit dem Blick. Eine gewisse Skepsis können Luise und meine Eltern dabei nicht verbergen. Dennis schiebt seinen Stuhl am Esstisch ein Stück zurück, um besser schauen zu können. Auch er scheint meinen Geschmack nicht zu teilen. Doch er teilt zumindest jene Vergangenheit mit mir, in der wir nehmen mussten, was wir bekamen, und über alles froh waren, was wir besaßen. Jetzt könnte ich mir einerseits so viel mehr gönnen und andererseits soll ich meine Wahl trotzdem einschränken. Das leuchtet mir nicht ein. Das will ich nicht verstehen.

Am liebsten würde ich mich jetzt zu Oma Elisabeth verziehen, zu der manchmal einzigen Person, die ich in diesem Haus gerne aufsuche. Über die Jahre hinweg ist sie mir zur vertrautesten Familienangehörigen geworden. Nach ihrer anfänglichen Skepsis gegenüber uns Adoptivkindern taute unser Verhältnis zunehmend auf. Ihre Androhung, sie würde uns niemals als ihre Enkelkinder annehmen, wich dem Rufen von Kosenamen. Nun bin ich ihr »Schätzchen«. So gerne würde ich mich jetzt zu ihr aufs Sofa kuscheln und mit ihr reden.

Etwas lauter als beabsichtigt kommt der schwarze Absatz wieder neben dem anderen gestiefelten Fuß auf dem Boden auf. »Mir gefallen sie. Wieso auch nicht?«

Die drei auf dem Sofa wechseln vielsagende Blicke, sagen aber nichts.

Was ich zu sagen habe, muss allerdings raus. Momentan bin ich ein leicht entzündliches Pulverfass, und wenn die Rebellion einmal geweckt ist, lasse ich mich nicht kampflos zum Rückzug bewegen. Auch wenn ich wahrscheinlich als einzige Partei der Ansicht bin, hier eine Meinungsschlacht ausfechten zu müssen. Ich habe reichlich Munition!

»Was ist denn schlimm an auffälligen Stiefeln? Oder an einer Hose?«, frage ich kampfeslustig.

Mama seufzt: »Warum willst du schon wieder darüber streiten, Natalie? Immer wieder dieselben Diskussionen …«

»Ich will es doch nur verstehen!«, protestiere ich.

Meine Eltern schauen sich an und dieses Mal weiß ich, was ihre Blicke sagen. Oft genug haben sie mir ihren Standpunkt mitgeteilt. Der Ausdruck in ihren Gesichtern klagt darüber, dass es nicht oft genug war, um mich zu überzeugen.

»Die Frauen der Bibel trugen keine Männerkleidung«, gibt Mama knapp zur Antwort. In ihrem Blick schimmert Ermüdung über die ständig wiederholten Gründe. In mir zuckt das schlechte Gewissen. Es weiß, sie meinen es gut. Aber mein Stolz meint, ich weiß es besser.

»Wir halten uns an das Wort Gottes«, übernimmt nun Papa. »Wir lassen uns nicht von vergänglichen Trends mitreißen wie dem, dass Frauen nun Hosen tragen. Das sind feministische Erscheinungen, die kommen und gehen. Die Welt ändert ständig ihre Meinung, wie ein Fähnchen im Wind. Gottes Wort gibt uns eine feste Grundlage. Die Frauen unserer Gemeinde tragen seit jeher Röcke. Denkst du nicht, dass sich die Gemeinschaft diese Ordnungen genau und lange überlegt hat?«

»Doch, schon, aber auch seit zu lange«, wende ich ein. »Die Regeln gibt's schon so lange, warum nicht mal was ändern … oder wenigstens was ergänzen? Röcke sind ja … okay. Aber ich finde Hosen viel besser und praktischer. Wo steht denn in der Schrift, dass …«

»Die Schrift sagt«, entgegnet mein Vater, »du sollst die Ältesten ehren und deinen Eltern gehorchen. Die Ältesten haben mit viel Weisheit und Erfahrung Entscheidungen für unsere Gemeinde getroffen. Und wir haben mit Gebet und Lebenserfahrung Entscheidungen für euch getroffen. Warum musst du ständig unbedingt dagegen sein?«

Zur Antwort starre ich mit offenem Mund die Sofafraktion an. Tausend Worte stehen zum Ausrücken parat, doch der Ausgang klappt wieder zu. Mit einem Mal habe ich keine Lust mehr, die Gesprächsschlacht an der Familienfront weiterzuführen. Vielleicht bin ich das Wiederholen auch leid. Vielleicht bremst mich aber auch mehr noch die Müdigkeit in Mamas Gesicht aus … Ich muss an die frische Luft. Hauptsache raus, fort, ins Freie. Die Stiefel habe ich ja bereits an.

»Ich gehe jetzt«, verkünde ich laut.

Papa mustert mich mit faltengewellter Stirn. Mama nestelt an ihrem Rockstoff und Luises Blick streift nochmals meine Schuhe. Dennis beugt sich kommentarlos über seine Hausaufgaben. Mit vorgestrecktem Kinn nicke ich, um meine eigene Aussage zu bestärken, und mache auf den dunklen Sohlen kehrt. Im Flur schnappe ich meine Jacke und meine Lieblingswollmütze. Schwungvoll ziehe ich sie über den geflochtenen Zopf und streife das Haargummi von dessen Ende ab. Die Haustür fällt mit einem dumpfen Schlag hinter mir ins Schloss.

Kalte Spätherbstluft umschlingt mich. Begrüßend halte ich ihr mein erhitztes Gesicht hin und fülle die Lunge bis zum Anschlag. Mit wenigen Schritten erreiche ich den niedrigen Zaun, der unseren Eingangsbereich umgibt, und entfliehe durch das Törchen. Meine Stiefel tragen mich die steil ansteigende Straße hinauf zu den angrenzenden Wiesen, während ich die erwärmte Luft wieder als eine Wolke in die Weite des bedeckten Himmels ausatme.

2006, Teichern

Das kleine Schloss klickt leise, als ich den Schlüssel umdrehe. Ich löse es vom Buchdeckel und blättere um bis zur nächsten unbeschriebenen Seite. Dabei überfliege ich die letzten Einträge in meinem Tagebuch.

Besonders häufig stechen mir die Wörter *Waldi*, *Jugend* und *Herr* ins Auge. Wobei Letzteres in den jüngeren Notizen zunehmend von *Guter Vater* und *Jesus* abgelöst wird. Es entlockt mir ein Lächeln, dass die Prozesse der vergangenen Monate und Jahre darin sichtbar sind. Die Entwicklungen meiner Wahrnehmung, meines Glaubens, meiner Identität.

Ich drücke die Mine aus dem Kugelschreiber und setze den Stift auf der leeren Seite oben rechts auf.

August 2006

Jesus, ich bin so dankbar für die vergangene Woche und besonders den Sonntag heute.

Wir haben im Gottesdienst das Abendmahl gefeiert. Ich nehme noch nicht teil, weil ich ja noch nicht getauft bin, aber es hat mich trotzdem sehr berührt. Mit ist wieder bewusst geworden, was du alles für mich getan hast. Du bist für mich, auch wenn ich versage!

Ich habe schon lange nicht mehr Medien mit erotischen Szenen und so was angeschaut. Darüber bin ich echt froh, denn es hat meine Gedanken so sehr eingenommen. Aber das ganze Thema ist immer noch sehr schwer für mich. Ich habe so lange meinen Wunsch nach Nähe und Zuwendung und Liebe in der Selbstbefriedigung gesucht. Es fällt mir ohne das so schwer, mich gut und wertvoll zu fühlen. Aber es hat mich auch nie zufrieden gemacht. Ich wollte so gerne davon unabhängig zufrieden sein. Frei.

Danke, Jesus, dass du mich frei machst! Dass du mir Wert zusprichst. Du hast ja mit deinem Leben das Wertvollste gegeben! Je mehr ich das erkenne, desto leichter fällt es mir, das andere nicht zu brauchen, um mich gut zu fühlen.

Letzte Woche habe ich es doch wieder gemacht. Da war ich so enttäuscht von mir und hab mich schlecht gefühlt. Aber heute beim Abendmahl hast du mir gezeigt, dass du mich gut machst, egal, wie ich mich fühle oder was ich mache. Schritt für Schritt schaffen wir es, dass ich das andere nicht mehr brauche. Ich will durch deine Kraft frei sein. Auch in meiner Schwäche, auch wenn ich versage und nicht alles hinbekomme. Du bist trotzdem treu und das macht mich frei. Es ist so wundervoll, wie du mich siehst, und ich bin so froh, dich zu haben.

Wir fahren gleich wieder mal mit der Jugend nach Koblenz, um den Menschen in den Straßen von dir zu erzählen und zu singen. Heute freue ich mich besonders darauf, weil ich so glücklich bin über deine Gnade. Sie ist das Größte! Amen.

Gerade will ich das Tagebuch schließen, da fällt mir noch etwas ein. Nicht, dass es etwas Neues wäre …

Ach ja: Bitte, Jesus, sei spürbar im Auto dabei. Waldi fährt bei uns mit. Er lenkt mich oft immer noch so sehr ab.

Zweimal Klicken und die Kugelschreibermine ist verstaut, das Erinnerungsbuch verschlossen.

Eilig schlüpfe ich wieder in den Rock, den ich nach dem sonntäglichen Mittagessen in meinem Zimmer abgestreift habe. Mittlerweile habe ich die Diskussion über das Tragen von Röcken aufgegeben. Meine Hosen-Opposition steht ohnehin auf einsamem Posten. Allerspätestens seit unserem Umzug nach Teichern in der Nähe von Neuwied.

Die Entscheidung für den Wohnungswechsel fiel in der Familie einstimmig. Endlich fand das ständige Hin- und Herfahren zwischen Radehain und Teichern ein Ende. Von unserem frisch bezogenen Haus aus erreichen wir das Gemeindegebäude in wenigen Minuten zu Fuß, meine Schule liegt nun näher und der gesamte Freundeskreis befindet sich in der Nachbarschaft. Allerdings ist man dadurch auch vollständig der »Bubble« ausgesetzt. In unserem Viertel wohnen sehr viele Mitglieder der Gemeinde. Auf den Straßen trifft man die meisten Frauen in Röcken an. Nur wenige in der Nachbarschaft machen dabei Ausnahmen. Zu ihnen gehört eine meiner Mitschülerinnen und ihre Familie. Sie ist die Einzige in der Straße, die als Mädchen Hosen in der Öffentlichkeit trägt. Sie darf das, weil sie in eine andere Gemeinde gehen und ihre Eltern nicht so streng sind. Beneidenswert!

In der Garderobe schlüpfe ich in meine Schuhe und rufe eine Verabschiedung in Richtung Wohnzimmer. Nach der Antwort meiner Eltern ziehe ich die Tür hinter mir zu. Für einen Moment genieße ich mit geschlossenen Augen die warmen Strahlen auf meinem Gesicht. Es fühlt sich an, als überziehe die Spätsommersonne die Wangen mit zartem Gold... Abrupt reiße ich die Augen wieder auf, als in mir das Bild von der finsteren Frau wieder auftaucht. Sie lässt mich einfach nicht los!

Egal, wie alt ich bin, egal, was sich in und um mich verändert – die Erscheinung jener schwarz gekleideten Frau verfolgt mich hartnäckig seit jener Nacht im Freizeitlager. Mal, wenn ich versuche einzuschlafen, mal unberechenbar plötzlich, wenn ich nur die Augen schließe. Immer wieder besucht sie mich, um mich daran zu erinnern, dass dunkle Mächte mich nicht einfach so ziehen lassen. Daran erinnert mich nachts auch so manch düsterer Traum, der mich noch lange beschäftigt.

Doch nun beruhigt mich die Sonne, dass gerade Tag ist, und vertreibt mit ihrem gleißenden Licht die dunklen Gedanken. Ihre Wärme schlägt mir gleich doppelt vom Himmel und vom Asphalt entgegen, über den ich mich auf den Weg zum Gemeindehaus mache. Unterwegs versuche ich meine Konzentration auf den Stadteinsatz zu richten und schnell sind meine Gedanken wieder von anderen Themen eingenommen. Ich bin froh, dass Lisa beim Einsatz in der Fußgängerzone dabei ist und im Auto neben mir sitzen wird. So können wir miteinander reden und es fällt mir weniger schwer, Waldi zu ignorieren. Wobei ich mittlerweile gut darin geübt bin, ihm die kalte Schulter zu zeigen.

Es hat noch einige Monate gedauert, bis ich endlich erkannt habe, dass meine Hoffnung in ihn verschwendete Liebesmühe ist. Schließlich hatte ich keinen Nerv mehr, mich weiterzublamieren. Und damit fahre ich seit zwei Jahren ganz gut. Es gibt noch andere interessante Jungs – und Themen. Zum Beispiel meine Überlegungen, ob, wann und wie ich mich taufen lassen möchte. Sie sind präsent genug, um mir bewusst zu machen, dass es Wichtigeres gibt als einen enttäuschenden Prinzen.

2007, Teichern

Der Schnee knirscht unter den schwarzen Stiefeln, in den sie so tief einsinken, dass die hellen Streifen darauf kaum mehr zu sehen sind. Eine feierliche Stimmung hängt zwischen dem klaren, tiefdunklen Nachthimmel und der kleinen Gruppe von Jugendlichen, die in der herrlichen, klirrenden Kälte den Hügel hinaufstapft. Es kommt einem so vor, als sei die weiße Wolkendecke der letzten Tage einfach heruntergefallen und habe sich über die Landschaft gelegt, um sie an Heiligabend mit einem Stück Himmel zuzudecken.

In meinem Kopf begleitet mich beim Spazieren noch der Ohrwurm der Weihnachtslieder, die wir vorhin gesungen haben. Wie zu jeder Weihnacht haben sich die Jugendgruppen getroffen, um von Haus zu Haus der Gemeindeleute zu ziehen und besinnliche Klassiker zu singen. Danach fand sich unsere Clique wieder zusammen, um die Festnacht noch mit einer kleinen Wanderung zur Kapelle ausklingen zu lassen.

Bei jedem Ausatmen schweben blasse Wölkchen aus meinem Mund. Andi schiebt Lisas Hand mit in seine Jackentasche und sie schmiegt sich an seinen Arm. Vor ein paar Wochen haben sie sich als Pärchen gefunden, eines der ersten in unserem Freundeskreis. Noch rechtzeitig für die Jahreszeit, in der man eine mobile Heizung gut gebrauchen kann. Ich lächle und umfasse den Kaffeebecher fester, um mir die Finger in den dünnen Handschuhen zu wärmen. Die beiden sind schon ein echt goldiges Gespann.

Wir erreichen die kleine Marienkapelle und schließen uns zu einem kuscheligen Kreis vor deren Holztür zusammen. Kaum schrauben wir die Deckel der mitgebrachten Isoliertassen ab, steigen bleiche Dunstschwaden zum Himmel hinauf, als wollten sie ihm ein bisschen vom Weiß zurückbringen.

Die Stille der Nacht trägt unser Quatschen und Lachen über den Kamm des Hügels. Dass Waldi neben mir steht, lässt mich genauso kalt wie die Luft, die ich auf meiner Haut spüre. Doch die intensiven Gespräche mit Lisa und Jan über meine anstehende Taufe halten mich warm und meine Gesichtsmuskulatur in Bewegung. Die Nase taut phasenweise wieder auf, wenn ich sie in den duftenden Dampf des köstlichen Pulver-Cappuccinos halte.

Gerade nippe ich erneut an dem cremigen Warm in meiner halb geleerten Tasse, als Waldi sich plötzlich einmischt. Eigentlich äußert er nur einen Gedanken zum Thema, doch es kommt aus dem Nichts, wie von einem Eindringling. Ohne groß nachzudenken, erwidere ich etwas, und auf einmal sind wir im Gespräch. Zunehmend tauschen sich nur noch wir beide miteinander aus, während die zwei zuvor Involvierten bei den anderen in die Planungen für Silvester einsteigen. Ungewollt finde ich Waldis Überlegungen zur Taufe tatsächlich sehr interessant. Es ist komisch. Wieso redet er auf einmal so viel mit mir? Und wieso um alles in der Welt gefällt mir das so gut?!

Der Cappuccino schickt bereits seit geraumer Zeit keine Rauchzeichen mehr. Doch erst als ich einen Schluck von dem abgekühlten Heißgetränk nehme, merke ich, dass ich den Becher wohl schon längst hätte leeren sollen. Ich hatte es völlig vergessen. Aus den Augen verloren, weil ich sie nur noch für eines hatte …

»Sag mal, wie denkst du eigentlich über das Thema Beziehung?«, fragt Waldi mich auf einmal.

Beinahe landet die frostige Flüssigkeit in der falschen Halsröhre, während mir schlagartig heiß wird. »Was?!«, spucke ich verblüfft aus.

»Beziehung.«

Braune Augen schauen mich aufmerksam an. Schauen mit jener mich oft irritierenden Ruhe und zugleich mit einem ungewöhnlich energievollen Ausdruck an. Waldemar wippt sogar etwas vor und zurück. Er ist aufgeregt. Er scheint es tatsächlich wissen zu wollen.

Dem überraschenden Moment folgt ein zweistündiger Spaziergang.

Die Frage »aus dem Nichts« lässt uns plötzlich darüber reden, was »alles« ist und schon lange war. Wir schweifen ab – fort von der Gruppe auf die Wanderwege und dabei hinein in jenes bisher unausgesprochene Chaos. Jetzt sprechen wir es aus. Endlich sind wir ehrlich – und die Wahrheit haut mich um: Waldi hat Gefühle für mich! Schon lange. Es war einfach noch nicht dran. Doch in dieser Nacht, in der Weihnachtsnacht, beim Durchstreifen der Winterlandschaft erzählen wir uns von den Empfindungen füreinander.

Um uns herum schneegedämpfte Stille, der Cappuccino ist leer geschlürft, ab und zu ein leichter, frostiger Wind, der über den Abhang fegt. Märchenhaft. Zu schön, um wahr zu sein.

Fast wie bei der Nachricht von der Adoption nach Deutschland. Wieder überschlagen sich Aufregung, Ungläubigkeit und Freude. Ich bin noch dieselbe, aber doch auch anders geworden. Nicht mehr so aufgewirbelt wie das Kind Natascha, versucht die heutige Natalie nun einzuordnen, abzuwägen, abzutasten.

Kann es wirklich sein? Mein Traummann bekundet sein Interesse an mir?

Der Prinz meiner kindlichen Wünsche ist mir gefolgt, hat den Schuh aufgehoben und … Aber ich trage mittlerweile Stiefel. Ich stehe auf eigenen Beinen. Märchenhaft ist schön und gut, aber das ist zu schön, um leichtgläubig in etwas hineinzurennen.

Waldemar versucht nicht, meinen Fuß in den gläsernen Schuh zu stopfen. Er schlägt vor, sich langsam einander zu nähern, zu beten und zu prüfen, was dran ist. Gemeinsam beschließen wir, Schritt für Schritt zu schauen, wie es sich entwickelt. Jetzt, da wir ehrlich zueinander sind, können wir uns neu kennenlernen. Noch braucht es niemand anderes zu wissen und wir wissen alles, was wir brauchen, um weiterzugehen.

Und wir gehen in dieser Nacht schon viele Schritte über den Hügel, kreuz und quer und innerlich aufeinander zu. Neben ihm herzugehen fühlt sich an wie im Traum. So verrückt, ihm nun all jenes zu erzählen, was in meinem Herzen abging und abgeht! Von dem Gebetskärtchen in meinem Tagebuch mit seinem Namen darauf, von unseren unzähligen Blickkontakten, die mich tagelang beschäftigten, von der stillen Hoffnung und den beiseitegeschobenen Gefühlen.

Wir sprechen über den Glauben und unsere Eltern, über Herausforderungen und Wünsche.

Viel später als geplant und mit den Eltern vereinbart, kehren wir alle wieder in unsere Häuser zurück. Leise ziehe ich die Stiefel aus und schleiche in mein Zimmer. Dort sinke ich auf die Bettkante und begutachte überwältigt den Teppich zwischen den Füßen. Meine Zehen graben sich in die Teppichstoppel auf der Suche nach Beweisen, die mir versichern können, dass all das real ist. Es scheint, als habe sich zu dem altbekannten »Wunder der Weihnacht« mein ganz persönliches Wunder hinzugesellt.

Scheint so, lächle ich ungläubig. Und draußen schneit es Graupelflocken.

8. Juni 2008, Tagebucheintrag

Endlich Tauffest!

Am Morgen gegen halb sieben sind wir zur Glockenwiese hinunter. Um sieben Uhr versammelten sich dort alle von der Gemeinde. Am See war es sehr schön und auch das Wetter war richtig gut – Gebetserhörung, danke!

Regina und ich waren die Ersten, die getauft wurden. Es war voll witzig, ich konnte in dem Wasser kaum stehen und das machte es nicht einfach im See. Als mich unser Pastor fragte, ob ich glaube, sagte ich von Herzen: »Ja, ich glaube!«, und hoffte, dass ich meinem Versprechen mein Leben lang treu bleiben werde. Dann tauchte er mich unter und ich wurde getauft!

Es war etwas ganz Besonderes, was ich gar nicht in Worte fassen kann!

Im Gottesdienst wurden wir dann in die Gemeinde eingesegnet. Es war wirklich einmalig! Als ob ich auf einmal ganz nah vor Gott stehe. Boah!

Dann gab's ganz viele Glückwünsche und wir durften zum ersten Mal beim heiligen Abendmahl teilnehmen. Nun sind wir ganz in die Gemeinde aufgenommen.

Danke, Gott, dass ich dein Kind sein darf! Halleluja!

2009, Teichern

Es klopft an der Tür. Die Art und Weise des Klopfens kenne ich nur zu gut und weiß genau, wer sich auf der anderen Seite befindet.

Genervt atme ich aus: »Herein.«

Meine Mama hatte die Klinke bereits heruntergedrückt und im nächsten Moment steht sie in meinem Zimmer. Im Schlepptau führt sie den Staubsauger Gassi. »Heute ist Samstag«, spricht sie den alles beinhaltenden Fakt aus und streckt mir den Saugrüssel wie eine Leine zur Übergabe entgegen.

»Ich weiß«, knurre ich. Dann fällt mir ein, dass ich Jesus versprochen habe, mich mehr zusammenzureißen. Nochmals atme ich aus, kann das Seufzen dabei allerdings nicht ganz unterdrücken. »Ich lerne aber gerade. Ich sauge später.«

Die linke Augenbraue meiner Mutter hebt sich. »Wann später?«

»Wenn ich mit dem Kapitel durch bin«, gebe ich lauter zur Antwort und tippe auf mein Lehrbuch, das mit Abbildungen von Blumengestecken gefüllt ist.

Meine Mutter wirft mir noch einmal einen vielsagenden und unmissverständlichen Blick zu. Es folgt ein knappes »Also gut« und Mama platziert den Dreckschlucker in der Mitte meines Zimmers wie ein Mahnmal, bevor sie es ohne weitere Worte wieder verlässt.

Als die Tür zu ist, seufze ich nochmals, um etwas von der Anspannung loszuwerden. Es gelingt nur so mittelmäßig. Ich halte das echt nicht mehr aus. In etwa einem Jahr steht der Abschluss meiner Ausbildung bevor und schon jetzt ist die Arbeit im Blumengeschäft so vereinnahmend, dass ich unter der Woche kaum zum Lernen für die nächsten Prüfungen komme. Da mein Chef ausnahmsweise beide Praktikantinnen übernehmen wollte, aber immer nur ein Platz pro Lehrjahr frei ist, habe ich direkt mit dem zweiten begonnen. Mittlerweile pauke ich den Lernstoff aus dem eigentlich ersten Jahr, doch es ist zäh. Die Floristik macht mir Freude und eröffnet meiner Kreativität viele Möglichkeiten, aber zu Hause bremsen mich die To-dos aus. An den meisten Regeln und der Mitarbeitspflicht im Haushalt hat sich kaum etwas geändert trotz erreichter Volljährigkeit, Schulabschluss und Ausbildungsbeginn.

Immerhin dürfen Waldi und ich uns mittlerweile offiziell als Paar treffen. Mit achtzehn Jahren habe ich das Alter erreicht, das mein Vater als Mindestgrenze dafür angesetzt hat. Seine Vorgabe entspringt schlechten Erfahrungen und ich verstand, dass er mich vor einem Beziehungsdrama schützen wollte. Trotzdem hielten Waldi und ich uns nicht daran. Natürlich trafen wir uns, wann immer es ging. Ab und zu drückte auch meine Mutter ein Auge zu und ließ mich an besonderen Festtagen ziehen.

Doch in Sachen Haushalt bleibt sie rigoros. So kann ich nie in Ruhe lernen. Ich brauche meinen eigenen Raum. Einen Freiraum ohne Vorschriften und für die eigene Gestaltung. Unsere eigene. Waldi und ich wollen heiraten.

Ein Lächeln vertreibt meine grimmige Schnute. Waldi ... Liebe meines Lebens.

Nächstes Jahr würden wir es uns versprechen vor Gott und der Gemeinde. In der Magengegend löst der Gedanke daran ein angenehmes Kribbeln aus.

Das Glücksgefühl bekommt Verstärkung von der Vorfreude auf einen anderen anstehenden Termin: Diesen Sommer reise ich nach Kasachstan! Ich werde bei ebenjenem Immanuel-Lager mitarbeiten, das mich als Kind begeistert hat!

Die Aufregung katapultiert mich aus meinem Schreibtischstuhl und ich tigere durch mein Zimmer. Das erste Mal seit acht Jahren werde ich das Land besuchen. Besuchen – das klingt komisch. Es ist doch mein Heimatland. Aber dieses Wort schmeckt für Kasachstan irgendwie fremd. Tatsächlich ist Deutschland sehr viel schneller zur Heimat geworden, als ich es mir damals hätte vorstellen können. Das Märchenschloss verwandelte sich rasch in den wenig spektakulären Ort, in dem ich wohne, spiele, arbeite, träume, hinterfrage, lebe – wie jeder und jede andere. Ist das Heimat? Oder nennt man so doch eher die Ursprungsregion, aus der man stammt? Kasachstan ist zu meinem Herkunftsland geworden. Und ist immer Mutterland geblieben. Ist Deutschland dann eine Art Vaterland für mich?

Momentan wohl vor allem Liebesland, fast schon wieder Märchenland. Denn hier lebt Waldi und die verworrenen Pfade haben uns endlich zueinandergeführt. Noch immer scheint es mir unwirklich, dass ich, das stiefschwesterliche Aschenputtel, mit diesem Mann weiterschreite. Noch bin ich mir nicht sicher, in welchem Schuhwerk. Welchen Schuh lasse ich mir anziehen? Welchen wähle ich selbst? Welchen habe ich zurückgelassen?

In meinem Märchen wird die Protagonistin selbst die Spur zurückverfolgen, um ihren gläsernen Schuh wiederzufinden – oder ihren Pantoffel …

Wenige Monate später, Karaganda und Juschnij

Verblüfft entziffere ich die Schilder an den schillernden Stoffen. So pompös die Hochzeitskleider sind, so unglaublich günstig sind die Preise. Augenblicklich erfasst mich das Hochzeitsfieber. Nächstes Jahr ist es ja so weit und vor meinem geistigen Auge läuft sofort der Film ab: In dem schlichten, modernen Gemeindesaal schreite ich bei Klavierklängen über den Teppich zwischen den Bankreihen entlang – in einem dieser imposanten Kleider, das den breiten Mittelgang ganz mit Glanz, Glitzer und Tüll ausfüllt.

Ganz im Bann dieser Vorstellung öffne ich die Türe des kleinen Geschäfts und trete in den trüb belichteten Raum. Eingeengt von Stoffstapeln, Nähutensilien, Kartons und unfertigen Kleidermodellen hocken sich zwei Frauen mit ihren Nähmaschinen an einem einfachen Tisch gegenüber. Kaum hat mich eine entdeckt, springen beide auf. Im Nu umschwärmen sie mich mit vielen begeisterten Worten auf Russisch und einem breiten Lächeln, das in den bronzebraunen Gesichtern aufleuchtet. Sie werben mit allem Vorhandenem und ich pflücke Vorgaben aus meinen kühnsten Vorstellungen. Die beiden messen mich aus und ich spiele währenddessen erneut euphorisch den inneren Film ab. Es ist eindeutig eine Win-win-Situation! Die beiden freundlichen Schneiderinnen haben eine wohlhabende Kundin gewonnen und mir wird für einen Spottpreis ein maßgeschnei-

Noch scheint die Welt in Ordnung: meine Mama, Oma und Halbschwester (von links) mehrere Jahre vor meiner Geburt.

Kurz vor dem Eintritt ins Kinderheim mit 8 Jahren, 1998

Das Kinderheim *Preobrashenije* in Saran

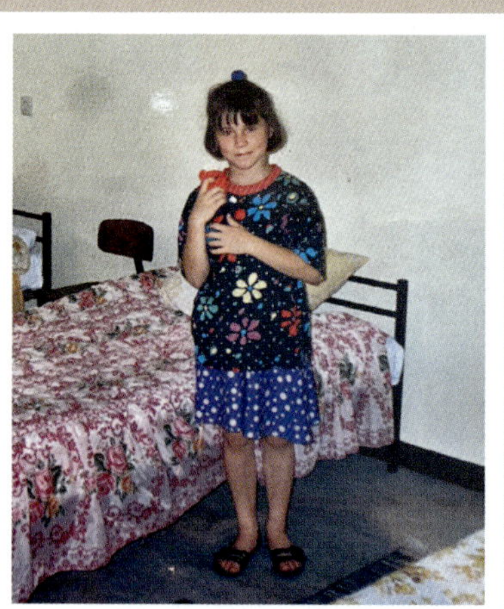

Im Kinderheim eröffnet sich mir eine neue Welt.

Ein Herz für Kinder erreicht Kinderherzen: Franz und Olga Thissen gründeten 1998 jenes Heim, das mir (zweite Reihe von rechts) und Hunderten anderen Zuflucht bot.

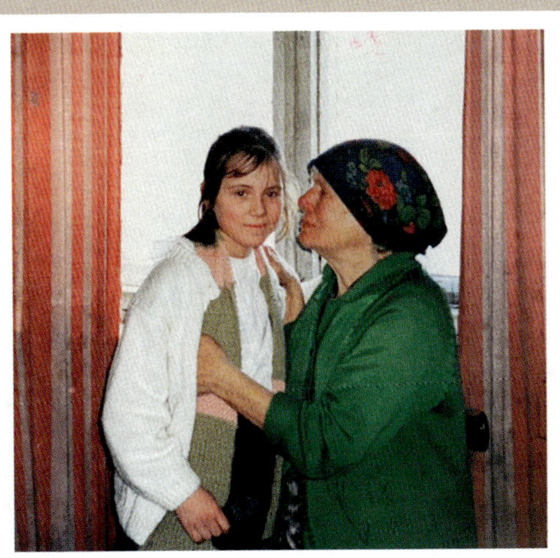

Abschied von »Babuschka« vor der Abreise nach Deutschland, 2001

Unterwegs in den Straßen Sarans während meines Besuchs 2009

Auf der Suche nach Mamas Grab auf dem Friedhof bei Juschnij, 2012

Waldi und ich frisch verliebt,
im September 2008

2010 heirate ich meine erste
große Liebe Waldemar.

Erstes Konzert mit Sefora Nelson – das gesamte Organisationsteam in Saris gekleidet, 2014

Zweites Konzert von Sefora (ganz rechts) mit Vertretern von Mission Freedom, u. a. Gaby Wentland (Mitte), 2015

Unverhofftes Familienglück mit Lukas und Mila, 2016

Eine Vision wird greifbar: Baustelle des Projekts ZION, 2019.

Unendlich dankbar für alles, was Gott schenkt:
Feier des 10. Hochzeitstags, 2020

Viele helfende Hände und Spenden haben
diesen Ort der Begegnung gestaltet:
das Café ZION im Oktober 2021.

dertes Hochzeitskleid über Nacht versprochen. In wenigen Tagen werde ich noch vor der offiziellen Verlobung mit einem fantastischen Brautkleid im Gepäck zurück nach Deutschland fliegen!

Es dauert zwei Nächte, bis ich meine Errungenschaft mitnehmen kann, aber das stört mich nicht. Hauptsache rechtzeitig. In einer großen Plastiktüte liegt es nun in der Unterkunft von uns Freizeitmitarbeiterinnen für die Abreise bereit. In Kürze geht es los. Doch vor meinem Rückflug ins Heimatland werde ich heute noch mal ein ganzes Stück zurück in meine Vergangenheit reisen. Nach Juschnij.

Aufgeregt sitze ich auf dem Beifahrersitz in dem abgenutzten Auto meiner ehemaligen Klavierlehrerin. Nicht euphorisch fasziniert, sondern unsicher nervös. Valentina und ihr Ehemann begleiten mich in den Ort meiner Kindheit. Über die Leute des Gebetshauses *Dom Molitvy*, welches mir als Mädchen Zuflucht geboten hat, erfahren wir, dass meine Oma noch lebt. Sie wohnt sogar im selben Haus, in dem ich so häufig Asyl fand und aus dem ich so oft geflüchtet bin. Ich werde meine Oma wiedersehen. Meine Gedanken überschlagen sich so schnell, dass sie einen Leerlauf bilden.

Schließlich stehe ich vor der bekannten Haustür. Weder die Bezeichnung »Haus« noch »Tür« würden in Deutschland hierfür durchgehen. Unruhig streiche ich meinen dunkelgrünen Rock glatt und stopfe die weiße Bluse am Bund hinein. Wir sind direkt nach dem Gottesdienst aufgebrochen und meine schicken Pumps heben sich in glänzendem Weiß von dem Schmutz vorm Eingang ab. Als sei Aschenputtels gläserner Schuh auf einer Schutthalde verloren gegangen.

Die Musiklehrerin übernimmt das Klopfen, ihr Mann wartet im Auto auf uns. Dreimal wiederholt es Valentina, dann hören wir schlurfende Schritte. Das ruckartige Knirschen eines Riegels erklingt.

Langsam wird die Tür ein Stück weit geöffnet. Als Erstes fällt mir der Bademantel ins Auge. Er ist zerschlissen und sein Rosa nahezu unkenntlich verwaschen. Aus dem ranzigen Kragen ragt ein kleiner, runzliger Kopf mit Stachelfrisur. Unterhalb der kurzen, wild abstehenden Haare blinzeln zwei todmüde Augen. Einen Moment lang glotzen sich alle stumm an.

Gerade setzt meine Begleiterin an, als die schmächtige Frau plötzlich die Augen aufreißt: »Natascha?!«

Schon früher hörte man der Stimme meiner Großmutter an, wie Alkohol und Tabakrauch sie jahrzehntelang spröde geätzt hatten. Doch mittlerweile klingt sie nahezu vollständig zerfressen.

Ich nicke: »Da, Babuschka.«

Sofort füllen sich die schmalen Äuglein mit Tränen, die weiter durch die Faltengräben übers Gesicht rinnen. Meine Großmutter schnappt nach Luft und schluckt mehrmals. Schließlich zieht sie die Tür weiter auf und winkt uns ohne ein weiteres Wort herein. Zaghaft folge ich ihrer Aufforderung.

Mit kleinen Schritten watschelt die Mutter meiner Mama im Flur voraus. Ein Fuß steckt in einem vor Dreck starrenden Socken, der andere in einem Handschuh. Hin- und herschwankend stützt sich Oma an den Wänden des schmalen Ganges ab. Auf der Höhe ihrer Hände verlaufen auf beiden Seiten schwarze Abdruckbänder.

Der Gestank, der sich eingenistet hat, benebelt meine Sinne derart, dass auch ich um mein Gleichgewicht kämpfen muss. Der erste Impuls sucht Halt und fährt die Hände zu den Seiten aus, der zweite zieht sie sofort wieder eng an den Körper heran. Jene schmierigen Abdrücke und der beißende Geruch schrecken vor jeglichem Kontakt mit irgendetwas ab.

Es scheint, als erreiche die Behausung schon seit Langem kein Strom, denn selbst die nackte Glühbirne baumelt nicht mehr wie ehemals herab. Nur langsam gewöhnen sich die Augen an die düsteren Lichtverhältnisse. Doch es ist noch dasselbe Haus und ich kenne das Zimmer am Ende des Flures.

Der Tisch musste wohl auch weichen, leere Flaschen, Kippen und kaputte Gegenstände haben sich dafür vermehrt. Der Gestank ist hier noch stärker und ich kann nicht flach genug atmen, um die Übelkeit zu unterdrücken. Die Mischung aus dauergelagertem Kippenqualm, wucherndem Schimmel, Rückständen von Vergammeltem, Schweißausdünstungen und Uringeruch ist dermaßen präsent, dass man meint, es hause ein greifbares Wesen in diesem Raum.

»Setzt euch, setzt euch«, quietscht meine Großmutter viel zu hoch für ihre heiseren Stimmbänder.

Mühsam bemühe ich mich um ein Pokerface, während mein Blick kurz das zerschlissene Polster des Stuhls streift. Ekel greift tief in meine Magengrube beim Anblick der großen, bräunlichen Flecken an der Stelle, wo einst das Sitzkissen lag. Der eingetrocknete Blaseninhalt kombiniert mit dem Gestank macht es meinem höflichen Lächeln besonders schwer. Rasch bedanke ich mich, schüttle aber den Kopf.

Es dauert eine Weile, bis wir beginnen, ein paar Worte zu wechseln. Ich bin so froh, dass Valentina dabei ist. Denn mich erschlägt, was ich einst für ganz normal hielt, und meine Großmutter ist mittlerweile verwirrt, sodass sie mich phasenweise nicht mehr erkennt. Die Klavierlehrerin bemüht sich darum, zu vermitteln, erzählt ein bisschen davon, wie ich im Heim angekommen bin und was ich dort gemacht habe.

Immer wieder bleibt mein Blick in den wirren Haaren von Babuschka hängen. Wenn sie zurückstarrt, senke ich ihn eilig. Dann landet er auf dem Kopftuch, welches auf Bauchhöhe den Bademantel am abgemagerten Körper hält.

»Verschwindet!«, kreischt die alte Frau plötzlich völlig aus dem Nichts. »Ich habe gar keine Enkel! Wer seid ihr?!«

Irritiert schauen wir Gäste uns an. Oma schreit weiter, bis wir unschlüssig den Rückzug antreten. Noch bevor wir die Haustür erreichen, spricht meine Großmutter mich unvermittelt von hinten an, wieder in normaler Lautstärke, als sei nichts gewesen.

»Schau, Natascha, hier, die Küche.«

Überrascht drehe ich mich um und folge ihrem ausgestreckten Arm in das Zimmer. Schwarzer Ruß bedeckt vollständig den Raum, in dem einst an den zwei kleinen Kochplatten Zusammengeworfenes angebraten wurde. Ein verheerendes Feuer muss die gesamte Küche ausgefüllt haben. Evgenij hatte versucht, das ganze Haus abzubrennen, erfahren wir im Gespräch innerhalb einer der klareren Phasen von Oma. Ob sie währenddessen in der Wohnung gewesen ist, weiß sie nicht mehr. Mein Halbbruder hatte es aber wohl in Kauf genommen. Oder beabsichtigt …

Zurück im Wohnzimmer weiß ich noch immer nicht viel zu erzählen. Babuschka erinnert sich an Bruchstücke. Ganz vage auch daran, dass ich nach Deutschland adoptiert wurde und ich mich vor der Abreise noch mal von ihr verabschiedet hatte. Von meiner neuen Heimat wage ich nicht zu berichten. Das schlechte Gewissen blockiert meine Stimme.

Immer wieder knete ich meine Finger. So halte ich sie davon ab, mir Haarsträhnen hinters Ohr oder meinen Rock glatt zu streichen. Nichts will ich an mir berühren, obwohl ich nichts in der Wohnung angefasst habe. Doch der Schmutz steht in den Zimmern, als könne man ihn mit einem Handwischen durch den leeren Raum einsammeln. Außerdem soll keine meiner Bewegungen verstärkt auf meine Kleidung aufmerksam machen. Sie springt schon so schreiend laut ins Auge. Der Kontrast hätte für mein Erscheinen nicht vorteilhafter gewählt werden können: Aschenputtel in feiner Gottesdienstuniform zurück in der Asche ihrer Vergangenheit.

Womit habe ich das verdient? Warum hat meine Oma das hier verdient? Wir sollten gehen.

Nach einiger Zeit signalisiert Valentina mir mit ihrer Körpersprache, was auch ich schnellstmöglich möchte: Aufbruch. Flucht. Fort aus diesem Haus, von diesem Leben, von meiner Großmutter.

Während des Gesprächs versuchen wir uns langsam wieder in die Richtung zum Flur zu positionieren. Da hören wir plötzlich, wie die Haustür auf- und zugeht, es folgen Schritte und dann erscheint eine Frau im Türrahmen. Überrascht stockt sie auf der Schwelle zum Wohnzimmer. Wir scannen einander ab. Das einfache Kleid scheint schon lange den klein gewachsenen Körper des unerwarteten Gastes durch Alltag und Schmutz zu begleiten. Dunkle, glatte Haare verdecken an den Schultern dessen verwaschenes Muster. Braune Augen mustern uns skeptisch. Deren schmale Form fügt sich in das asiatisch wirkende Aussehen des runden Gesichts ein. Ich schätze die Kasachin auf ein Alter zwischen vierzig und fünfzig.

»Wer seid ihr? Was macht ihr hier?« Der Blick der Fremden sucht meine Oma, die hinter uns verloren im Raum steht. Babuschka scheint erneut verunsichert, wer all diese Besucher sind und was sie mit ihnen anfangen soll.

Also klopfe ich vorsichtig die Lage ab. Ich nenne meinen früheren Namen und frage die Unbekannte, ob sie die Person kenne. Verdutzt bejaht sie sofort.

»Das bin ich«, gebe ich mich mit deutschem Akzent zu erkennen.

Erst muss sie die Information sacken lassen, dann hellt sich die misstrauische Miene auf. Verschlossenheit verkehrt sich in Aufregung. Im Nu steht die Frau bei mir und sprudelt los: Sie habe mich als Kind gekannt und wisse viel über meine Familie. Ich solle gleich mit zu ihr kommen, wo sie Fotos und viel zu erzählen habe.

Valentina steht in ihrem Rücken und schüttelt vehement den Kopf. Überrumpelt übernehme ich das Kopfschütteln von ihr, löse meinen Arm aus der Hand der energischen Frau und dränge mich an die Seite der Musiklehrerin.

»Geh nicht mit ihr«, flüstert mir die Heimmitarbeiterin zu. »Du weißt nicht, wer sie ist und wohin sie dich bringt. Was sie zu erzählen hat, kann sie dir auch hier sagen.«

Es gelingt uns, auch die Besucherin davon zu überzeugen. Sie und Oma scheinen sich tatsächlich gut zu kennen, denn die Frau nimmt wie selbstverständlich auf einem der Stühle am Küchentisch Platz. Im Gegensatz zu mir, die sich innerlich sträubt, sich auf den völlig verdreckten Stuhl ihr gegenüber zu setzen. Doch als es erst einmal um den sauberen Rock geschehen ist, vergesse ich rasch den Schmutz unter mir und lausche gespannt, was Lena zu berichten weiß. Die unbekannte Bekannte weiß tatsächlich einiges, denn sie war eine enge Freundin meiner Mutter. Beide durchlebten die rapide Verarmung nach dem Zerfall der Sowjetunion, sie teilten den Alltagskampf als Familienfrauen und auch so manche Geheimnisse miteinander.

»Dein Vater lebt noch«, verkündet Lena völlig unvermittelt im Erzählfluss.

»Was?! Wie …?«, stemme ich mich gegen diese unerwartete Wendung.

Der Vater meiner frühen Kindheit war, noch bevor meine Mutter verstarb, eingeschlafen und nicht mehr aufgewacht. Mama hatte vor, mit mir zur Beerdigung zu gehen, doch dann fing sie am Morgen an zu trinken … Wir brachen an dem Tag nicht mehr auf.

»Dein richtiger Vater, dein leiblicher!«, setzt die Frau aus Juschnij nach.

Nun gehe ich in der rasanten Informationsströmung unter. Lena rudert ein Stück zurück und berichtet, dass meine Mutter eine Affäre hatte, während sie in Beziehung mit dem Mann lebte, den ich bisher für meinen Vater gehalten habe. Der Strudel reißt mich mit, meine Gedanken rasen rauf und runter. *Wie krass.* Aber irgendwie ist es eben, wie es ist. Ich empfinde keinen Groll, weder gegenüber meiner Mutter noch dem Leben oder Gott. So ist das Leben nun mal:

komplex, überraschend, verrückt. Und auch überfordernd, wenn man entscheiden muss, was man mit einer solchen Information nun anfängt. Ich habe einen anderen Vater. Der sogar noch lebt. Soll ich ihn aufsuchen, kennenlernen und … Ja, und dann was?

Als die Freundin meiner Mutter vorschlägt, ein Treffen in die Wege zu leiten, schüttelt Valentina erneut den Kopf: »Schau, Natalie, was bringt das, wenn du nun als Deutsche zu ihm hinfährst? Er hat wahrscheinlich Familie und dann stehst du auf einmal vor der Tür und sagst: ›Hallo, ich bin deine Tochter.‹ Du zerstörst vielleicht etwas und fährst dann einfach wieder.«

Sie hat recht. Was würde es mir bringen?

Einerseits juckt es mich in den Fingern, »meinen Vater« zu finden, andererseits wäre es nur ein fremder Mann, dem ich begegnen würde. Ein neues Gesicht, das ich in einen Zusammenhang einordnen müsste, der bereits andere Bilder gesammelt hat. Bilder, die mit Leben gefüllt sind, mit Vergangenheit, Erinnerungen und Emotionen. Bilder von einem Vater, der zwar meist fern war, aber mit dem ich Ausflüge im Zug unternahm. Bilder von einem Papa, der mich im Flugzeug in ein liebevolles Zuhause mitnahm und fester Bestandteil meines heutigen Lebens ist. Ich habe Eltern, die mich lieben und die ich liebe, habe Geschwister, die mir kostbar sind, habe eine Familie, wie sie sich andere wünschen. Nein, es ist gut so, wie es ist. Ich habe genug. Dank meines himmlischen Vaters. Er gibt mir das Gefühl, seine Lieblingstochter zu sein. Das ist weit mehr als genug.

Eine Weile noch erzählt Lena aus der Vergangenheit. Doch schließlich wiederholen sich einige Aussagen und es ist an der Zeit, in die Gegenwart zurückzukehren. Um rechtzeitig die Rückfahrt ins Kinderheim anzutreten, sollten wir nun wirklich aufbrechen. Ich bedanke und verabschiede mich von der bisher unbekannten Familienbekannten.

Mit meiner Großmutter kehren wir zum Ausgang zurück. Ich bin froh, dass Oma mich nicht umarmen will. Das Ganze wirkt auf mich noch immer zu merkwürdig fremd und fern. Doch als ihr Tränen in die Augen steigen und sie zu weinen anfängt, drücke ich ihre Hand. *Babuschka.*

Nur mühsam kann ich meine Finger aus ihrem Griff wieder lösen. Mit ein paar lieben Worten entziehe ich sie ihr wieder. Die Klavierlehrerin öffnet die Tür und wir gelangen ins Freie – und sind umzingelt. Oder besser gesagt das Auto, in dem Valentinas Mann sitzt und hilflos die Schultern hochzieht. Aus der nahen und weiten Nachbarschaft haben sich Leute um den Wagen versammelt. Es hat sich in den Gassen herumgesprochen. In meinem ehemaligen Heimatort.

Die kleine Natascha ist wieder da. Aus Deutschland.

Als wir die Menge erreichen, reden die versammelten Hausfrauen aufgeregt auf mich ein. Ich schüttle Hände, beantworte Fragen, erzähle ein wenig. So viel Aufmerksamkeit und Interesse … Ich fühle mich wie ein Star. Ein Promi, dem es irgendwann zu viel wird.

Nach etwa zehn Minuten versuche ich, mich aus den Gesprächen und der dicht stehenden Gruppe zu lösen. Die Neugier der teils bekannten, teils unbekannten Schaulustigen lässt sich schwer abwimmeln, doch schließlich gelangen wir ins Wageninnere. Erst als unser Fahrer den Motor startet und langsam den Fuß von der Bremse hebt, weichen die Leute zurück. Mit vielen Wünschen und Grüßen, Rufen und Bitten winken sie mir zu und schließlich nach.

Ungläubig blicke ich durch die Heckscheibe zurück. Es fühlt sich surreal an wie in einem Traum. Hier ein Albtraum, während ich in Deutschland ein Traumleben führe.

In den letzten Jahren war dieses Bewusstsein eingeschlafen. Nun bin ich wieder aufgewacht. Ich bin keine Prinzessin. Ich besitze die Kleider von Privilegierten, ich lebe im Wohlstand wie in einem Hofstaat, ich kann zwischen unzähligen Möglichkeiten wählen. Doch ich bin keine Adlige. Ich bin kein Straßenkind mehr, aber ebenso wenig eine Edeldame. Aus dem Nichts ins Alles geholt, weder diesem noch jenem zugehörig. Niemandem zugehörig.

Kurz streift mein Gedankengalopp die Frau mit der Strubbelfrisur im Türrahmen der versengten Küche. Eine Fremde, die mir vertraut gewesen war und der ich vertraute. Bekannt und doch entfremdet. Wie alles hier. So sehr habe ich mich schon lange nicht mehr wie ein ohnmächtiges Kind gefühlt. Wie das Mädchen von damals.

Ich spüre Gottes Blick auf mir, wie er mich beobachtet bei meinem Handeln und Denken, mit meinen Zweifeln und Verfehlungen. Sieht er nach, ob ich die vielen Regeln befolge und das Anvertraute verantwortungsvoll einsetze? Ob ich dem großen Geschenk gerecht werde, welches nur mir unter all den anderen zuteilwurde?

Womit habe ich das verdient?

Wir ruckeln über die Schlaglöcher hinaus aus dem kleinen Ort Juschnij. Hin und her geschüttelt beschleicht mich das ungute Gefühl, dass ich mir mein Los wohl noch verdienen muss – oder dafür bezahlen.

7

ENGEL können Mütter sein

Juli 2010, Teichern

Feierlich ertönt das Klavier und füllt den Saal mit bedeutungsschwerem Knistern. Die elektrisierende Stimmung stellt die Härchen auf meinen Armen auf und meine Finger kneten aufgeregt die zusammengeschnürten Stile der champagnerfarbenen Rosen. Mein Blick fällt auf die zum Strauß passende Blume, die neben mir an der Brusttasche des dunkelbraunen Anzugs steckt. Und in dem Anzug befindet sich Waldi. Mein Bräutigam.

Er sieht großartig aus. Selbst seine Sommersprossen scheinen zu funkeln. Leuchtendes Braun lacht mich aus seinen Augen an. Waldi sieht so glücklich aus, während er mich mit Grübchen in den Wangen betrachtet. Mich! Das Niemandskind! Das Straßenmädchen, die rebellische Tochter, die abwegige Cinderella … seine Braut! Heute werde ich Waldis Frau.

Mit seinem unverwechselbaren Grinsen hält mir mein Traumprinz den Arm hin. Ich hake mich ein und klammere mich mit der linken Hand an seinen Unterarm und mit der rechten an den Rosenstrauß. Geteilte Freude ist doppelte Freude und geteilte Aufregung potenzierte Aufregung. So dicht beieinander bilden wir einen Stromkreislauf aus kribbelnder Nervosität und Funken sprühendem Glücksrausch.

Die Spannung steigert sich noch einmal, als wir in den Eingang des Gottesdienstsaals treten. Um die vierhundert Personen stehen in den Bankreihen uns zugewandt. Keine ungewöhnliche Menge an Hochzeitsgästen in unserer Gemeinde, denn viele der Mitglieder sind eingeladen und dazu die große Verwandtschaft. Die ganze Gemeinschaft unterstützt umfassend: im Küchenteam, mit Essensbeiträgen, bei der Deko, Organisation, Gottesdienst- und Programmgestaltung. So werden riesige Feiern wie diese ermöglicht und die anfallenden Kosten haben zum Großteil unsere Eltern übernommen. Mit unseren Geschwistern und Verwandten erwarten sie uns in den vordersten Sitzreihen, am Ende des vor uns liegenden Ganges. Meine Familie. Meine geliebten Eltern und Geschwister. Bewegt nicke ich ihnen zu, während ich den ersten Schritt auf dem blauen Teppichboden vorwärtsgehe.

Ich bin so dankbar. Meinen Eltern, allen Helfenden, Waldi und vor allem Gott.

Kann irgendjemand gerade begreifen, was für ein Wunder sich hier abspielt?!

Was für ein unfassbares Geschenk! Ich habe nicht nur eine neue Chance, ein neues Leben und ein neues Zuhause erhalten, sondern auch den Mann, in den ich mich schon als Elfjährige verguckt habe. Im Heim bekam ich warme Kleider, in Deutschland eigene und Jesus hat mir eine neue Identität wie frische Kleider angezogen. Jetzt stehe ich verwandelt wie Aschenputtel in einem Hochzeitskleid da. Wenn auch nicht in einem mit pompösem Glamour. Gott sei Dank! Ich unterdrücke ein Kopfschütteln beim Gedanken an jenes Kleid, welches ich aus Kasachstan mitgebracht habe. Meine Freundinnen sind bei der Kleid-Schau sprachlos gewesen, Mama entsetzt und ich begeistert.

»Natalie, willst du das wirklich anziehen?!«, fragte eine nach der anderen um Fassung ringend.

»Natürlich! Das ist mein Traumkleid!«, verkündete ich entzückt.

Auf die anderen wirkte es vielmehr verrückt. Der Aufenthalt im Land meiner Kindheit hatte mich allerdings geradezu entrückt. Ein paar Wochen lang schmachtete ich die stoffgewordene Übertreibung an. Bis mir an einem Morgen plötzlich die osteuropäische Brille von der Nase rutschte. Wie vom heilenden Blitz getroffen, starrte ich »mein Traumkleid« an. Ein Albtraum! Ich brauchte sofort unbedingt ein anderes Kleid!

Schmunzelnd schaue ich jetzt an mir hinab. Einheitliches Weiß hüllt mich in mattem Glanz ein. Entlang des Reifrocks formt der geraffte Stoff sanfte Wellen, die von Rosen aus demselben Textil geziert werden. Ein Blumenkleid für die ausgebildete Blumenkünstlerin. Glitzernde Steinchen schmücken in Maßen das Dekolleté des ausgetauschten Hochzeitskleides und ein schmaler, schillernder Silberrand säumt den Schleier. Ansonsten erinnern höchstens noch das feine Diadem und die lange Schleppe an eine Prinzessinnengewandung. Ich bin heilfroh, dass mir der Kasachstan-Schleier von den Augen fiel, bevor es zu spät war. Sonst würde ich nun ein Hochzeitskleid ohne Innenkleid tragen, das je nach Lichteinfall nicht blickdicht wäre!

An Waldis Seite schreite ich vor Glück fast platzend durch den Gang zum Altar. Das Leben in Armut liegt weit hinter mir, doch genauso wenig will ich eine Aufmachung in Kitsch. Nicht Niemandskind, nicht Aschenputtel, nicht Cinderella. Ich bin einfach nur eine glückliche Frau und einen Gottesdienst später eine Ehefrau. Nichts anderes auf der Welt will ich gerade sein.

Wenige Monate später

Meine Freundin Emma und ich betreten den hohen Raum des unbekannten Gebäudes. Er ist größtenteils leer und wir schauen uns suchend um, bis wir eine hinabführende Treppe bemerken. An deren unterem Ende entdecke ich eine Gestalt.

Vorsichtig gehe ich ein paar Stufen hinab, Emma folgt dicht hinter mir. In der Mitte des Treppenabsatzes angelangt, stellt sich die Gestalt als eine Frau heraus, die Kisten bepackt. Irgendwas ist komisch. Etwas fühlt sich merkwürdig an.

Die Mischung aus Unsicherheit und Neugier drängt mich dazu, etwas zu sagen: »Was machen Sie da?«

Die Unbekannte blickt auf und betrachtet uns eingehend. »Wisst ihr, was Satanismus ist?«

Kurz stutze ich. »Ja, klar«, antworte ich schließlich. »Aber wir sind Christen.«

Mit einem Mal ist die Szene ausgetauscht. Die Frau, der Raum, Emma – alles ist fort und vor mir befindet sich ein großer, schwarzer Bildschirm. Unfähig, mich zu rühren, sitze ich davor und starre hinein. Doch ich sehe nur Finsternis. Statt einem Bild höre ich eine dunkle Stimme: »Ich weiß alles, was du getan hast.«

Die gewaltige Macht, die in der Stimme und dem Gesagten liegt, erschlägt mich fast. »Ich weiß alles, was du getan hast«, wiederholt der Bildschirm nochmals und nochmals. Es weckt etwas in mir. Unter dem irritierten Entsetzen beginnt sich Angst aufzubäumen. »Ich weiß alles, was du getan hast.«

Die Furcht wächst bedrohlich an. In all meinen inneren dunklen Ecken findet sie Nahrung und die Bildschirmstimme lässt daraus eine überwältigende Panik anwachsen.

Da rückt plötzlich etwas anderes in mein Bewusstsein. Etwas, das die Kraft besitzt, gegen diese Bedrohung zu bestehen. »Jesus. Heiland. Retter.« Meine Lippen bilden die Worte, ohne nachzudenken, wie eingeprägte Code-Wörter. »Christus. Erlöser. Messias. Das A und O. Jeshua. Lamm Gottes …«

Sie sprudeln immer weiter, bilden einen Schild gegen die Angriffe aus dem Bildschirm. Die Bezeichnungen des Einen, der für mich ist und Wunder tun kann, strömen aus mir heraus, um sich schützend vor mich zu stellen.

Abrupt wird der Strom unterbrochen, als mir völlig unvermittelt der Mund zugehalten wird. Meine Lippen versuchen gegen das

Hindernis anzukämpfen, ringen um jeden Buchstaben. Während ich verzweifelt versuche, weitere Worte hervorzupressen, verwandelt sich die Umgebung erneut. Aber ganz anders als zuvor. Kein Szenenwechsel, sondern ein Weltenwandel.

Verschwommen nehme ich das Bett wahr, in dem ich liege. Die Eindrücke der Realität dringen in den traumartigen Zustand ein und ich werde mir immer mehr des Schlafzimmers um mich herum bewusst. Ich fühle die zerwühlte Decke, sehe gedämpftes Laternenlicht durch den zugezogenen Vorhang dringen und rieche den unverwechselbaren Duft von Waldi.

»Immanuel. Herr. Sohn Gottes. Licht der Welt…«, schwer atmend zähle ich weitere Bezeichnungen von Jesus auf. Die dunkle Macht bedrängt mich noch immer spürbar, als greife die Hand mir aus dem Traum hinterher, um meinen Mund zu fassen zu kriegen. Ein Traum? Es wirkte so real! So viel intensiver als ein Schlafgespinst.

Meine Hand krallt sich in die Decke, die Waldemar einhüllt, und in mein Flüstern mischt sich zunehmend lauter auch sein Name. Nach einigem Rütteln und Rufen wacht mein Mann auf.

»Waldi, wir müssen beten!«, der Klang in meiner Stimme ist alarmierend genug und der Geweckte setzt sich augenblicklich auf. Er knipst die Nachttischlampe an und ich erzähle ihm mit klopfendem Herzen, was ich in dieser Art Zwischendimension erlebt habe. Erst als wir gemeinsam beten, beruhigt es sich langsam. Herz, Verstand, Körper und Geist sortieren sich und finden wieder in ihren Rhythmus. Doch die Seele bleibt aufgewühlt.

Wiederkehrend, immer noch – die angsteinflößende Verfolgung findet einfach kein Ende! Seit ich mich dafür entschieden habe, mit Jesus zu leben, gehen finstere Mächte vor meiner Seele auf und ab, manchmal auch sichtbar vor meinem geistigen Auge. Als ob sie mir drohen wollten: *Du hast uns einst gerufen. In den Kellern deiner dunklen Vergangenheit. Nun rufen wir dich. Rufen dich immer wieder zurück in die Finsternis tief unten in dir drin.*

Waldi schließt mich tröstend in die Arme. Er ermutigt mich dranzubleiben, um den hartnäckigen Terror zu durchbrechen, und mir dafür auch Hilfe zu suchen.

Wenig später sitze ich in meinem Elternhaus auf dem Sofa. Mein Vater sitzt mir im Sessel gegenüber. Erstmals wage ich, außer meinem Ehemann noch jemandem von der düsteren Verfolgung zu erzählen.

»Wie kann es sein, dass ich die dunklen Erscheinungen nicht loswerde, wenn ich doch zu Jesus gehöre?«, schließe ich.

Papa schaut mich nachdenklich an. Aufmerksam hat er meinen Berichten zugehört, mit gefalteten Händen auf den Knien. Schließlich hält er die verschränkten Finger hoch und stützt stattdessen die Ellenbogen ab. »Hast du dafür schon einmal ein Befreiungsgebet mit jemandem gesprochen?«

Ich überlege. Natürlich habe ich mehrfach zu Jesus darum gefleht, dass die Gestalten und Träume nicht wiederkommen. Aber mit niemandem hatte ich konkret für »Befreiung« gebetet. Langsam schüttle ich den Kopf.

»Die finstern Mächte des Teufels haben Macht in dieser Welt«, erklärt mein Vater ernst. »Sie möchten nicht, dass wir frei sind im Herrn Jesus Christus. Wenn du einmal in ihre Sachen verstrickt bist, braucht es eine klare Abgrenzung, eine Zugehörigkeitsmarkierung. Das Befreiungsgebet bestimmt Jesus als deinen alleinigen Herrn und verweist alle anderen Gewalten an ihren Platz fern von dir. Lass uns dafür beten, dass der Herr Jesus alles Böse vertreibt und seine Gegenwart dich schützt.«

Nachdenklich nicke ich und falte die Hände. Mein Vater betet für mich und ich schließe mich an. Danach fühle ich mich nicht verwandelt, aber doch erleichtert.

Die Zeit vergeht, ohne dass angsteinflößende Erscheinungen auftauchen. Keine davon kehrt je wieder zurück. Jesus scheint ihnen klargemacht zu haben, dass es nichts gibt, bei dem sie weiter Wache halten dürfen. Denn auf nichts von mir haben sie mehr Anspruch.

Die Verfolgung hat ein Ende. Spezielle Begegnungen mit außergewöhnlichen Frauen allerdings nicht …

2012, Düsseldorf

Müdigkeit überwältigt die Aufregung. Tagelange Vorbereitungen, Packen, Check-in, die Anspannung, bis man im Flugzeug sitzt … Erschöpft strecke ich die Beine aus – bis sie nach nur wenigen Zentimetern an die Rückenlehne des nächsten Sitzes stoßen. Gemütlichkeit wird sich für die kommenden acht Stunden im Flugmodus befinden.

Ich unterdrücke ein Seufzen. Diese lange Zeit über den Wolken kenne ich mittlerweile und habe deren Absitzen nie bereut, im Gegenteil. Erst für den Umzug von Kasachstan nach Deutschland, dann vor drei Jahren der Hin- und Rückflug für einen Besuch und nun startet eine weitere Reise in mein Herkunftsland – für drei Monate und mit Waldi.

Auf dem Sitz rechts von mir schnallt mein Mann den Gurt fest. Sein Lächeln als Reaktion auf meines fällt etwas gedämpft aus. Er weiß noch nicht, was auf ihn zukommt. Es wird sein erster Aufenthalt in Kasachstan sein. Immerhin sind ihm lange Flugzeiten vertraut, nicht zuletzt von einigen Reisen, die wir als Ehepaar bereits unternommen haben. Unser Zuhause haben wir in der Wohnung des oberen Stockwerks von Waldemars Elternhaus eingerichtet. Unsere Urlaube verbringen wir querbeet auf der Welt.

Soweit es Freizeit und Gehalt eines Elektrikers und einer selbstständigen Floristin ermöglichen, haben wir das Abenteuer genossen und verschiedene Länder besucht. Der Flug nach Südamerika etwa hat um einiges mehr Sitzfleisch gefordert als der bevorstehende. Bei jener Reise war Waldi der Erfahrenere von uns beiden gewesen. Schon als Kind hatte er dort einen seiner älteren Brüder besucht, der mit seiner Familie ausgewandert ist und in Paraguay lebt. In dessen Gemeinde ließ ich dann auch das Hochzeitskleid made in Kasachstan als Kleiderspende zurück. Natürlich hatte ich Waldi meine vorläufige Erstwahl noch präsentiert. Sein Gesichtsausdruck sagte alles: sein Schock, wie es überhaupt dazu hatte kommen können, bis hin zur unermesslichen Erleichterung, dass er mich für die Trauung nicht in diesem Kleid hatte abholen müssen.

Neugierig sehe ich mich in dem unspektakulären Flieger um und begegne dem Blick meiner Sitznachbarin. Wir haben uns bereits mit einem Nicken gegrüßt, als ich mich auf dem Platz rechts neben ihr niedergelassen habe. Die schmächtige, ältere Dame lächelt mich an. Ich lächle zurück und nicke nochmals knapp. Anstatt daraufhin der üblichen Verhaltensnorm zu folgen und sich wieder abzuwenden, schaut sie mich jedoch weiter an – mit intensivem Ausdruck und direkt in die Augen. Ich weiche mit dem Blick aus. Es steht ein langer Flug an, da sollte die Nähe nebeneinander besser nicht gleich komisch werden …

Der Maschinenvogel kommt ins Rollen, flitzt über die Startbahn und springt in die tragende Leere der Luft. Immer höher und weiter schwingt er sich in ihr hinauf, bis die bekannte Welt unter einen dichten Wolkenteppich gekehrt wird. An meiner Sitznachbarin vorbei sehe ich durch das kleine, ovale Fenster nur noch grau gewelltes Weiß und darüber fahles Hellblau.

Nach dem ersten Getränkedurchgang des Bordpersonals eröffnet die schlicht gekleidete Frau auf Russisch das Gespräch. Wir beginnen mit Small Talk, der aber sehr schnell in die Tiefe geht. Die Dame im Alter zwischen fünfzig und sechzig fragt viel. Obwohl sie wie selbstverständlich ins Private übergeht und mehrfach nachhakt, fühlt es sich nicht ausfragend oder übergriffig an, sondern … vertraut. Ernsthaft interessiert erkundigt sie sich danach, was ich mache und mit meinem Leben anfangen möchte. Wie es mir damit geht, was mir wichtig ist und was davon bestehen bleiben wird oder zumindest soll. Sie lauscht mir aufmerksam, nickt verständnisvoll, tätschelt mal meine Hand, mal mein Knie. Ihre Augen ruhen mit einem Ausdruck auf mir, als habe sie für alles Verständnis, was ich sage, und könne darüber hinaus noch sehr viel mehr verstehen.

Und ich erzähle und erzähle. Es tut so gut. Ich fühle mich aufgehoben. Schon so lange nagt der Wunsch in mir, eine Mutter zu haben, die mich versteht. Das Verhältnis zu meiner deutschen Mama war nie so eng und vertraut, dass es diese Sehnsucht stillen konnte. Ich weiß, dass sie mich liebt und immer das Beste für mich möchte. Doch so gut sie es auch mit mir meint, das Verhältnis war oft angespannt und dies verschärfte sich in der Zeit vor der Hochzeit, in der wir oft aneinandergerieten. Nun, da ich selbst Ehefrau bin, nimmt die Thematik des Mutterseins neuen Raum in meinem Leben ein und sie legt beim Thema, eine Mutter zu haben, ein Loch in mir frei. Wie sehr wünschte ich, eine Mama zu haben, wie sie meine leibliche Mutter nie sein konnte: eine Vertraute, mit der ich teilen kann, was mich bewegt, und die mich von Frau zu Frau versteht. Und nun sitze ich neben dieser Fremden, die mir genau das gibt, mehr als alle Frauen zuvor.

Die Stunden fliegen auf der Luftlinie dahin. Sie sei Kinderärztin in Russland, gibt sie von sich preis. Dabei passt das so gar nicht zu dem Bild, das ich von russischen Ärztinnen habe. Sie ist so sanft und fürsorglich, so mitfühlend und mütterlich. Nach vielen Worten tauschen wir schließlich auch unsere Namen aus und mich trifft ein emotionaler Stromschlag mitten ins Herz.

Ludmilla. Der Name meiner Mutter.

Die Frau trägt denselben Vornamen und befindet sich etwa im selben Alter, in dem meine Mutter heute wäre, wenn sie noch leben würde …

Die Stewardessen verteilen Tee. Während ich die von Waldi weitergereichte Tasse auf die Klappablage vor der Dame abstelle, stöbert diese in ihrer geräumigen Handtasche. Als ich meine Tasse entgegennehme, kramt sie eine kleine, gemusterte Metalldose hervor und öffnet den Deckel. Ludmilla hält mir das Behältnis hin, aus dem es süßlich-würzig duftet. Ich mache kleine, gleichförmige Klumpen darin aus, da greifen die feinen Finger schon nach zweien der Bonbons und werfen je eines in meinen und ihren Tee.

»Sicherlich gibt's keinen Zucker dazu. Aber das ist noch besser«, trällert sie und zwinkert mir zu.

Mehr als ein »Danke« fällt mir darauf nicht ein. Doch meiner Gesprächspartnerin fallen noch eine Menge an Fragen ein.

In dem kleinen Oval wandelt sich unterdessen das Blassblau in ein dunkles, farbenschluckendes Gewölbe, unter dem schemenhaft der graue Wolkenteppich schlummert. Waldi ist schon längst abgedriftet. Da er kein Russisch kann, versteht er nichts von dem, worüber wir sprechen. Anfangs habe ich ihn noch ab und zu informiert, was gerade Thema war und wieso ich fast ununterbrochen mit dieser uns unbekannten Frau redete. Er saß etwas unbeholfen daneben und schlug irgendwie die Zeit tot. Später zog er sich auf den freien Platz in der Reihe hinter uns zurück. Ihm erscheint das Ganze sehr merkwürdig und die Dame seltsam. Eigentlich uns beiden. Wenn ich darüber nachdenke, was gerade abgeht – vor allem in mir –, wirkt es wirklich sehr seltsam. Doch solange ich nicht nachdenke, sondern mich auf die kleine Frau mit schulterlangem, dunklem Haar konzentriere, ist es einfach nur gut. Alles ist gut.

Immer wieder klaubt Ludmilla einen Ratschlag aus der Schatzkiste ihrer Lebenserfahrungen, wie zuvor die Bonbons aus der Dose, und lässt sie ins Gespräch fallen. »Lass niemals zu, dass ein Mann die Hand gegen dich erhebt!« Eindringlich sehen mich ihre mandelbraunen Augen an, ihre Hand drückt meinen Unterarm. »Niemals.«

Ich nicke wie bei allen Hinweisen, die sie mir über den langen Flug hinweg gibt. Die Bonbons ihrer Werte und Prinzipien fallen in mein Gedankengut und lösen sich darin auf. Der »Zucker« breitet sich mit nachhaltigem Geschmack darin aus und setzt sich tief unten ab. Zu meinem Nicken und Erzählen gesellt sich nach einer Weile immer häufiger ein Gähnen, und nachdem Waldi bereits eingenickt ist, beschließe ich, es ihm gleichzutun. Als ich Ludmilla mein Vorhaben mitteile, nickt sie – wie immer verständnisvoll – und klopft auf ihre Oberschenkel. »Komm, Natalie, leg deine Füße hoch, dann kannst du dich besser hinlegen und schlafen.«

Das wird mir nun doch zu viel. In mir sträubt sich etwas gegen so viel entgegenkommende Nähe. Dankend lehne ich ab. Doch die ältere Dame lässt nicht locker. Einmal abgeschlagen, möchte ich mich eigentlich nicht mehr umstimmen lassen. Doch ihre hartnäckige Güte ist stärker als mein rebellischer Stolz. Während ich versuche, eine ansatzweise bequeme Liegeposition zu finden, schnappt sich die Kinderärztin kurzerhand meine Beine und platziert sie auf ihrem Schoß. Zum Glück habe ich schon die Schuhe abgestreift. Überrumpelt liege ich stocksteif da und wage nicht, mich zu rühren. Das ist alles so seltsam.

Ludmilla nimmt eine der zur Verfügung stehenden Decken und hüllt mich damit fürsorglich ein. Darunter schmilzt mein Stolz dahin und meine Starrheit weicht auf. Es fühlt sich an, als hätte ich eine Mutter, wie es meine Ludmilla nie für mich sein konnte. Sollte ich es dann nicht einfach zulassen?

Überfordert von Irritation und Glück kuschle ich mich in die Decke und spüre der Wärme an meinen Beinen nach. Irgendwann schwingt mein Gedankenkarussell aus und Waldis lautes Atmen hinter der Rückenlehne verebbt aus meiner Wahrnehmung.

»Wie deine Mutter?«

Lydia fingert aufgeregt an ihrer Serviette herum. Ihre Faszination purzelt geradezu aus Augen und Stimme.

»Ja, Ludmilla hieß auch meine Mama«, wiederhole ich, noch immer selbst davon verblüfft.

Lud für Volk, *Milla* für Gnade. Wie eine Verlinkung zwischen mir und meinen Wurzeln.

»Das ist tatsächlich sehr … speziell«, stimmt auch Albert zu.

Waldi nickt vielsagend. Ich vermute, er verkneift sich das Wort *spooky*, das er mir gegenüber mehrfach beim Besprechen des Erlebten verwendet hat.

In Lydia und Albert haben wir endlich Gesprächspartner gefunden, mit denen wir diese verrückte Episode teilen können. Das Missionarsehepaar aus Deutschland wohnt in der Nachbarunterkunft im Gästebereich des Kinderheims und wir haben uns schnell mit den beiden angefreundet. Immer wieder tauschen wir uns bei einer Teepause oder einem gemeinsamen Essen über die Eindrücke in *Preobrashenije*, den Glauben und das Leben aus. Und heute berichtete ich ihnen von der besonderen Begegnung im Flieger.

»Und was ist dann passiert? Also, wann und wie habt ihr euch verabschiedet? In Karaganda?«, fragt Lydia weiter. In ihrer Hand flattert die zerknitterte Serviette wie ein Vogel, der versucht abzuheben, während er festgehalten wird.

»Nein, sie ist bei unserem Zwischenstopp in Russland ausgestiegen. Sie meinte ja, sie sei Kinderärztin dort. Wir haben uns verabschiedet und sie hat mir einen Zettel mit ihrer Telefonnummer gegeben.«

»›Sie meinte‹«, bemerkt Albert. »Das klingt so, als würdest du ihr das nicht so ganz glauben.«

Ertappt tausche ich einen Blick mit Waldi aus. Wir verstehen uns: So ganz verstehen wir es nicht. »Ehrlich gesagt weiß ich nicht so genau, was oder wie viel ich da glauben darf«, gestehe ich zögernd. Die Gegenübersitzenden heben fragend die Brauen.

Lydia setzt an, da füge ich erklärend noch hinzu: »Ich denke nicht, dass sie mich angelogen hat, aber … Es war alles so besonders und auch merkwürdig, zu gut passend. Ich habe mir in letzter Zeit so sehr eine Frau gewünscht, die in genau dieser Art und Weise mit mir umgeht und spricht, wie sie es getan hat. Sie hat sogar weit mehr als das getan. Und dann heißt sie auch noch wie meine Mutter, ist etwa so alt, wie sie heute wäre …«

Nun schauen sich Lydia und Albert vielsagend an. Der dunkelhaarige Mann lehnt sich vor und schiebt seine Teetasse mit dem Ellenbogen ein Stück zur Seite, um sich abzustützen. »Was denkst … oder was glaubst du denn?«

Ich atme seufzend aus. Wenn ich das so genau wüsste. Also formuliere ich es als Frage: »Meint ihr, man kann Engeln als Menschen begegnen? Also als einer Person wie … einer Mutter?«

Waldi hebt interessiert den Kopf und beobachtet den Blickwechsel zwischen dem Ehepaar. Lydia zupft an ihrer Serviette und Albert zuckt mit den Schultern, doch beide schauen aufgeschlossen und fast schon geheimnisvoll drein.

»Warum nicht?«, antwortet Albert schließlich mit einer Gegenfrage.

Ich lächle etwas. Die Bestätigung tut gut. Auch wenn es nur die Bestätigung einer unbewiesenen Vorstellung ist. Da sie von diesen zwei Menschen kommt, die von Jesus begeistert und zugleich sehr bedacht im Glauben unterwegs sind, fällt es für mich ins Gewicht.

Auch Lydia lächelt: »Hast du mit dem Engel denn noch mal telefoniert?«

Mein Grinsen wird durch ihre Formulierung breiter, doch ich schüttle den Kopf. »Nein, ich weiß gar nicht, wo der Zettel hingekommen ist. Vielleicht habe ich ihn unterwegs verloren. Aber ich würde die Nummer wahrscheinlich eh nicht wählen. Ich glaube … es ist einfach okay – so wie es war, das eine Mal. Ich möchte es so in Erinnerung behalten.«

Die Versammelten um die gemusterte Tischdecke nicken verstehend. Sogar der zerzauste Serviettenvogel zwischen Lydias Fingern wippt zustimmend.

Jene spezielle Begegnung mit einer »unerwarteten Mutter« kam genau richtig. Nicht nur wegen dem bisher Geschehenen, sondern auch für das, was auf mich zukommt.

In den drei Monaten, die wir im Kinderheim von Saran verbringen, unternehmen Waldi und ich Ausflüge zu weiteren Orten, die ich ihm zeigen möchte. Dazu gehört natürlich die Siedlung, in der ich groß geworden bin: Juschnij.

Im Gebetshaus der Baptisten treffen wir einen Mann namens Sergej, der meine Herkunftsfamilie kennt. Er kann uns einiges erzählen, woran ich mich nicht mehr erinnere, was ich nicht realisiert habe, und auch davon, was mittlerweile geschehen ist. Ich solle auf keinen Fall den Kontakt zu Evgenij suchen, warnt mich Sergej. Mein Halbbruder sei kriminell geworden und unberechenbar. Wer weiß, was er tun würde, wenn er seiner verhassten Halbschwester aus dem reichen Deutschland begegnen würde. Der Mitarbeiter des *Dom Molitvy* weiß auch über die Umzüge meiner Familie Bescheid. Kurzerhand begleitet er Waldemar und mich in das Viertel, in welchem ich den Großteil meiner Kindheit verbracht habe. Sergej führt uns durch die Gassen und Häuser, sogar mein früheres Zuhause können wir besichtigen. Die Wohnung, in der ich nachts Zuflucht suchte und der ich tagsüber die Straße vorzog.

Sie ist noch mehr heruntergekommen, alle Möbel wurden geplündert, dafür haben sich Kälte und Gestank eingemietet. Trotz der langen Abwesenheit kenne ich mich blind aus – duster war es in den Räumen schon immer. Zuerst zeige ich Waldi das Schlafzimmer meiner Mutter, in dem sie ihre letzten Tage verbrachte, mit Beulen in der Brust und schimmelnden Beinen. Dann das Wohnzimmer und darin die Ecke, in die ich mich zum Schlafen verkroch. Die Küche, in der mehr getrunken als gegessen wurde. Das Bad, wo mich mein Halbbruder wegen einer Packung Zigaretten umbringen wollte. Zuletzt öffne ich die Tür der zweckentfremdeten Abstellkammer direkt neben der Haustür.

»Hier hat meine Mutter die Hunde geschlachtet.«

Mit großen Augen schaut mich mein Mann an.

»Die Straßenhunde. Ich hatte dir ja erzählt, dass wir das Fleisch von Straßenhunden gegessen haben, weil alles Geld für Alkohol draufging.«

Waldi nickt und schaut sich scheu um.

»Ich weiß nicht, ob Evgenij sie alle mit einem Stock erschlagen hat oder wie wir sie bekamen. Aber hier drin hat meine Mutter die Hunde geschlachtet und das Fleisch aufbewahrt. Ich war nie in diesem Raum«, beende ich meine Erzählung und schließe die Tür nach Verlassen der Kammer hinter uns.

Bei einer weiteren Tour nach Juschnij vermitteln uns Leute aus dem Gebetshaus einen Besuch bei der zweite Ex-Frau meines Vaters. Sonderlich viel kann sie mir nicht vom Verbleib meiner Familie berichten. Und von dem, was sie weiß, will sie kaum erzählen.

Lange druckst die Frau herum, bis sie schließlich schildert, wie meine Mama mich losschickte, um Zigarettenstummel zu sammeln oder zu betteln. Sie wolle kein schlechtes Bild auf meine Mutter werfen, die ihr eigenes Kind für ihre Süchte ausnutzte.

Doch ich sauge alles Erzählte gespannt auf. Keiner der Berichte macht das Bild meiner Kindheit schlechter oder besser, sondern nur detailreicher. Es malt leere Flächen aus und ergänzt Farben, die in meiner Erinnerung bereits verblasst sind oder schon immer weiß waren. Was geschehen ist, ist ohnehin geschehen. Es hat mich bereits geprägt und gerade diese Prägung hat wahrscheinlich dazu geführt, dass man mir so ziemlich alles erzählen kann. Meine Reaktion darauf lautet im Normalfall: Ach echt? Das ist ja interessant.

Zurück im *Dom Molitvy* machen Waldemar und ich einen Rundgang, um das Gebäude zu besichtigen. Vieles von der Einrichtung hat sich verändert, doch die Mitarbeitenden sind ihrer wertvollen Arbeit für die Armen in dieser Stadt treu geblieben. Zum Teil sind es sogar noch dieselben Personen wie in meiner Kindheit. Eine Frau kannte mich als Fünfjährige. Ein Weilchen unterhalten wir uns und kommen schließlich auf meine Großmutter zu sprechen.

Irgendwann fragt mich die Dame mit dem grauen Haar unterm Kopftuch: »Ja, wo wohnt denn deine Oma?«

Es ist keine Frage, sondern eine Idee. Fürsorglich fasst sie mich an der Hand, wie einst die fünfjährige Natascha, und führt mich zum Ausgang des Gebetshauses. Ohne mich loszulassen, begleitet sie mich den Weg bis zum Haus meiner Großmutter.

Ich habe bereits erfahren, dass Babuschka mittlerweile verstorben ist. Doch ich möchte noch einmal in ihr Haus und es auch Waldi zeigen. Den verwahrlosten Zimmern sind fast alle der schon zuvor spärlichen Wohnutensilien abhandengekommen. Stattdessen liegt auf dem Boden eine Vielzahl an weiteren leeren Flaschen, Kippen und stinkenden Flecken. Meine frühere »Asylunterkunft« ist nun ein Unterschlupf für obdachlose Alkoholiker.

Unsere letzte Station in Juschnij liegt außerhalb der Ortschaft. Zusammen mit Sergej und einem weiteren Mitarbeiter fahren wir zum Friedhof und suchen Mama. Lange laufen wir die Wege zwischen den hellblauen Geländern ab, welche die einzelnen Familiengräber umzäunen. Keine der dichten Listen auf den aufgerichteten Steintafeln nennt den Namen meiner Mutter oder meiner Familie. Nach einer Stunde geben wir schließlich auf. Waldi hat nun einen Eindruck von dem Ort meiner Feiertagsplünderungen und die Wahrscheinlichkeit, doch noch die Ruhestätte meiner Mutter zu finden, ist recht gering. Sergej äußert, was ich bereits ahne: Vermutlich wurde sie in einem Massengrab bestattet. Kein Geld – kein persönliches Begräbnis.

Vielleicht war es daher sogar gut, dass ich als Kind nicht an der Bestattung teilnehmen konnte. Aber vielleicht hätte es für mich auch keinen Unterschied gemacht. Für Mama machte es den sicher nicht mehr. Und mir ist heute wichtiger, wo sich der Teil von ihr befindet, der nicht an ihren Körper gebunden ist. Die Leute aus dem *Dom Molitvy* erzählten, meine Mutter habe sich auf dem Sterbebett noch Gott anvertraut. Wenn das stimmt, dann ist sie gut aufgehoben.

Jedenfalls wissen Engel von ihr.

Die meiste Zeit unseres Aufenthalts in Kasachstan verbringen wir im *Preobrashenije.* Waldi vor allem auf der Treppe. Als geschickter Heimhandwerker und tatkräftiger Macher nimmt er sich mit viel Pflichtbewusstsein und Fleiß der ausgetretenen Stufen des Kinderheims an. Tag für Tag setzt er den Treppenaufgang instand und kommt zunehmend schneller voran. Besonders, seit er die ständigen Teepausen freundlich, aber bestimmt ablehnt. Denn in diesem Land liefert Teetrinken überaus oft einen guten Grund für Unterbrechungen.

»Wenn ich nach dem Essen anfangen möchte zu arbeiten, gibt es gleich wieder Tee. Kaum erreiche ich danach das Treppenhaus, ruft wieder jemand zum Tee! Ständig Tee, den ganzen Tag! Wenn es nach den Pausenzeiten ginge, würde ich öfter in der Tasse rühren als im Spachteleimer«, protestiert der deutsche Schaffer kopfschüttelnd.

Es gibt eine Menge, worüber mein Ehemann den Kopf schüttelt. Doch er bleibt offen für die Eindrücke und lässt sich beobachtend auf die Kultur ein, die mich geprägt hat. Tapfer schlägt er sich ohne Sprachkenntnisse durch, mit Händen und Füßen kommunizierend bei den Kindern, den Mitarbeitern und sogar in der Stadt. Ich packe indes überall mit an, wo Unterstützung gebraucht wird, und nehme mir Zeit, wenn Kinder Nähe suchen. Von Besuchen dieser Art habe ich damals selbst so sehr profitiert.

Besonders schön und zugleich erschütternd sind die Einladungen von ehemaligen Heimbewohnerinnen, die mit mir zusammen hier aufwuchsen, aber nicht adoptiert wurden. Die meisten sind jünger als ich, doch wir kannten einander und bei meinem Gastaufenthalt vor drei Jahren habe ich sie wiedererkannt. Nun müssen wir uns neu kennenlernen, ohne dass wir uns je wirklich vertraut sein werden. Dafür sind unsere Lebenswelten zu fremd. Viele der Ehemaligen landeten nach Verlassen des Heims in ihren alten Verhältnissen. Diejenigen, die nun als Erwachsene in der Einrichtung mitarbeiten, haben sich für ein Leben mit Jesus und der Gemeinde entschieden. Davon abgesehen trennen himmelweite Unterschiede unsere Alltage. In dürftig eingerichteten Wohnungen leben die Hausfrauen mit ihren Familien auf engstem Raum und sind massiv abhängig von ihren Ehemännern.

»Die Männer übernehmen keine Verantwortung«, stellt Waldi trocken fest. »Wo sind die Männer bei der Erziehung, in der Gemeinde, zu Hause? Viele gehen noch nicht mal arbeiten. So viele hängen auf der Straße herum, die meisten betrunken. Sie fehlen in der Familie, in der Gesellschaft, überall.« Je mehr sich mein Mann darüber aufregt, desto mehr schätze ich ihn. Er übernimmt Verantwortung, wo er kann, manchmal eher an zu vielen Stellen.

Meine ehemaligen Spielkameradinnen sind mit ganz anderen Perspektiven konfrontiert, als sie sich in Deutschland bieten: Mit achtzehn müssen sie das versorgende Kinderheim verlassen und sind auf einen Versorger angewiesen, der ihnen Halt verspricht, allerdings mehr durch den Familienstand als durch seinen Einsatz. Egal, welche Einstellung der Ehemann vertritt und »was er taugt« – verheiratet muss frau sein. Hauptsache, Mann und Kinder.

»Du hast noch keine Kinder?!«, reagieren die Frauen entsetzt, wenn wir über unsere Familien ins Gespräch kommen und ich nach meinem Nachwuchs gefragt werde. Dann erkläre ich, dass in Deutschland die Paare meist später Kinder bekommen. Gewollt. Dass Letzteres bei Waldi und mir nicht der Fall ist, behalte ich dabei aber für mich. Hoffentlich ist es ja nur eine Frage der Zeit. Bisher gelingt es nicht, meine unregelmäßige und häufig lange ausbleibende Menstruation zu regulieren, aber vielleicht kommen die Ärzte ja bald den Ursachen endlich auf die Spur …

Doch stattdessen bekomme ich im *Preobrashenije* plötzlich meine Periode. Innerhalb von drei Monaten eigentlich ganz normal. Doch nachdem mein Zyklus schon seit Langem auf sich warten ließ, folgt nun eine Woche nach der anderen. Nach der fünften Woche mit Blutungen suche ich das Gespräch mit der Ärztin im Heim. Es ist noch immer Tatjana. Die erste Ärztin, die ich in meinem Leben getroffen habe, spielt in der Gegenwart wieder eine tragende Rolle. Auf meine Schilderung hin leitet sie die entscheidenden Untersuchungen in die Wege.

»Natascha«, ihre Stimme klingt ernst, als sie den Laborbefund auf den Schreibtisch legt. »Die Ärzte in Karaganda haben die Werte der eingesendeten Proben geprüft und die Ursache für deine Beschwerden feststellen können.«

Kurz kann ich nicht glauben, was ich höre. Ist mein Russisch nicht gut genug? Habe ich was falsch verstanden? Seit Jahren plage ich mich mit einem völlig chaotischen Zyklus herum, mit unergründlichen Schmerzen im ganzen Körper und einem endlosen Ärzte-Marathon, ohne dass einer von ihnen zu einem Ergebnis gekommen ist. Und nun haben Mediziner in Kasachstan die Ursache herausgefunden?!

So ernst die Ärztin meines Vertrauens auch dreinschaut, stimmt mich diese Ankündigung unaufhaltsam euphorisch. Diese Tatsache ist an sich schon ein Wunder! Gespannt tippe ich mit meinen Halbschuhen auf den lackierten Boden und rutsche vor an die Stuhlkante.

Tatjana atmet ein und seufzt leise, bevor sie die Diagnose verlauten lässt: »Du hast das Polyzystische Ovar-Syndrom. Frauen mit PCOS leiden meist an unregelmäßigen Menstruationszyklen, so wie du. Manche haben dadurch eine männliche Köperbehaarung oder eine sehr tiefe Stimme. Was genau die Ursachen für die Krankheit sind, weiß die Medizin nicht genau. Es besteht auch ein erhöhtes Risiko für weitere Erkrankungen wie Herz-Kreislauf-Störungen oder psychische Erkrankungen. Und ... wegen der Zyklusstörung sind viele der Betroffenen unfruchtbar.«

Sie macht eine Pause. Aus unseren Gesprächen weiß sie, dass uns als Ehepaar der unerfüllte Kinderwunsch seit Jahren beschäftigt. Ich schweige und lasse es sacken. Sonderbarerweise bin ich nicht schockiert. Dass es nicht klappt, wusste ich ja bereits. Ebenso, dass mit meinem Körper etwas nicht stimmt. Nur was, war noch nicht klar. Den Grund zu wissen, ist hilfreich und ernüchternd zugleich.

»Aber es ist behandelbar, Natascha«, die feste Stimme von Tatjana tut gut. Die Russin betreibt kein Wunden-Tätscheln, dafür sind die Mediziner hier zu sachlich. Sie würde auch nicht versuchen, mich mit leeren Versprechungen aufzumuntern, dafür ist sie zu vertrauenswürdig. »Es lässt sich viel durch Nahrungsumstellung und Tabletten beeinflussen. Die Medikamente können dazu führen, dass du trotzdem Kinder bekommen kannst.« Ermutigend nickt mir die Ärztin zu und ich nicke zurück.

Die Diagnose ist kein Tiefschlag. Durch das Wissen, was überhaupt los ist, kann ich zum Aufschlag in die nächste Runde übergehen. Es geht weiter.

Erst einmal zurück nach Deutschland. Der Befund reiht sich in all die vielen bereichernden Erkenntnisse und Erfahrungen ein, die Waldi und ich gemeinsam sammeln konnten. Mit ihnen im Gepäck kehren wir nach Teichern zurück. Beim Auspacken mischen manche der Eindrücke unseren Alltag allerdings ordentlich auf …

2012, Teichern

»Sie verstehen uns einfach nicht«, verkünde ich, kurz nachdem die Haustür im Erdgeschoss zugefallen ist und ich am oberen Treppenende unsere Wohnungstür schließe. Enttäuscht stapfe ich durch den Flur zurück ins Wohnzimmer, wo Waldemar nachdenklich noch immer auf dem Sofa sitzt.

»Sie verstehen nicht, was wir eigentlich meinen, oder?« Meine Frage richtet sich an meinen Ehemann und den Rest dieses komplizierten Universums. Einen Moment lang verharre ich, die Hände in die Hüfte gestemmt, im Türrahmen. Auf der Schwelle zwischen zwei Räumen, auf der Schwelle der Entscheidung zwischen Bleiben und Aufbruch.

Waldi hebt das Kinn von den aneinandergepressten Fäusten, die seinen schwer arbeitenden Kopf gestützt haben. Mit einem unterdrückten Seufzer löst er die Ellenbogen von den Knien, um sich stattdessen mit den Unterarmen auf die Oberschenkel zu lehnen. Er schüttelt langsam den Kopf: »Ich glaube, nicht. Aber ich kann sie verstehen … Ich meine, ich habe lange Zeit genauso gedacht wie sie. Und dass ich es nun anders sehe, hat eine ganze Weile gebraucht.«

»Aber fehlt ihnen denn nichts?« Ich nehme neben ihm auf dem Sofa Platz und werfe mich in die gepolsterte Rückenlehne. Wehmut mischt sich in meine Aufgebrachtheit. »Und auf der anderen Seite: Warum ist es ihnen nicht zu viel? All die vielen Regeln und Ordnungen. Wenn sie für mich zumindest nachvollziehbar wären ... Aber Jesus macht doch frei.«

»Ich weiß«, murmelt der Mann neben mir, die Kante unseres Wohnzimmertisches mit seinen braunen Augen fixierend.

»Auf all unsere Fragen haben sie mit internen Gemeindeargumenten geantwortet. Dass eine Gemeinde, wie jede Familie, ihre eigenen Hausordnungen hat und unsere hat eben diese. Das verstehe ich auch irgendwie, aber ... es ist ... Ach!«, stoße ich frustriert aus.

»Ich weiß«, wiederholt Waldi bedrückt.

Auch der dritte Versuch, in Gesprächen mit den leitenden Ältesten und anderen Gemeindemitgliedern unsere Anliegen zu klären, war gescheitert. So viel Herz ich für die Gemeinde auch habe – es geht langsam ein. Nach der Hochzeit mehrten sich bei mir die Fragen, wie ich und wir als Ehepaar unseren Glauben leben wollen und was eine lebendige Gemeinde ausmacht. Die Auseinandersetzung mit den Prinzipien unserer Gemeinde arbeitete intensiv in mir.

Während wir uns vielseitig in der Gemeinschaft einbringen und gerne in die Menschen investieren, trockne ich andererseits geistlich aus. Mir fehlt lebendiges Wasser. Es fühlt sich so an, als sei ich von hohen Mauern umgeben, die wie Dämme den Strom des Lebens von mir abhalten. Doch dahinter höre ich es rauschen. Immer wieder koste ich von durchsickernden Bächen, wenn ich mich allein mit der Bibel und dem Charakter von Jesus beschäftige.

Mit der Zeit hörte Waldi nicht nur meinem Hinterfragen und Suchen zu, sondern lauschte selbst dem Rauschen jenseits der Dämme. Unser Aufenthalt in Kasachstan beeinflusste den Prozess entscheidend. Im Heim und in der Baptistengemeinde erlebte er zum ersten Mal, wie christliche Gemeinschaft und Glauben auch anders gestaltet werden können. Von Geburt an stellte die Gemeinde in Teichern Waldis Lebenszentrum dar. Die drei Monate in Kasachstan durchbrachen mit einem Mal den bisher gekannten Rahmen. Er lernte Missionare und Kurzzeitmitarbeitende kennen, die alle Christen und doch so unterschiedlich waren. Es zeigte ihm, wie vielfältig Glaube gelebt werden kann – und darf!

Waldi kostete von dem sprudelnden Wasser und seither wollen wir zusammen dem Rauschen hinter den Mauern folgen. Natürlich fiel es Waldemar nicht leicht, seine Heimatgemeinde zu hinterfragen. Wir rangen gemeinsam mit den Fragen und dem, was wir anders sehen, beteten und suchten das Gespräch. Aus ihrer Sicht bietet uns die Gemeindeleitung ein festes Fundament an. Doch wir nehmen mittlerweile vor allem Mauern wahr. Dadurch fehlt die Grundlage, etwas gemeinsam aufbauen und sich gegenseitig erbauen zu können. Die jeweiligen Vorstellungen davon, wie Gott sich die Gemeinschaft seiner Kinder vorstellt, driften zu weit auseinander.

»Ich brauche Platz zum Atmen«, hauche ich aus, als habe mir das heutige Gespräch die letzte Luft geraubt. »Ich will mehr Jesus und weniger Gesetzlichkeit.«

»Ich weiß«, endlich sieht mich der grübelnde Mann an und fasst meine Hand. »Ich auch.«

Nachdem es alle Zahnräder im Denkgetriebe durchlaufen hat, kommt dieses Ergebnis mit einer tiefen Entschlossenheit aus ihm heraus.

»Das heißt …«, ich traue mich nicht, es zu sagen, jetzt, da es so endgültig scheint. Wir hatten uns für den Fall, dass die Gespräche erfolglos verlaufen, auf diesen nächsten Schritt festgelegt.

»Es wird einiges verändern«, überlegt nochmals der Bedachtere von uns beiden laut.

Ich nicke und der Gedanke versetzt mir einen Stich ins Herz. Als wir meiner Familie ankündigten, dass sich ein möglicher Abschied aus der Gemeinde anbahne, war sie bestürzt. Mama und Papa meinten, dass das etwas zwischen uns verändern würde. Für mich als Beziehungsmensch klingt das wie eine Androhung. Aber sie haben natürlich recht. Wie könnte sich nichts ändern, wenn Waldi und ich die Gemeinschaft verlassen, der sich meine Eltern mit ganzem Herzen verschrieben haben? Eine gewisse Distanz ist da vorprogrammiert.

Aber gerade als Beziehungsmensch ertrage ich die Distanz nicht mehr, die ich zwischen mir und meinen Mitmenschen empfinde. Schon bei banalen Alltagsbegegnungen mit Leuten auf der Straße, früher in der Schule und nun auf der Arbeit, zieht das vorgeschriebene Erscheinungsbild einen Graben. Beim Praktikum wirkte ich fremdartig und im Blumenladen befindet sich immerzu eine Kluft zwischen mir und den Kollegen oder den Kunden. Sie sprechen es nicht aus, aber ich lese in ihren Gesichtern, was die Bewohner von Teichern über uns denken: *Sie gehört zu dieser seltsamen religiösen Gruppe.*

Wie soll ich so jemals mit jemandem aus meinem Umfeld über Jesus sprechen können? Sollte Gemeinde nicht vielmehr ein Ort sein, wohin ich gerne Mitmenschen einlade und sie sich gerne einladen lassen? Wieso darf ich mich nicht so geben, dass mein Leben Interesse am Glauben weckt, anstatt abzugrenzen? Nein, um der Harmonie willen kann ich nicht einfach weitermachen wie gehabt.

Mein Nicken geht in ein Kopfschütteln über: »Aber nicht unbedingt alles zum Schlechteren …«

Die braunen Augen schauen gedankenschwer durch mich hindurch. Ich lasse meinem Mann die Zeit, die er braucht. Das haben mir die zwei Jahre Ehe mit viel Gelegenheit zur Kommunikationsverbesserung beigebracht. Nach einer Weile wird sein Blick wieder anwesend – klar und fest. »Wir haben Gott anfangs gesagt, dass wir aus der Gemeinde gehen, wenn sich bestimmte Sachen nicht lösen. Sie haben sich nicht gelöst. Also werden wir gehen und Jesus muss das Weitere lösen.«

Ich halte die Luft an, bis ich es nicht länger aushalte und sie mit dem Schwung der abfallenden Last herausströmt.

»Lass uns beten«, schlägt Waldi vor und legt seine Finger zwischen meine. Er schließt die Augen, ich betrachte ihn weiter. Eine besondere Art von Glück und Frieden strömt dabei über jene Mauerkanten zu mir hinab und durchflutet mich.

Danke, Gott, dass ich nicht alleine gehen muss! Dass ich den besten Mann der Welt an meiner Seite habe. Und dich – in mir, neben mir, über mir, hinter mir. Vor mir. Ich bin so gespannt, wohin du uns führen wirst.

Ergriffen beobachte ich Waldis Gesichtszüge, während er mit unserem besten Freund und dem König unseres Lebens spricht. Ich liebe es, wie er »Jesus« betont, ich liebe es, dass wir zusammen beten können. Als mein Mann mit »Amen« sein Gebet abschließt, schließe ich die Augen und knüpfe mit meinen Worten an. Gegen Ende drücke ich die Hand meines Partners fester. Die folgenden Sätze habe ich schon oft gedacht und gesagt, aber nun spreche ich sie ganz bewusst über unseren gemeinsamen Gemeinde-Weg und alles, was uns erwartet, aus: »Ich will dich erleben, Jesus. So, wie du wirklich bist! Nicht nur von dir lesen, sondern mehr von dir erwarten. Dich herausfordern, dass du mich herausforderst. Zeig dich uns. Zeig uns, dass du da bist, dass du alles kannst, dass du Wunder tun kannst.«

Und der Wundermacher nimmt die Herausforderung an.

8

WAS KOSTET ein Leben?

Juli 2015, Teichern

Etwas in Seforas Gesichtsausdruck lässt mich innehalten. Ich stoppe mitten im eiligen Lauf Richtung Foyer. Aufgeregt winkt sie und bedeutet mir, zu ihr an den Bühnenrand zu kommen. Zwei Frauen stehen bei ihr vor den Stufen des Podests. Die ältere der beiden scheint zu weinen. Das und Seforas Strahlen im Kontrast dazu entfachen meine Neugier.

Sofort biege ich ab, um mir einen Weg durch die Stuhlreihen des Gemeindesaals zu bahnen, vorbei an den beisammenstehenden Gesprächsgruppen, die sich nach dem Konzert gebildet haben. Bei den drei Frauen angelangt, fasst mich Sefora am Arm und zieht mich in den kleinen Kreis.

»Natalie, das musst du dir unbedingt anhören!«, verkündet die Sängerin mir beschwingt. Ihre zum Kleid perfekt abgestimmten Hängeohrringe schaukeln lebhaft hin und her.

Die zwei Frauen betrachten mich durch einen Tränenschleier. Dem Alter nach könnten es Mutter und Tochter sein. Mehrfach schnäuzt sich die Ältere in ein Taschentuch, die Jüngere versucht, die Tränen wegzublinzeln. Ich warte gespannt. Sefora nickt den beiden Konzertbesucherinnen aufmunternd zu. Es scheint, als könne die Künstlerin im farbenfrohen Kleid nicht mehr lange an sich halten, bis sie mit den Neuigkeiten herausplatzt.

Die etwa Fünfzigjährige räuspert sich und tupft sich die Tränen ab. Schwimmendes Blau betrachtet mich eingehend. »Sie haben mein Enkelkind gerettet.«

Sie schluckt einen Tränenkloß hinunter und ich versuche zu begreifen, was sie gerade gesagt hat.

»Sie alle«, ihre Hand wedelt zwischen uns beiden hin und her und dann in Richtung Gemeinderaum. »Ohne sie würde mein Enkel nicht leben.«

Und dann erzählt sie zwischen Schluchzen und Lächeln die wundervolle Geschichte.

Ihre Worte führen meine Erinnerung zurück zu den Geschehnissen der letzten Monate. Beeindruckt beginne ich zu ahnen, wie weit im Voraus bereits alles zusammengeführt wurde.

2012, Teichern

Sehr geehrte Frau Schröder,

danke für die Einreichung des Exposés Ihrer Lebensgeschichte. [...]

Wenngleich das Manuskript viele interessante Lebensetappen und Themenaspekte beinhaltet, stellt es nicht ausreichend Inhalt für ein Buch bereit. Die Spannung ließe sich nur über einige Seiten halten und die Erwartungen unserer Zielgruppe wären nicht hinreichend abgedeckt.

Ein Anflug von Enttäuschung unterbricht mich im Lesen der Antwortmail. Ich finde mein Leben sehr spannend! Ein Auf und Ab, doch konstant getragen – von Wundervollem und Wundersamem. Das müsste doch das Interesse eines christlichen Verlages wecken und die Leserschaft packen!

Drei mit meiner Story beschriebene Seiten hatte ich eingereicht. Die Eindrücke des zweiten Kasachstan-Besuchs hatten erneut eine Menge in mir ausgelöst, allem voran Staunen und Dankbarkeit. Ich erkannte so viel Gutes, das ich nicht verdient habe, nicht verdienen kann – und auch nicht muss. Das habe ich mittlerweile verstanden. Aber ich kann und darf davon weitergeben. Von der Hoffnung, den zweiten Chancen und meinen Erfahrungen mit dem, der all das in mein Leben brachte, vom Wundermacher Jesus. Also hatte ich drauflosgeschrieben und die Seiten abgeschickt. Mit dem Gebet, dass ich Gott den weiteren Prozess anvertraute.

Doch nun ist die Enttäuschung groß. Ich atme tief ein, um mich zu erden. Da höre ich in meinem Inneren eine vertraute, himmlische Stimme: *Du hast mir deine Story hingelegt, vertrau mir.* Beim Ausatmen nicke ich zustimmend und bin wieder gefasst. Genauso ist es. Es liegt in Gottes Hand, ob meine Lebensgeschichte veröffentlicht wird.

Er weiß auch, warum nun nichts daraus wird … oder warum zumindest kein Buch.

Doch wir möchten Sie ermutigen, das Dokument an die Redaktion von »Lydia« weiterzuleiten. Länge und Inhalt Ihres Manuskripts könnten deren Voraussetzungen entsprechen, um einen Artikel in der Zeitschrift zu veröffentlichen.

Wir wünschen Ihnen weiterhin viel Gelingen und Gottes Segen auf Ihrem Weg!

Mit freundlichen Grüßen …

Augenblicklich gerät meine innere Antriebsfeder wieder in Schwung. Der frisch erwachte Elan katapultiert mich beinahe aus dem Schreibtischstuhl in den Bildschirm, auf dem ich umgehend nach der Zeitschrift recherchiere und den Kontakt zur Redaktion suche.

Dann eben im Kleinen. Vielleicht ja nur vorerst. Schließlich führt ein großer Gott die Feder bei meiner Geschichte.

Mai 2014, Teichern

Aufgeregt rutsche ich auf der Sitzfläche desselben Bürostuhls hin und her, während ich mit Tippen und Klicken denselben Bildschirm bearbeite, an dem vor zwei Jahren etwas ins Rollen kam, das gerade unbegreifliche Ausmaße annimmt.

Der grüne Kreis um das Facebook-Profil signalisiert leuchtend, dass mein Chat-Kontakt noch immer online ist, und die drei abwechselnd wabernden Punkte kündigen die nächste Antwort an. Rasch überfliege ich nochmals den Inhalt meiner zuvor gesendeten Nachricht. Darin steht in kompakter Fassung meine Vision und wie sie entstand.

Die christliche Frauenzeitschrift *Lydia* hatte die Kurzversion meiner Lebensgeschichte tatsächlich als Artikel veröffentlich und ich erhielt dafür sogar eine Gage von hundertfünfzig Euro. Mir war klar, dass ich dieses Geld Gott zur Verfügung stellen wollte. Aber wofür konkret?

Für Frauen. Die Antwort legte sich augenblicklich auf mein Herz. *Geht es noch etwas konkreter, Gott?*

In der Chatnachricht habe ich die Diskussion mit Waldemar ausgespart. Er hatte vorgeschlagen, das Geld in die laufende Renovierung der Gemeinde im Nachbarort zu investieren, die wir nach unserem Austritt aus der Gemeinde für uns entdeckt haben und seither besuchen. Die ebenfalls russlanddeutsche Gemeinschaft pflegt auch ihre Ordnungen, doch vieles wird um einiges lockerer gehandhabt und wir fühlten uns schnell wohl. Doch auch wenn ich meine neue Gemeinde sehr mag und mich gerne einbringe, die hundertfünfzig Euro sollen nicht in der Baustelle versickern.

»Auf keinen Fall«, entgegnete ich entschieden. »Das Geld landet nicht in irgendwelchen Steckdosen.« Aber wo dann?

Mit einem Mal begeisterte mich die Idee von einem Event von Frauen für Frauen: ein kleines Wohnzimmerkonzert, bei dem eine

Freundin von mir singen würde, und die Gage von *Lydia* würde die Unkosten decken. Zusätzlich könnten bei der Veranstaltung Spenden gesammelt werden für ein Projekt für Frauen in Indien. So spann ich den Traum weiter, häufte Ideen, trieb mich auf Pinterest herum, auf Facebook ... und plötzlich entrollte sich mit einer Impulsentscheidung ein roter Teppich hin zu einem ganz anderen Level.

Seit ich ihre Musik für mich entdeckt habe, folge ich ihr als »Freundin« auf dem sozialen Netzwerk. Als die Plattform plötzlich anzeigte, dass die Sängerin Sefora Nelson gerade auch online war, wagte ich es einfach. In ein paar wenigen Zeilen umriss ich meine Idee von einem Konzert für Frauen inklusive Spendenprojekt und drückte auf Enter. Und Sefora antwortete!

Das ist eine wundervolle Idee. Erzähl mir mehr davon.

Ungläubig lese ich aufs Neue die Worte in der dunklen Chatblase, während der Kontakt weitertippt. Dazwischen stehen in meinem Nachrichtenfeld die Hintergrundstory und ein paar Überlegungen zur Veranstaltung. Nicht sehr viel, denn das meiste ist noch nicht sonderlich ausgereift. Es war ja auch nicht als große Sache angedacht. Das ändert sich mit einem Schlag durch die endlich aufploppende Antwort: *Ich habe gerade in meinem Kalender nachgeschaut. An diesem Datum steht noch kein Termin drin – lass uns das Konzert angehen!*

Mit nur einer Drehung ist der Schneeball, der losgetreten wurde, zu einer Lawine angewachsen. Ab jetzt lässt sich ihr Rollen nicht mehr aufhalten.

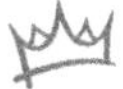

In den darauffolgenden Wochen laufen Tastatur und Telefon heiß. Meine Leidenschaft fürs Event-Management entbrennt auf sämtlichen Kanälen. Freundinnen und Gemeindemitglieder werden rekrutiert und verschiedene Plattformen mit Werbung plakatiert.

Nach kurzer Zeit ist ein Gemeindesaal gefunden, in dem das Konzert stattfinden kann. Tickets werden gedruckt und sind schon nach kurzer Zeit nahezu ausverkauft. In Erinnerung an die hundertfünfzig Euro nehme ich Kontakt zur Zeitschrift *Lydia* auf. Und tatsächlich: Die Redaktion will mit einem Stand kommen! Ich frage für die Spendenaktion bei dem Hilfsprojekt nach Material an. Es stellt sich heraus, dass der Kontaktmissionar aus Indien sich momentan in Deutschland aufhält – und gerne persönlich an der Veranstaltung teilnehmen wird!

Während sich mehr und mehr zusammenfügt, kristallisiert sich ein Motto für den Abend heraus: *Das Leben ist wertvoll.*

Mir scheint es daher naheliegend, eine Organisation miteinzubeziehen, die Informationen und Hilfsangebote anbietet, um Abtreibungen entgegenzuwirken. Auf unsere Anfrage hin erhalten wir reichlich Informationsmaterial, Flyer und kleine Figürchen, die Embryos in der zehnten Woche darstellen.

Wahrscheinlich liegt es für mich unmittelbar auf der Hand, da Waldi und mich das Thema Kinderwunsch in letzter Zeit wieder verstärkt beschäftigt. Der Diagnose in Kasachstan folgte die Prognose der deutschen Ärzte, dass ich vorerst und womöglich nie eigene Kinder bekommen könne. Dadurch rückte eine Überlegung in den Vordergrund, die wir bereits früher einmal angedacht hatten. Nach erneutem Abwägen entschieden wir uns schließlich dazu, uns für ein Pflegekind zu bewerben. Es folgten viele Fragebögen, die erst uns als geeignet prüften, dann viele weitere, in denen wir wiederum unsere Vorstellungen angeben sollten.

Nun warten wir auf den Bescheid, um ein kleines Mädchen aufnehmen zu dürfen. Mit meinen Erfahrungen kann ich sicherlich vieles nachvollziehen, was das Kind beschäftigen wird. Außerdem wollen wir von dem, was wir an Gutem erhalten haben, weitergeben.

Viele Eltern und alleinstehende Mütter möchten oder können nicht alleine für ihr eigenes Kind Sorge tragen. Nachdem ich mit so vielen neuen Chancen im Leben beschenkt worden bin, möchte ich mich für Chancen auf Leben einsetzen – sowohl als Pflegemutter auf ganz persönlicher Ebene als auch übergeordnet wie mit unserem Konzert, das für diese Themen sensibilisieren möchte.

Der Schneeball rollt schwungvoll in den Juli und reißt uns begeistert mit. Als Leitungsteam organisieren wir uns Saris für den nahenden Abend und überlegen weiter, womit wir noch mehr Spenden sammeln könnten. Freiwillige basteln Karten zum Verkauf. Ein Fotograf bekommt Wind von der Aktion und möchte sich beteiligen: Im Foyer wird eine Ecke für ein professionelles Fotoshooting eingeplant und der Erlös fließt vollständig in den Spendentopf. Unverhofft melden sich Leute, um ein Büfett mit vielen indischen Spezialitäten zu organisieren, und eine Frau aus der Gemeinde bietet unzählige bunte Blumen aus ihrem Garten zur Deko an.

Während ich staunend inmitten des ganzen Trubels stehe, fliegen die Wochen und Vorbereitungen an mir vorbei wie in einem Karussell.

»So frei zu sein wie ein Vogel, der leicht durch die Wolken fliegt. Er zieht unbeschwert seine Kreise. Ohne Rast und ohne Ziel.«

Ein tiefes, sanftes Beben erfasst mich. Seforas Stimme erfüllt mit den ersten Zeilen ihres nächsten Liedes *Mehr als genug* den weiten Raum. Ruhige Klavierklänge breiten sich über die gefüllten Sitzreihen aus. Davon getragen erreicht die Melodie meinen Platz und der Text mein Innerstes. Gebannt schaue ich den Fingern der Künstlerin dabei zu, wie sie über die Tasten streichen, derweil ihre Worte die Saiten meiner Seele zum Klingen bringen.

Frei und unbeschwert, doch zugleich ohne Rast und ohne Ziel. Ich bin ein Zugvogel von weit her und habe mich in einer angenehmeren Region eingenistet. Und gleichzeitig treibt mich immer etwas um.

Ich will mehr Freiheit und bin ständig auf der Suche nach einem Ziel. Nach einem Sinn für das Leben, das mir geschenkt wurde. Ich möchte Ziele für meine nächsten Schritte. Wie kann ich diesem Privileg jemals gerecht werden, diesem wertvollen Leben, um das sich die gesamte Veranstaltung dreht? Was kostet mein Leben?

Doch ich weiß, deine Gnade ist mehr als genug. Deine Gnade ist mehr, als ich brauch. Deine Gnade ist mehr als genug, jeden Morgen neu.

Das innere Beben lässt mich beinahe zittern. Die Liedzeilen zapfen bei dem lebendigen Wasser an, nach dem ich mich immerzu sehnsuchtsvoll ausstrecke. Die Berührung mit der erfrischenden Wahrheit treibt mir Tränen des Staunens und Glücks in die Augen.

Deine Gnade ist genug. Jeden Morgen neu. Es ist alles nur Gnade. Ich muss mein Leben nicht verdienen, auch nicht nachträglich. Alles Gnade. Und sie ist alles, was ich brauche. Darin ist die ganze Fülle an Freiheit. *Mehr als genug.* Der Titel des Songs beschreibt den Prozess meines Lebens: Ich bekomme nicht nur genug, sondern mehr als das. Das Erkennen dieser Fülle dehnt mein Herz fast schon schmerzhaft weit.

Ich wische mir über die Augen und lege meine Hände offen vor mich auf den Schoß. Vor dem türkisfarbenen Untergrund des Sari-Stoffes tritt die schimmernde Linie in meinen Handflächen deutlich hervor. Tränen der Freude sind das passende Getränk zu diesem Wunder-Festmahl.

Vor fünfzehn Jahren hatte ich mir einen mächtigen Freund gewünscht, einen tatkräftigen Versorger. Der meinen Hunger stillt und meine Sehnsucht sättigt. Jenen, der fünf Brote und zwei Fische zu einer mehr als satt machenden Menge vermehren kann. Ich entschied mich für Jesus, um mehr in meinem Leben zu erleben. Und wie viel mehr ist es geworden!

Der heutige Abend präsentiert quasi ein Konzentrat der unermesslichen Fülle: Die Kurzstory meines Lebens brachte hundertfünfzig Euro ein, die den Traum von einem Wohnzimmerkonzert anregten, aus dem sich ein Event entwickelte, an dem gerade 260 Frauen teilnehmen! Ungläubig schweift mein Blick über die bunt besetzten Reihen. So viel mehr, als ich zu träumen gewagt habe. Ein breites Lächeln erobert mein Gesicht und treibt mir noch mehr Freudentränen in die Augen. Anstatt dass ich gezahlt habe, hat Gott immer noch was draufgelegt. Bei der Gage wie auch bei meinem Leben.

»So ruhig, wie ein kleines Baby in den Armen der Mutter liegt. Es weiß sich geliebt und geborgen, auch wenn es nicht alles versteht«, singt Sefora.

Weder verstehen noch begreifen, nur annehmen kann ich. Das Glück und das Unverständliche. Auch die offene Frage, warum ich kein eigenes Baby bekommen kann ... Gott kennt unseren Wunsch. Als wir die Bewerbung an das Jugendamt einreichten, legten wir die Entwicklung in seine Verantwortung, damit er es richtig fügt. Ermutigt lege ich meine tränenfeuchten Hände zusammen.

Ja, ich vertraue dir. Auch wenn ich nicht alles verstehe.

Juni 2015, Teichern

Das Handy klingelt. Unbekannte Nummer. Hoffentlich ein Ticketkäufer!

Letztes Jahr sind die Karten für das Konzert mit Sefora Nelson weggegangen wie warme Semmeln – wie Brote und Fische ... Doch nun bange ich darum, ob sich wenigstens die Unkosten ausgleichen lassen. Sefora hat sich sogar bereit erklärt, auf ihre Gage zu verzichten, und trotzdem scheint es knapp zu werden. Wahrscheinlich ist ein Jahr später doch zu dicht, um für eine Veranstaltung mit derselben Sängerin zu werben. Aber nach dem großen Erfolg 2014 lag es mir im darauffolgenden Frühjahr auf dem Herzen, wieder etwas zu starten, und Sefora ließ sich sofort erneut dafür gewinnen. Vielleicht hatte ich einfach zu viel Zeit und Motivation dafür. Momentan läuft nichts Außergewöhnliches neben dem Berufsalltag, dem Eheleben und den Gemeindeaktivitäten. War es eine Fehlentscheidung?

Mittlerweile ringe ich Gott im Gebet jede einzelne Ticketbuchung ab ... Hoffend nehme ich den Anruf an. Keine Buchung, sondern das Jugendamt.

Es gibt ein Match. Ein möglicherweise passendes Kind.

Kurz darauf finden sich Waldi und ich zu dem Besprechungstermin im Büro der Sozialarbeiterin ein. Man könnte es auch »Präsentationsmeeting« bezeichnen, so wie die Beamtin für das Kind wirbt: »Ein wirklich ganz tolles Kind. Es ist erst fünf Monate alt und wurde direkt nach der Geburt einer Pflegefamilie übergangsweise in Obhut gegeben. Fast alle Angaben Ihrer Fragebögen stimmen mit der gegebenen Sachlage überein. Es passt alles in allem sehr gut und wir können uns vorstellen, dass Sie als Pflegeeltern für diesen Fall ideal geeignet sind. Es ist ein wirklich sehr tolles Kind und sehr süß.«

Erst ganz am Ende offenbart sich der Grund für ihr übereifriges Promoten. »Sie sehen, es passt alles. Allerdings ...« – die Sozialarbeiterin druckst etwas herum und schaut nochmals in ihre Mappe, als sei die Information zu komplex, um sie sich merken zu können – »... handelt es sich bei dem Kind um einen Jungen. Einen wirklich niedlichen Jungen!«

Der schwebende Wunschballon sackt einige Höhenmeter aus dem perfekten Himmel gen erdende Richtung. Mehr irritiert als enttäuscht suche ich den Blick von Waldi. Es geht ihm ähnlich wie mir. Irgendwie sehr merkwürdig. Alles super, aber eine, wenn nicht sogar die ausschlaggebende Eigenschaft weicht ab ...

»Okay«, geben wir nach einem kurzen Meinungsaustausch etwas zögerlich zur Antwort. »Wir wollen ihn auf jeden Fall kennenlernen.«

Umgehend vereinbart die Vermittlerin einen Besuchstermin. Ich weiß nicht so recht, was ich erwarte, als wir an der Tür klingeln. Jedenfalls stehe ich wenige Minuten später etwas enttäuscht vor dem Kinderbettchen. So süß finde ich das Baby nicht. Waldemars Gesichtsausdruck verrät mir denselben Eindruck. Doch ich beschließe, mich auf die Begegnung einzulassen. Wir bekommen den kleinen Lukas nacheinander auf den Arm, unterhalten uns mit den Aufnahmeeltern und vereinbaren zuletzt eine Bedenkzeit.

Auf der Rückfahrt nach Hause schweigen wir nachdenklich.

»Und? Was denkst du?«, breche ich schließlich die grübelnde Stille.

Mein Mann nutzt das Blinken, Abbiegen, Einfädeln, um noch etwas Zeit zu gewinnen. Dann reagiert er auf meinen fixierenden Blick, den er, ohne herüberzuschauen, auf sich ruhen spürt. »Ich fand ihn jetzt nicht so süß. Aber … ich habe Gott bei der Hinfahrt um drei Zeichen gebeten, um uns zu zeigen, ob er das Kind für uns bestimmt hat.«

Meine Finger umklammern das Gurtband an meinem Oberkörper, während ich mich neugierig vorlehne.

»Als ich Lukas auf den Arm genommen habe, hat er nicht geschrien, nicht gefremdelt oder Ähnliches. Das war mir sehr wichtig«, beginnt Waldi und geht weitere Begebenheiten der Begegnung durch. Alle drei seiner konkret erbetenen Voraussetzungen haben sich vollständig erfüllt. Wieder schweigen wir. Der Eindruck wächst unausweichlich an: Wieso sollten wir ein Kind nicht annehmen, nur weil es kein Mädchen ist? Vor allem, wenn uns Gott diesen Jungen schenkt?

Die Gedanken des himmlischen Vaters sind größer als unsere, also weiß er am besten, für welches Kind wir bestmöglich Mama und Papa sein können. Nämlich für Lukas.

Juli 2015, Teichern

Der Juli offenbart sich wieder einmal als besonderer Monat in unserem Leben. Nur wenige Wochen nach dem Kennenlernen und kurz nach unserer Zusage zieht Lukas am ersten Tag des Monats bei uns ein. Das Willkommensfest verbinden wir direkt mit der ohnehin geplanten Geburtstagsparty wenige Tage später. In einer gemieteten Grillhütte feiern wir mit vielen Freunden unser beider fünfundzwanzigsten Geburtstag, unseren fünften Hochzeitstag und den überraschenden Familienzuwachs.

Sein Einzug bei uns geschieht überrumpelnd schnell und fällt mitten in die finalen Vorbereitungen für das Konzert. In den vergangenen zwei Wochen haben sich die letzten Sachen gefunden und, Gott sei Dank, doch noch ausreichend Käufer für die Karten.

Darunter die zwei Frauen, die eben jetzt in diesem Konzert vor mir stehen und ihre Geschichte erzählen, die alle vorherigen Mühen wettmacht. Die frische Oma zückt ihr Handy, um uns stolz Fotos vom Enkelkind zu zeigen. Mein Kopf stößt mit Seforas Hutkrempe zusammen, als wir uns neugierig zu dem kleinen Bildschirm neigen. Neues Leben. Klein, schutzbedürftig, bewahrt.

Mutter und Tochter haben auch vor einem Jahr das Konzert mit Sefora besucht und interessiert das Infomaterial von ihren Sitzplätzen mitgenommen. Abgefüllt mit den Eindrücken rund um *Das Leben ist wertvoll* kamen sie zu Hause an. Dort erwartete sie die zweite Tochter, die ihnen mitteilte, dass sie schwanger sei und abtreiben wolle. Die beiden gaben ihr die eingesteckten Unterlagen, um sich über Hilfsangebote informieren und die Entscheidung nochmals für sich prüfen zu können. Letztlich entschied sich die Frau für das Kind.

Hundertfünfzig Euro haben sich nicht »nur« zu fünftausend Euro Spenden für das Frauenprojekt in Indien vermehrt. Der kleine

Betrag wurde außerdem in einem großartigen Plan verwendet, um den Weg für ein neues Leben zu ebnen.

Gerührt blinzeln nun auch Sefora und ich uns mit nassen Augen an. Das kam völlig unverhofft. Und damit sind die Überraschungen in diesem Monat bei Weitem nicht erschöpft …

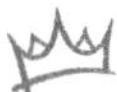

Das kann nicht sein. Ungläubig starre ich auf die zwei leuchtend roten Streifen auf dem weißen Feld. *Das geht gar nicht.*

Mein Hirn ist leer. Nur diese zwei Sätze rotieren darin, während ich das Bad verlasse und mich mit dem Schwangerschaftstest in der Hand auf die Suche nach Waldi mache. Mein Mann packt gerade die Ikea-Kisten im Kinderzimmer aus. Lukas nuckelt im Gitterbett schlafend an seinem Kuscheltuch. Ich bleibe sprachlos im Türrahmen stehen. Da bemerkt mich der frische Pflegepapa und wendet sich mir zu: »Was ist, Natalie?«

Zur Antwort halte ich ihm den Test hin: »Er ist positiv.«

Erst stutzt mein Gegenüber, dann legt sich die Stirn in Falten und schließlich tritt er näher, um den Schwangerschaftstest zu besehen. »Du hattest tatsächlich noch einen?«

»Ja, habe noch welche von diesem Billigladen«, erkläre ich wie eine Maschine auf Abruf. Knapp antworten funktioniert, aber in meinem Kopf funktioniert sonst nichts mehr. »Nach der Sache eben im Ikea dachte ich, ich mach einfach mal einen, um diese Möglichkeit vom Tisch zu haben, aber …«

Den ganzen Vormittag über hatte ich mich nicht nur aufs Shoppen im Möbelhaus und das eifrige Gestalten gefreut, sondern auch sehr auf eine große Portion Schnitzel mit Pommes. Nach einer hungrigen Einkaufstour trug ich endlich mein sehnlichst erwartetes Tablett an den gemeinsamen Tisch, verspeiste genussvoll zwei Pommes und … war mit einem Mal pappsatt. Ich bekam keinen Bissen mehr runter.

Waldemar kam das gar nicht geheuer vor: »Du solltest deinen Magen untersuchen lassen. Etwas stimmt da nicht. Das ist nicht normal.«

Das fand ich auch. Aber in mir stieg ein weiterer Verdacht auf, zumindest der Verdacht auf eine Möglichkeit … die aber eigentlich nicht möglich war!

»Das kann nicht sein«, boykottiert nun auch Waldi die Anerkennung des Ergebnisses. »Das hängt bestimmt wieder mit deinem chaotischen Zyklus zusammen. Der spielt doch ständig verrückt.«

Ich nicke zögerlich.

»Ich muss los«, verkündet der angehende Elektriker mit entschuldigendem Schulterzucken. »Mach dir keinen Kopf. Es liegt bestimmt an deinem Hormonhaushalt. Am besten machst du einfach gleich einen Arzttermin, um das mit deinem Magen abzuklären, ja?«

Wieder nicke ich und lasse mich zum Abschied umarmen. Als ich die Wohnungstür ins Schloss fallen höre, beginne ich unwillkürlich den Kopf zu schütteln. *Es kann nicht sein.* Und deshalb will ich es vom Tisch haben. Zurück im Bad probiere ich es mit dem zweiten Test. Positiv. Auf die billigen Produkte ist eben kein Verlass!

In der nächsten Apotheke kaufe ich einen qualitativ hochwertigen Digital-Schwangerschaftstest. Was er sagt, ist nahezu hundertprozentig Fakt. Die Zeit verstreicht und ich schaue auf die Digitalanzeige. Schwanger, drei Wochen plus.

Ich erstarre. Dann kann mich nichts mehr halten. Meine Füße tragen mich aus dem Bad ins Kinderzimmer, in die Küche, ins Bad, zum Treppenaufgang. Auf und ab, auf und ab.

Das gibt's doch nicht! Ich nehme doch seit Monaten die Antibabypille, um die Krankheit besser zu regulieren! Allerdings nicht immer ganz zuverlässig. Schließlich war sie in meinem Fall ja nicht als Verhütungsmittel gedacht … Die Ärzte meinten doch, es sei höchst unwahrscheinlich, momentan oder überhaupt Kinder zu bekommen! Aber nicht unmöglich …

»Was soll das, Gott?!«, platzt endlich laut heraus, was mich die Treppen rauf- und runterjagt. »Das ist nicht dein Ernst! Lukas ist eben erst eingezogen! Wir sind frische Eltern … von einem Baby! Waldi macht gerade seinen Elektrotechniker und ist in der Abschlussphase seiner aufbauenden Ausbildung. In ein paar Monaten stehen Prüfungen an … Und ich bin schwanger?! Wieso jetzt? Du hattest fünf Jahre Zeit! Wir haben so lange dafür gebetet und jetzt, nach weniger als einem Monat mit Lukas … bin ich schon seit über drei Wochen schwanger!? Wie soll ich das machen? Das ist nicht dein Ernst!«

Doch das ist es. Spätestens beim Untersuchungstermin müssen wir der wundervollen Tatsache ins Auge sehen. Die Frauenärztin streicht mit dem Ultraschallgerät über meinen Bauch und wir sehen überwältigt und überglücklich eine Bewegung auf dem Monitor: ein winziges, schlagendes Herzchen. Drei Monate alt.

Die Fakten liegen auf dem Tisch, genauer gesagt in meinem Bauch: Es gibt Wunder und eines wächst in mir.

März 2016, Neuwied

»Sind Sie sich sicher, dass Sie nicht natürlich entbinden wollen?«

Meine Hebamme stützt sich auf der Stange am Fußende des Patientenbettes ab. Ich nicke und schaue sie mit entschlossenem Blick über die große Bauchkugel hinweg an. Eine ganze Woche schon verbringe ich in diesem Aufenthaltszimmer im Krankenhaus und warte darauf, dass unser wundersames Überraschungsei endlich zum Vorschein kommt. Doch es ließ sich auch nicht durch die tagelange Geburtseinleitung herauslocken.

Beschweren kann ich mich trotzdem nicht, denn die Schwangerschaft lief bis hierher unerwartet gut. Weder Komplikationen in meinem Körper noch das befürchtete Chaos drum herum traten auf. Lukas entpuppte sich als ein Traumbaby. Gott hat uns einen unfassbar pflegeleichten Jungen ausgewählt, der einschläft, sobald man ihn hinlegt, kaum schreit und mit Liebe, Fläschchen und inzwischen Brei vollkommen zufrieden ist. Trotz des Schocks, innerhalb eines Jahres gleich zweifach als Familie anzuwachsen, bereuen wir die Entscheidung für Lukas nicht. Im Gegenteil: Für nichts und niemanden würden wir ihn tauschen wollen. Er ist ein Segen für uns und mit jedem Tag erkennen wir, wie süß er tatsächlich ist.

Gestern erst wackelte er auf kurzen Beinen und sich mit kleinen Händen am Gestell festhaltend am Rand meines Bettes entlang. Unsicher tapsend erkundet Lukas die große Welt, welche sein Geschwisterchen erwartet. Und dieses lässt auf sich warten.

Darum habe ich mich mit Waldi dafür entschieden, das Kind heute per Kaiserschnitt holen zu lassen. Die Hebamme hat mir nochmals den Ablauf erläutert und mich über die möglichen Risiken und Nachwirkungen informiert. Doch die eine Woche Geburtseinleitung wirkt sich mit der einhergehenden Anstrengung und dem innerlichen Stress überzeugender aus.

»Ja, ich bleibe beim Kaiserschnitt, weil, wenn das Ganze sich noch länger …«, ich stocke, als die Geburtshelferin plötzlich den Kopf zur Seite reißt. Ihr Gesichtsausdruck verwandelt sich in eine entsetzte Miene, während sie auf den Monitor neben dem Bett starrt. Ihre Erstarrung hält nur zwei Sekunden an, dann springt sie zum Alarmknopf. Hektisch drückt sie ihn mehrfach. Mit großen Augen schreie ich unausgesprochene Fragen.

»Das CTG zeigt eine unregelmäßige Herzfrequenz an«, erwidert sie nur und zeigt auf den Bildschirm des Überwachungsgerätes.

Bevor ich nachhaken kann, stürmen ein Arzt und eine Krankenschwester ins Patientenzimmer. Nur wenige Worte der Hebamme und ein Blick auf die Kardiotokografie reichen und der Arzt reagiert ebenso alarmiert wie meine Schwangerschaftsbegleiterin. Die Krankenschwester erhält Anweisungen und sprintet zurück auf den Flur, während die beiden Zurückgebliebenen mich von den angeschlossenen Geräten lösen.

»Das Baby hatte wohl zu viel Stress«, erklärt der Mediziner auf mein verschrecktes Fragen, was denn los sei. »Wahrscheinlich hat es ins Fruchtwasser koitiert und seine eigenen Exkremente bereits aufgenommen.« Die beiden schieben mein Bett hinaus auf den Gang.

»Was heißt das?«, ich erkenne meine vor Angst verzerrte Stimme selbst kaum wieder. Mein Kind! Mein eigenes, so lange erhofftes Kind. Werde ich es jetzt verlieren?!

»Wir müssen es sofort per Kaiserschnitt holen. Das Fruchtwasser ist jetzt Gift für den Organismus. Jede Sekunde, in der es mehr davon aufnimmt …«, die Hebamme muss den Satz nicht beenden. Ich habe verstanden und Panik schießt durch meinen Körper.

Im Krankenhausflur erreichen uns die Krankenschwester und eine weitere Ärztin, die an der rollenden Liege andocken. Sie rennen. Ich habe Mediziner noch nie rennen sehen, nur in Serien.

Ich will nicht Teil einer Drama-Szene sein! Ich will mein Kind nicht verlieren! O Gott!!

Mit wehenden Kitteln reißen die Sprintenden die Zwischentüren auf, bugsieren das Bett um die Ecken und durch die Gänge, während die grellen Neonröhren über mir vorbeizucken wie bedrohliche Blitze. Das laute Surren der rotierenden Räder hallt von den weißen Wänden wider, gleich rumorendem Donner. Wie die Ankündigungen eines heftigen Einschlags.

Jesus, bitte hilf uns! Rette uns!

Im OP-Raum angelangt, tritt eine Assistentin mit Spritze in mein Sichtfeld. Als in ihrer in doppelter Geschwindigkeit abgespulten Erklärung das Wort Vollnarkose fällt, befindet sich die Nadel mit dem Mittel schon unter meiner Haut. Noch ein paar angsterfüllte

Sekunden, dann treiben die hektischen Bilder davon. Die Furcht vor Verlust weicht einer empfindungsfreien Leere und die Ärzte holen mein Kind aus mir heraus.

Ich japse nach Luft, als ich meine Tochter zum ersten Mal sehe. Auf einem Foto, das mir Waldi mit feuchten Augen und stolzem Lächeln hinhält. Das kleine große Wunder liegt in einem Wärmebettchen, zerbrechlich und umgeben von Schläuchen, aber vollständig und lebendig. Ebenso hat meine Tochter vor wenigen Stunden das erste Mal nach Luft geschnappt. Unaufhaltsam strömen mir die Tränen übers Gesicht.

Dem Blitz und Donner folgte nicht der gefürchtete Einschlag, sondern ein Schauer der Gnade und Freude. Jedes Mal, wenn ich in den kommenden Tagen den Säugling auf der Intensivstation betrachte, ist mir, als stehe ich im Regen. Unter einer gigantischen Segenswolke, die schützend mit mir gezogen ist. Und die gefallenen Tropfen laufen über, sobald ich am Bettchen der kleinen Überlebenden stehe. Sie hat noch nicht einmal Folgeschäden. Meine Dankbarkeit spannt sich gefühlt über den ganzen weiten Himmel, wo die Wolken des Wunderreichen ziehen.

Unsere Tochter. Mila. Als wir den von Ludmilla abgewandelten Namen vor der Geburt ausgesucht haben, ahnten wir noch nicht, wie früh und intensiv sich dessen Bedeutung bewahrheiten würde. Die »Liebe, Gnädige und Friedenbringende« führt uns in persona jeden Tag neu die Liebe und Gnade des Friedefürsten vor Augen.

9

SCHATTENtöchter

Juni 2017, Teichern

Rasch ziehe ich mir eine Bluse über und schlüpfe in meine Lieblingsjeans. Stets aufs Neue ein gutes Gefühl. Dass es so ist, hat eine ganze Weile gedauert und einiges an Zuspruch gebraucht. Nach der Verabschiedung aus der Gemeinde traute ich mich anfangs nicht, die Freiheit auszuleben, die ich selbst gewählt hatte. Als hätte ich entschieden, hinaus in die Weite zu ziehen, und lungerte dann doch unentschlossen im schattigen Schutz der Terrassenmarkise herum.

»Waldi, wir müssen gleich los«, rufe ich in den Flur, während ich meine Haare in Form bringe.

»Ich bin so weit«, kommt die Antwort mit der gewohnten Ruhe und Gelassenheit. Auf dieselbe Weise, kombiniert mit anspornender Entschlossenheit, hat Waldi mich immer wieder liebevoll in Richtung meines Glücks geschubst und mich dazu ermutigt, ehrlich zu sein.

Die Verabschiedung in der Mitgliederversammlung verlief wertschätzend und ohne böse Worte. Doch als wir raus waren, waren wir raus. Jahrelang gepflegte Beziehungen lösten sich. Die Gemeinschaft, in die wir uns vielseitig investiert hatten, sorgte sich zwar um unser Seelenheil, aber mit dem Beenden der Mitgliedschaft baute sich bei vielen unmittelbar eine unüberbrückbare Distanz auf. Doch wir hatten es uns gut überlegt und den Schritt gewagt.

Daraufhin folgte die große Orientierungsphase: Und jetzt? Wohin weiter? Wie das Leben nun gestalten?

»Wir sind, wer wir sind«, ermutigten wir einander.

Dieser Satz wurde zu unserem Motto. Auch wenn er uns oft herausfordert, liebe ich ihn. Dass wir ein »Wir« sind und wie wir es sind. Und dass wir es hier sind, in der beibehaltenen Umgebung: im Ort unserer ehemaligen Gemeinde, nicht weit vom Gemeinschaftsgebäude entfernt, im Haus von Waldemars Eltern. Nur das Stockwerk haben wir mittlerweile mit den Großeltern getauscht, um als vierköpfige Familie im Erdgeschoss mehr Raum und den Garten unmittelbar zur Verfügung zu haben.

Unsere Nachbarschaft besteht fast ausschließlich aus Mitgliedern der russlanddeutschen Gemeinde Teicherns. Wir senken den Altersdurchschnitt des Wohnviertels erheblich und durchbrechen viele der hier üblichen Verhaltensweisen: andere Gemeinde, andere Kleidung, anderer Lebensstil. Es hat eine Weile gedauert, dazu zu stehen, doch mittlerweile fühle ich mich wohl damit. Ich möchte die Freiheit, die ich in Jesus finden durfte, authentisch und liebevoll vorleben an dem Ort, an den uns Gott gestellt hat.

Die Freisetzung durch seine Gnade bietet noch so viel mehr Weite. Das lässt uns nicht los, seit Waldi und ich bei einem großen, evangelistischen Musical mitgewirkt und Christen aus anderen Gemeinden in der Region kennengelernt haben. Ähnlich wie im *Preobrashenije* merken wir, wie vielfältig Gottes Familie sich gestaltet. Und mit wie viel weniger Gesetzlichkeit und Regelungen der lebendige Glaube auskommen kann. Der Ordnungskatalog unserer jetzigen Gemeinde ist zwar dünner, aber inzwischen nehmen wir auch diesen als einengend wahr. Gott ist so viel größer …

Mit Eindrücken und Erkenntnissen aus Gottes Wort weitet sich unser Verständnis von Glauben, das zunehmend aus den Nähten der jetzigen Gemeindemaße platzt. Von den Eindrücken der intensiven Musicalzeit inspiriert, befinden wir uns mit Jesus erneut auf einer Orientierungsreise nach einer Glaubensgemeinschaft, in der wir wachsen können.

»Ich bin auch so weit«, rufe ich jetzt Waldi zu und schnappe im Vorbeigehen die Handtasche von der Ablage im Flur. Daneben liegt die DVD parat. Ich werfe einen Blick auf die Uhr. »Johanna und ihr Mann kommen jeden Moment«, bremse ich den Familientrupp vor der Haustüre aus.

Waldi zuckt hinnehmend mit den Schultern und beugt sich dem Schicksal, dass wir wohl zu spät zur Verabredung mit Freunden kommen werden. Er wendet sich zu Lukas, um ihm seine Jacke wieder aufzumachen. »Spielt noch mal 'ne Runde am Esstisch«, schickt er den Dreijährigen mit seiner Schwester los. In dem Moment läutet es.

»Ha!«, verkünde ich triumphierend und presche mit erhobener Filmhülle zur Haustür. Doch kurz darauf öffnen auch Waldi und ich wider Erwarten unsere Jacken, während wir auf der Couch im Wohnzimmer dem fremden Ehepaar gegenübersitzen. Es hat sich so ergeben … Johanna kam am Eingang direkt ins Erzählen und da wir sie und ihren Mann kaum kennen, begaben wir uns Höflichkeit um Höflichkeit weiter hinein in den Wohnraum. Und nun sitzen wir da und lauschen.

Die junge, engagierte Frau gestikuliert eifrig und wedelt mit der überreichten DVD in der Hand umher: »Danke – das ist echt klasse! So cool, dass du direkten Kontakt zu Gaby Wentland hast und sie dir den Infofilm geschickt hat. Sie war bei dem Konzert damals dabei und ihr habt da Spenden für *Mission Freedom* gesammelt, richtig?«

Ich nicke. Ja, das war … cool. Aber mehr noch bewegend, schockierend, berührend, was die Gründerin jener Organisation aus Hamburg erzählt hat. Auf deren Arbeit war ich zufällig gestoßen und sie hatte direkt meine Aufmerksamkeit gefesselt: ein Verein, der sich starkmacht gegen Zwangsprostitution, indem deren Mitarbeiterinnen persönlichen Kontakt zu den Frauen suchen.

Gabys Vorträge, ihre Webseite, Infomaterialien und nicht zuletzt ihr Umstrittensein in der Öffentlichkeit machten mich neugierig.

Die engagierte Hamburgerin ließ sich zu jenem zweiten Konzert von Sefora einladen. Was sie über die Hintergründe von Prostitution und über *Mission Freedom* erzählte, fand ich sehr interessant. Wie weit mich der Stein, der damals ins Rollen kam, nun aber mitreißt, hatte ich nicht kommen sehen ...

»Deine DVD ist ein guter Anfang. Danke fürs Ausleihen. Werde ihn gleich heute Abend ansehen. Demnächst wollen wir uns fürs erste Gebetstreffen verabreden. Hast du ja in der Whatsapp-Gruppe gesehen.«

Ich nicke langsam. Stimmt – da war was. Ich hatte die Nachrichten in dem Chat nur überflogen, dem ich überraschend hinzugefügt worden war.

»Wir haben in der Gemeinde schon dafür geworben und hoffen, dass sich noch mehr dem Vorhaben anschließen«, fährt unser blondes Gegenüber fort. »Bisher sind wir mit dir zu fünft. Hab den anderen erzählt, dass du den Film von Gaby hast und den Kontakt zu *Mission Freedom* und dass du mitmachst.«

Ich spüre, wie sich von der Seite Waldis Blick nach mir ausstreckt und an mir kleben bleibt. In meinem Kopf hüpfen wild unvollständige Gedanken wie unfertige Brotscheiben, die verfrüht aus dem Toaster springen: *Warte mal, wo bin ich dabei?*

Doch es ist, als wenn jemand die Scheiben wieder einsortiert und den Hebel für eine weitere Röstzeit herunterdrückt. Ich warte ab. Ohne Widerspruch und Gegenfrage höre ich einfach nur zu, wie das Paar begeistert vom geplanten Aufbau des Projekts für Frauen in der Prostitution berichtet, in das ich anscheinend involviert bin.

Irgendwann können wir signalisieren, dass wir eigentlich auf dem Sprung sind, und Johannas Ehemann hilft uns dabei, ihren Elan in die Bahnen zu lenken. Schließlich sind die beiden Gäste zur Haustür hinaus. Kaum wende ich mich um, schießt aus Waldis Gedanken-Toaster die brutzelnde Frage hervor: »Hä, warum hast du mir nix davon erzählt? Dass du da mitmachst?«

Unschuldig halte ich ihm meine unfertigen Scheiben hin: »Habe ich selbst gerade erst erfahren. Keine Ahnung, was das ist!«

Doch ich habe die Ahnung, dass Gott damit mehr vorhat. Ich habe mir nichts dabei gedacht, als ich einer Bekannten anbot, ihr den Film zu leihen, da sie mit anderen in ihrer Gemeinde eine Arbeit für Frauen in der Prostitution starten möchte. Dachte mir nichts dabei, als sich daraufhin eine Frau namens Johanna meldete, um die DVD abzuholen. Und auch nichts, als ich in eine Chat-Gruppe für das Projekt aufgenommen wurde. Aber Gott denkt sich immer etwas bei allem.

Gott, willst du, dass ich dabei bin? Ist das etwas für mich?

Die darauffolgenden Tage beschäftige ich mich viel mit allen Themen rund um Zwangsprostitution und Menschenhandel, schaue mir Dokumentationen und Beiträge an und mit einem Mal erwischt es mich. Mitten im Hören eines Vortrags von Gaby berührt Jesus mein Herz mit Schmerz und Liebe. Ich lande auf den Knien und mein Herz brennt – brennt für die Frauen, die ausgenutzt, unterdrückt, entwürdigt werden. Frauen, die oft in den perspektivlosen, ärmlichen Umständen ihrer Herkunftsorte keine andere oder bessere Alternative sehen. Ihnen winkt verlockend ein Job, mit dem sie ohne Bildung und spezielle Voraussetzungen Geld für ihre Familie verdienen können. Vielen werden leere Versprechungen gemacht: Liebe, hohes Einkommen, attraktive Aussichten im reicheren Land. Doch in der Fremde, fern von ihrer Heimat und Familie, werden die Ungesehenen tief in Abhängigkeitsverhältnisse und ausbeutende Systeme hineingezogen. Und manche von ihnen sind Opfer organisierter Kriminalität: verschleppt, vergewaltigt, als Ware gehandelt und zur Arbeit im Milieu gezwungen. Prostitution hat viele Gesichter hinter unterschiedlichen, verbergenden Masken. Ob aus Not oder Zwang – die Fratzen dieses Gewerbes erschüttern mich zutiefst. Aber ich will mich nicht abschrecken lassen, will nicht wegsehen, sondern hinsehen. Hingehen, wie Jesus es tat und tut – durch uns. Wenn wir gehen.

Nach langem Weinen spreche ich aus, was die Tränen bereits von meinem Innersten nach außen getragen haben: »Gott, wenn du willst, bin ich dabei.«

Und Gott will.

Aufgeregt nestle ich an dem Geschenkband herum, welches das Tütchen mit dem Duschgel und weiteren Hygieneartikeln mit einer Schleife verschließt. Auch Johanna scheint nervös. Jedenfalls knetet sie ihre Finger, die noch immer gefaltet sind. Seit dem »Amen« sind wir eigentlich fertig, um loszugehen, doch irgendwie nicht bereit. Was erwartet uns dort bei den Wohnwagen? Unsere Blicke treffen sich und wir nicken ermutigend einander zu. Wahrscheinlich werden wir nie bereit sein. Zumindest nicht, solange wir hier stehen bleiben. Jesus muss übernehmen, aber dafür müssen wir starten.

Der erste Wohnwagen ist heruntergekommen wie alle Campingwagen hier. Hierher kommt keiner zum Campen, aber manche verstehen den Aufenthalt an diesem Ort als »Freizeitvergnügen«. Während es für andere Involvierte nichts mit frei zu tun hat. Kleine und große Fetzen der Außenbeschichtung hängen zerfleddert von der vergilbten Wand. Der klobige Anhänger scheint eine längere Lebensreise hinter sich zu haben als ich. Mein Herz klopft heftig in der Brust und ich poche sachte mit der Faust an den vordersten der Wagen, die in einem großen, fast geschlossenen Kreis aufgereiht stehen. Groß genug, damit Autos innerhalb des Zirkels wie in einer Manege ihre Runden fahren können. Die Zahlenden können vom Kreisinneren aus durch die Guckfenster der Wohnmobile ihre Auswahl begutachten, um sich eine der Prostituierten für »mehr als nur schauen« auszugucken.

Gerade ist kein Kunde unterwegs und an diesem Wohnwagen macht uns niemand auf. Auch auf ein zweites Klopfen hin rührt sich nichts. Vielleicht duscht die Dienstleisterin in dem Bordellgebäude, das sich hinter der Wagenformation befindet. Ich unterdrücke den Impuls, durch das große Fenster an der Wand zu schauen, welches die Einsicht vom Kreisinneren aus ermöglicht. Ein Schaufenster, umrahmt von kitschigen Lämpchen, Girlanden, Herzchen und Plüsch. Wir gehen weiter.

Vor dem nächsten Anhänger sitzt dessen Bewohnerin auf den schmalen Ausklappstufen. Sie scheint uns bereits beobachtet zu haben. Ich zögere erst, gehe dann aber entschlossen auf die blonde Frau zu. Über das bauchfreie Top hat sie sich einen knallroten Morgenmantel aus dünnem Stoff geworfen, dessen Saum in der warmen Sommerbrise schwach hin- und herweht. Die Beine im engen Minirock sind übergeschlagen und die Arme abweisend unterhalb des Push-up-BHs verschränkt.

»Hallo«, beginne ich vorsichtig.

»Hi«, gibt eine raue Stimme zurück. Lackierte Finger nehmen die Zigarette aus den Lippen und dazwischen steigt der stark riechende Qualm auf.

»Hallo«, schließt sich meine Teampartnerin an. »Ich heiße Johanna und das ist Natalie. Wir haben dir eine Kleinigkeit mitgebracht und wollten fragen, wie es dir geht?«

Die gezupften Brauen ziehen sich zusammen und der Blick aus den dunklen Augen mustert skeptisch das entgegengestreckte Tütchen in meiner Hand. Irgendwie irritieren die dunklen Brauen, die braunen Augen und die Gesichtszüge, umgeben von den hellen Haarwellen. Jetzt, aus der Nähe betrachtet, entpuppt sich das blonde Haar als eine nicht sonderlich hochwertige Perücke. Darunter treibt die Hitze Schweißtropfen zusammen, die über die dicke Make-up-Schicht rinnen. Die Schminke und der unechte Haarschopf lassen nur schwer Alter oder Gefühlsregungen einschätzen. Vermutlich Mitte zwanzig, wahrscheinlich aus Osteuropa, offensichtlich uns gegenüber misstrauisch.

Was wollt ihr von mir?, fragt ihre Körpersprache, während noch nicht sicher ist, ob sie unsere Sprache spricht.

Nichts, würde ich am liebsten einwenden. *Wir wollen nicht auch noch was von dir. Uns musst du nichts geben. Wir wollen geben. Weil wir genug haben.*

Ich schwenke das Tütchen in ihre Richtung: »Duschgel und andere Hygienesachen.«

Die Sitzende rührt sich nicht, als existiere das Geschenk nicht. Es entsteht eine unangenehme Pause.

Ich wage einen weiteren Anlauf: »Wie heißt du denn?«

»Sorina.« Selbst die gleißende Julisonne vermag die Kälte in ihrer Stimme nicht aufzutauen. Doch schließlich deutet sie mit einem abfälligen Wink zu dem Beutelchen: »Und was wollt ihr dafür?« Mit ausgeatmetem Qualm versucht sie uns dabei auf Abstand zu halten.

Aufdrängen wollen wir uns nicht, aber so schnell aufgeben auch nicht. Wenn ich darüber nachdenke, dann verstehe ich ihre Skepsis. Zwei Frauen als Besuchskomitee, das ist schon mal seltsam. Ein Geschenk ohne Gegenleistung käme mir verdächtig vor. Und beides an diesem Ort ist wirklich sehr befremdlich. Warum sollte Sorina uns also vertrauen. Wir sehen sie zum ersten Mal. Auf ihrem Territorium. In ihrem Arbeitsumfeld. Verständlich, dass sie uns skeptisch begegnet …

»Nichts«, antworten Johanna und ich gleichzeitig. »Einfach so«, ergänzt meine Mitstreiterin.

Der Abstand zwischen den Brauen wird noch schmaler. Dann lehnt sich die hagere Frau vor und nimmt das Geschenk entgegen. Sie greift nach dem Tütchen mit den zigarettenfreien Fingern derselben Hand, als wolle sie per Rauchzeichen die trotzdem bestehende Grenze zwischen uns und ihr markieren. Ich spüre, dass wir diese Grenze unbedingt wahren müssen und nicht weiter daran rühren sollten, wenn wir möchten, dass unser Gegenüber sich irgendwann freiwillig öffnet.

Mit einem kurzen Blickwechsel verständigt sich unser Zweierteam und wir nicken der Frau zum Abschied freundlich zu. »Wir kommen nächste Woche wieder vorbei. Falls du möchtest, können wir uns dann ein bisschen unterhalten.«

»*Da, da* – Ja, ja«, erwidert die Frau in Rot beiläufig in ihrer Sprache, legt das Tütchen neben sich auf die Stufe und klemmt die Zigarette wieder zwischen ihre Lippen.

»Puh«, stößt Johanna auf unserem kurzen Weg zum nächsten Anschaffungswagen leise aus. »Was das wohl noch wird ...«

Es wird noch eine Menge.

Später mit Sorina, aber auch bei den Kontaktaufnahmen mit anderen Wohnwagen- und Bordellbewohnerinnen. Als völlige Fremdlinge tasten wir uns in dem unbekannten Umfeld vorsichtig vor und häufig sind unsere Teams ziemlich aufgeschmissen. Dieses Milieu erscheint uns wie eine in sich geschlossene, abgekoppelte Welt. Doch in dem Erkunden von Neuland habe ich ja bereits etwas Übung und dieses Abenteuer lockt mein Herz mehr, als dass es mich schrecken kann.

Einige Frauen sind neugierig und interessiert, manche sogar aufgeschlossen und freuen sich über unsere Besuche. Viele sprechen keine Sprache, die wir beherrschen, und wir kommunizieren mit Händen und Füßen, kramen Worte aus verschiedenen Sprachen zusammen oder eine Gesprächspartei nickt einfach freundlich, während die andere redet.

Entscheidend ist nicht unser Können, sondern Gottes Wirken. Besonders verdeutlichen das die Momente, in denen die Frauen das Angebot annehmen, mit ihnen zu beten. Aus meinem Mund kommen deutsche Worte, doch Jesus übersetzt in Ungarisch, Rumänisch, Spanisch ... in die unterschiedlichsten Sprachen und – oder vielleicht auch nur – in die Sprache des jeweiligen Herzens. Denn auf einmal fallen die Masken.

Zuvor steht vor mir eine Fremde, verkleidet in ihrer Distanz wahrenden Rolle, und nickt minutenlang unser größtenteils unverständliches Erzählen ab. Hin und wieder kommt ein »Hm«, »Ja, ja« oder »Danke« ihrerseits. Doch während ich im Gebet mit Jesus spreche, spricht etwas Machtvolles mein Gegenüber an. Ströme an Tränen schwemmen oft nicht nur das Make-up, sondern auch die Masken fort. Es erscheint eine Frau, deren starke und zugleich verletzliche Persönlichkeit gesehen und berührt wird. Von dem einen, der ihr Wert und Würde zuspricht. Von dem einen, der Wunder tut – besonders gerne an finsteren Orten, durch kleine, hilflose Gesten, bei den Ungesehenen. Gebet wirkt kraftvoll im Rotlichtmilieu.

Angesichts der erfahrenen Wunder und erlebbaren Liebe Gottes irritiert es umso mehr, wenn er nicht wundervoll handelt. Zumindest nicht, wie wir das gerne sehen würden. Trotz Gottes Gegenwart zeigt sich das Leben nicht automatisch wunderschön. Manche Umstände bleiben hässlich. Und so manches im Leben bleibt für viele ungesehen. Manches Leben bleibt ungesehen ...

Juli 2017, Teichern

Mein Baby geht weg.

Schrecken, Schmerzen, Hilflosigkeit. Von allem zu viel, um weinen zu können. Statt Tränen sickert Blut und ich weiß, da irgendwo fließt Leben davon. Das Leben unseres Kindes, das nur neun Wochen Zeit erhielt, bevor seine gesamte Zukunft abrupt endete.

Neun Wochen sind keine lange Zeit und doch sehr viel. Viel Freuen, Staunen, Hoffen, Planen. Die meisten Frauen bemerken den Abgang innerhalb dieses Wachstumszeitraumes gar nicht, oft nicht einmal die Schwangerschaft. Die wenigsten machen sie vor der zwölften Woche öffentlich. Bestimmt meinen manche, dass wir zu bald davon erzählt haben und ein so früher Eintrag in den Mutterpass übertrieben sei. Dass wir voreilig den Großeltern Ankündigungskarten mit Lukas als »großem Bruder« und Mila als »großer Schwester« überreicht haben.

Aber wir waren eben begeistert: *Noch ein eigenes Kind! Noch ein Wunder! Gott ist gut!*

Dann der Termin beim Frauenarzt. Das erste Ultraschallbild – ohne schlagendes Herzchen. Bereits beim ersten Sehen war das Leben schon gestorben. *Gott ist gut* … In den Tagen nach der frühen Fehlgeburt kreisen die Fragen in meinem Kopf, mischen sich mit der Trauer.

Immer wieder spricht Waldi es uns beiden zu: »Gott ist gut. Wir haben noch ein weiteres Kind, es ist nur schon bei ihm.«

Mir fällt es schwer, dieses winzige, so kurze Dasein, das ungesehen davongetrieben ist, mit meinem Verständnis von Leben zusammenzubekommen. Aber zugleich bestätigt der stechende Kummer genau diesen Eindruck. Egal, was andere darin sehen oder eben nicht sehen, für mich ist es doch ein Jemand gewesen. Verborgen im Mutterleib gebildet. Wenigstens musste es nicht ausgeschabt werden. Die Fehlgeburt erfolgte ohne Medikamente, ohne Ärzte, aber mit starken Schmerzen im Unterleib und danach im Herzen.

An einem der Trauernachmittage klingelt es an der Tür. Als ich öffne, hält mir eine treue Freundin unverhofft eine rosa Rose entgegen. Die kleine Geste bedeutet mir viel und hilft. Kurz darauf ziehe ich los in die Natur, spaziere, bete, pflücke Blumen auf der Sommerwiese.

Zu Hause breite ich sie sorgsam über dem Ultraschallbild aus. Das erste und letzte Bild. Das Einzige, was von unserem Kind noch geblieben ist. Wunderschön, obwohl es weder meinem Empfinden von Schönheit noch von Wunder entspricht. Wunderschön. Ich nehme Abschied. Schmerzhaft, fragend, vertrauend. *Gott ist gut* … trotz allem, in allem.

Es ist, wie Seforas Lied *Mehr als genug* es versucht in Worte zu fassen:

> Oh, ich wünsche mir so sehr keine schweren Lasten mehr.
> Doch ich weiß: Nie gibst du mehr, als ich tragen kann.
> An jedem Tag gibst du mir die Kraft.
> Glauben fängt mit dem Vertrauen an, denn wenn ich schwach bin, bin ich stark.

An jenen unerwarteten Besuch von Johanna und ihrem Mann in unserem Wohnzimmer reihen sich in den darauffolgenden Monaten eine Menge spannender Entwicklungen. So wechseln wir wenig später als Familie offiziell in die Gemeinde, in der das Projekt startete und die wir schon länger als Gäste besucht haben.

Aber auch das Wohnzimmer selbst gestaltet sich weiterhin als Schauplatz besonderer Ereignisse. Hier nahm das Projekt immer mehr Gestalt an, bis am 17. Juli 2017 sieben Frauen offiziell die Gründung des Vereins *Schattentöchter* unterschrieben.

Auf den Namen einigten wir uns ebenfalls in unserem Wohnraum. Er steht für die Frauen, die wie du und ich Töchter, aber ungesehen sind und zugleich angeglotzt im Dunkeln des Gesellschaftsrandes leben müssen. Das Team will ihnen von dem himmlischen Vater erzählen, der nicht fern ist, sondern in ihre Finsternis hineinkommt, sie liebevoll ansieht und annimmt, wie sie sind.

Weil mir das so sehr auf dem Herzen brennt, nehme ich mich direkt des Bereiches Streetwork an, der die aufsuchenden Einsätze für jeden Dienstag organisiert: Geschenke vorbereiten, Gebetstreffen – meist in unserem Wohnzimmer –, losziehen zu den Bordellen, Wohnwagen und Appartements, dort Kontakt aufnehmen, Gespräche führen, Unterstützung anbieten, Beziehungen aufbauen. Im Anschluss kommen die ausgerückten Teams, die zur Sicherheit immer aus mindestens zwei Personen bestehen, wieder zusammen – meist in unserem Wohnzimmer –, um in Austausch und Gebet das Erlebte zu verarbeiten.

Innerhalb kurzer Zeit mehren sich die Kontakte, das Vertrauen wächst und Türen öffnen sich vielzähliger und länger. Die Aufgesuchten freuen sich über das regelmäßige Wiedersehen und man spürt immer wieder auch den Wunsch nach Verbundenheit und Freundschaft. Nicht selten führen wir ausgiebige Gespräche in Wohnwagen oder trinken bis Mitternacht Tee in einer Bordellküche.

Überraschend schnell wächst auch das Projektteam, sodass wir die Ressourcen auf mehrere Bereiche aufteilen können: Die Streetworkteams ziehen los, während andere durchgehend beten. Einige legen den Fokus auf die Unterstützung und Vermittlung bei amtlichen Fragen und dergleichen. Außerdem erweitern sich die Kapazitäten, um Frauen, die aus der Prostitution aussteigen möchten, Hilfestellungen anzubieten.

Denn der Ausstieg aus dem Rotlichtschatten bedeutet weit mehr als allein die Entscheidung. Von außen ist kaum zu erfassen, wie viel komplexer und verwobener sich das Geflecht des Milieus gestaltet. Indem sie ihren Beruf aufgeben, verlieren die Frauen ihre Lebensgrundlage. Da sie in den meisten Fällen dort wohnen, wo sie arbeiten, benötigen sie dann eine neue Unterkunft oder landen sonst in der Obdachlosigkeit. Sie verlieren die Einkünfte, auf die ihre Familien in den Heimatländern angewiesen sind. Wer aussteigt, verliert das einzig vertraute Umfeld in der Fremde. Darin kennen sich die Frauen aus, wogegen sie außerhalb vom Milieu Neuland betreten, in dem sie meist auf sich allein gestellt und überfordert sind. Sie verlieren ihre wenigen sozialen Kontakte. Auch wenn Freundschaften rar sind und eine unvermeidliche Konkurrenz um die Kunden vorherrscht, besteht doch auch ein gewisser Zusammenhalt zwischen den Ungesehenen.

Viele Betroffene werden von den organisierten Geschäftssystemen ständig weitergereicht, um frisches Angebot auf dem Sexmarkt zu garantieren, während die Kunden am selben Ort bleiben. So können die Dienstleistenden durch die Ortswechsel abhängig gehalten werden. In unserer Region allerdings halten sich die meisten der Frauen längere Zeit an ihrer Arbeitsstätte auf. Häufig müssen die Anschaffenden jedoch den »Inhabern« ihrer Unterkünfte enorme Mietbeträge zahlen und somit den größeren Anteil ihrer Einnahmen an die Betreibenden abgeben. Neben einem neuen Job, amtlichen Registrierungen, Sprachkursen und der sozialen Integration brauchen diejenigen, die aussteigen wollen, vor allem zuerst einen Ort, wo sie unterkommen und sich orientieren können.

Dem Projektteam wird daher sehr bald klar, dass ein Schutzraum nötig ist, in dem die Frauen den Umbruch zu einem neuen Leben bewältigen können. Der Verein erwirbt eine Wohnung und bei dieser Aktion ist das Duo »Natalie und Waldi« wieder mal voll in seinem Element. Waldi renoviert und ich gestalte zusammen mit anderen Mitarbeiterinnen die Einrichtung und Deko, bis drei willkommen heißende, gemütliche Zufluchtsräume bereitstehen. Das Schaffen eines Ortes für Menschen, die an die äußeren Ufer der Gesellschaft gespült wurden, hinterlässt bei uns einen starken Eindruck. In uns keimt der Wunsch nach einem Platz, an dem diese Personen auch in Kontakt mit anderen kommen und sich einbringen können …

Einzelne der Frauen nehmen das Angebot einer Schutzwohnung an, doch die wenigsten können die Herausforderungen stemmen und fast alle kehren zurück in das harte, aber vertraute Umfeld. Manche scheitern bereits an den Hausordnungen. Ein geregelter Tagesablauf, feste Essenszeiten, keine Handys, begrenztes Internet und weitere Vereinbarungen sollen in der Übergangsunterkunft für ein gutes Zusammenleben und für Schutz sorgen. Andere mühen sich an den staatlichen und gesellschaftlichen Anforderungen von Krankenversicherung über Jobsuche bis Resozialisierung ab oder werden von einem unverarbeiteten Trauma gehemmt und zurückgeworfen. Das frustriert und irritiert, aber das Team bleibt motiviert. Wir bleiben dran.

Denn in all dem Auf und Ab, den Problemstellungen und dem Wachstum steht der Kontakt zu den Frauen im Zentrum, der uns bewegt, herausfordert, in Staunen versetzt. Jesus hat mein Herz entfacht, weil sein eigenes Herz für jede einzelne Schattentochter brennt. Er hat uns losgeschickt, weil er durch uns eine verdrängte Sehnsucht in ihnen wecken kann: nach heiler Identität.

Weil er selbst die Frauen besucht, geschieht immer wieder Unerwartetes und Veränderung, wie wir es kaum zu hoffen wagten.

Herbst 2017, Koblenz

»Kommt rein, kommt rein«, die hochgewachsene Frau winkt uns einladend in ihren Wohnwagen.

Mit freundlichem Hallo begrüßen wir einander. Heute umarmt uns die Besuchte sogar, bevor wir das dämmrige Wageninnere betreten. Immer einen Schritt des Vertrauens nach dem anderen. So weit sind wir schon vorangekommen … unglaublich!

Die Rumänin trägt denselben schwarzen Minirock wie bei unserer ersten Begegnung, doch ihren dünnen, knallroten Morgenmantel hat sie gegen eine Kunstfelljacke mit schwarz-weißen Tigerstreifen eingetauscht. Rot gefärbt ist dafür dieses Mal die Perücke auf Sorinas Kopf. Es ist bereits kühler Spätherbst und mich fröstelt es beim Anblick des textilarmen Dessous unter der offenen Jacke.

Der eisige Wind stimmt dankbar für einen Unterschlupf jeder Art, doch er ändert nichts an dem ersten Impuls, den ich nach wie vor empfinde, wenn ich einen der Wohnwagen betrete. Der unvergleichbare Geruchdunst, der mir entgegenschlägt, lässt die kalte Luft draußen geradezu verlockend erscheinen. Diese Mischung aus dem Eigengeruch muffiger Möbel, Schweiß und Spermien, durchwalkt von übertriebenen Mengen süßlichen Deos und permanent arbeitenden Aroma-Diffusern, verschluckt Eintretende wie eine übermächtige Wolke. Ich werde mich nie damit anfreunden können, auch wenn ich mich mit wiederholtem und längerem Aufenthalt daran gewöhnt habe. Aber darin leben ... Es bleibt mir unbegreiflich, wie es die Frauen hier aushalten. Nur unfassbar starke Persönlichkeiten stehen so etwas durch.

Um meiner Teampartnerin Lara Platz zu machen, trete ich weiter in den engen Raum hinein. Da sich rechts nur eine schmale Nische mit einer überfüllten Kleiderstange befindet, bleibt der Aufenthaltsbereich, der sich links ausstreckt. Ein fleckenbedeckter Teppichboden, der einst vermutlich die Farbe Blau trug. Ein einfaches Bett. Daneben eine kleine Kommode, wie man sie auf den Gehsteigen für den Sperrmüll bereitstehen sieht. Darauf Kondompäckchen, Feuchttücher, Deo, Duftkerzen und ein Plastikherz, dessen schwaches Licht mühsam im Dunkel des Wagenkabuffs flimmert.

»Setzt euch, setzt euch«, fordert Sorina uns gastfreundlich auf.

Ich setze mich auf den verwaschenen Bettbezug im trüben Rosa-Schein. Lara zögert kurz und platziert sich dann vorsichtig neben mich. Ich spüre die Anspannung ihres Körpers, die mir noch von meinen ersten Besuchen in den Sex-Wohnwagen bekannt ist. Dieser hartnäckige Gedanke: *Hier passiert es. Hier, wo ich jetzt sitze, wird ...*

Aber ich konnte diese Scheu mittlerweile abschütteln und weiß, worauf ich mich stattdessen konzentriere: auf unser Gegenüber. Sorina schließt die klappernde Tür hinter sich und ein Lächeln erscheint zwischen den lila bemalten Lippen: »Die Seife ist gut.«

Auch ich muss lächeln: »Ja? Freut mich, dass dir die Sorte gefällt.«

Inzwischen hat die Rumänin einige durch, viele Duftvarianten stehen im Drogeriemarkt nicht mehr zur Auswahl. Bisher haben ihr alle Seifen aus den Geschenktütchen gefallen, genauso wie Sorina sich über jeden unserer Besuche freut. Mittlerweile. Es hat mehrere Anläufe über Wochen hinweg gedauert, bis sich die junge Osteuropäerin auf mehr Gespräch einließ. Schließlich durften wir, wie bereits bei einigen ihrer Kolleginnen, ihr Quartier betreten und mit dieser geöffneten Grenze fielen auch schneller weitere Blockaden. Seither schrumpft die Distanz und ich durfte einiges über ihre Familie, ihre kleine Tochter, ihre Heimat und aus ihrem Lebensalltag erfahren. Ab und zu gewährt mir die Mitzwanzigerin sogar kleine Einblicke in das, was sie bewegt. Dann scheint es mir manches Mal, als tobe unter der Oberfläche eine aufgewühlte, chaotische Flut, und ein anderes Mal, als sei völlige Ebbe in ihren Wesenskern eingekehrt. Regungslose, trockene Leere.

»Ja, gerne wieder«, bestätigt die Frau mit roter Perücke. »Oder eine andere Sorte – eine neue.«

Erneut fallen mir die vielen unterschiedlichen Kleider hinter ihr auf den Plastikbügeln ins Auge. Heute hängt ganz vorne etwas, das aussieht wie ein sehr kleines Nachthemdchen. Die gewachsene Offenheit und das bestehende Vertrauen ermutigen mich, nun endlich mal nachzufragen: »Sorina, diese ganzen Kleider dahinten. Darf ich fragen, was … wofür … wie läuft es damit ab?«

Das geschminkte Gesicht zeigt jene erstaunte Irritation, die ich schon bei einigen als Reaktion auf solche Fragen gesehen habe. In dieser ausgekoppelten Welt ist für diejenigen, die in ihr leben, alles zur natürlichen Routine geworden. Manchmal könnte man fast meinen, es gehe ihnen gut, alles sei in Ordnung und sie wollten keine Hilfe, sondern diese Art Leben, so vertraut ist es ihnen und so »sicher« bewegen sie sich in ihm. Sie kennen die geltenden Spielregeln, sie wissen, was von ihnen erwartet wird. Von anderen Frauen des Milieus kenne ich auch die erschreckende Selbstverständlichkeit, mit der Sorina nun völlig trocken aus ihrem Arbeitsalltag berichtet.

»Ich ziehe an, was sie wollen«, erklärt die Berufserfahrene und stellt sich neben die Garderobe, aus der sie verschiedene Einzelstücke herauszieht. »Weißt du, manche wollen, dass ich mich wie ihre Tochter oder wie eine verbotene Frau gebe oder dass ich mich tot stelle…«

Ein Motorengeräusch lässt uns aufschrecken. Der dazugehörige Pkw dreht eine Runde entlang der Schaufenster. Modell und Alter ordnen das Auto in die obere Hälfte des Kundensortiments ein. Ich habe schon alles von schrottreifen Kisten bis zu edlen Statussymbolen auf diesem Gelände kreisen gesehen. Ob ganz oben in der Gehaltshierarchie mit dem Mercedes unterwegs oder unterhalb der Verdienstklassen im Familienwagen – jedes Mal frage ich mich, wieso es die Person hierherzieht. Hierher – an einen Ort, den ich und höchstwahrscheinlich alle, die dableiben müssen, am liebsten meiden würden. Die Welt ist kaputt. Gerade an diesem Platz, der offensichtlich ausreichend viele Kunden anzieht, lässt sich nichts beschönigen.

Keine noch so hübsche Pretty-Woman-Story kann mir weismachen, dass frau hier von Märchen träumt. An Orten wie diesem platzen Träume, und wenn überhaupt, ist nur noch auf Wunder zu hoffen. Scheinbare Prinzen, die sogenannten Lover-Boys, haben in so manchen Fällen die Frauen in die Fremde und Abhängigkeit gelockt, um dort die Liebe der Prinzessinnen zu verkaufen. Umgekehrte Aschenputtel-Geschichten mit Abstieg ins viel tiefere Elend, nur ohne das Happy End wie im Filmmärchen.

Nein, diesen Frauen geht es nicht gut, es ist nicht alles in Ordnung und keine will diese Art Leben. Sie brauchen keine Beschönigungen und auch keinen Prinzen. Sie brauchen Jesus. Und sie brauchen eine Perspektive.

»Schau mich nicht an«, wehrte mich einmal eine Bordellbewohnerin ab. »Ich ertrage das nicht.«

Es waren nicht meine Augen, die sie ansahen. Jesus selbst sah die Frau an. Sie konnte die Wertschätzung von ihrem Schöpfer nicht ertragen. Beim Gedanken daran flammt das Feuer in meinem Herzen auf, das unauslöschlich für die Töchter im Schatten lodert. Ich will ihnen allen diese gute Nachricht erzählen, ob ich ihre Sprache spreche oder nicht: Gott ist gut! Zu mir, zu ihnen. Er sieht und liebt. Punkt.

Und wieder sprüht jener tiefe Ruf in mir Funken: *Es muss einen Ort geben, wo das gelebt wird und sie Teil davon sind.*

Das Auto dreht eine zweite Runde, dieses Mal näher an den Guckfenstern vorbei. Sorina kniet sich ins Sichtfeld, das von kleinen Plüschblumen und Flügelchen umgeben wird. Als die Fahrertür das Sex-Mobil erreicht, schaue ich rasch weg. In diesen Momenten packt mich immer die Sorge, dass ich das Gesicht hinter dem Lenkrad kennen könnte …

Mein Blick fällt erneut auf die Garderobe der Lüste im hinteren Abstellwinkel. Armselig. Oft steigt dieser Begriff in mir auf, wenn ich in die Lebensumstände der Frauen in der Prostitution eintauche. Nicht sie sind armselig, sondern das Milieu. Sie sind die Seelen, die verarmt leben müssen. Die immense Hoffnungslosigkeit ist nahezu erdrückend. Wenn sie mir die Luft abschnürt, klammere ich mich besonders fest an meinen mächtigen Freund. Denn er hat mit Vollmacht und voller Erbarmen Hoffnung garantiert: Tiefes Glück ist denen bestimmt, die arm vor ihm stehen, denn ihnen gehört das Himmelreich.

Frühjahr 2018, Koblenz

Wir lachen so laut, dass es von den kahlen Wänden der Bordellküche widerhallt. So trostlos diese zwielichtigen Orte sind, so gerne bin ich bei den Menschen, die dieser Trostlosigkeit trotzen. Viele

Stunden habe ich an mehreren Dienstagen in Gemeinschaftsräumen von Laufhäusern verbracht, also Bordellen, in denen Prostituierte Zimmer angemietet haben. Die wenigsten »Normalbürger« ahnen, wie viele Etablissements sich in ihrer Umgebung, in ihrer Stadt, in der Nachbarschaft befinden. Und vermutlich noch weniger rechnen damit, dass es dort auch möglich ist, gesellig Kaffee oder Tee zu trinken, sich persönlich auszutauschen, zu lachen und zu beten. All das hier zu tun, liebe ich.

Stella schenkt mir nochmals von dem gesüßten Kräutertee nach und Lara nimmt einen weiteren Keks aus der Packung. Wir haben gerade reihum von Missgeschicken unserer Kinder erzählt.

Catinka äfft nochmals ihren kleinen Sohn nach: »*Nem*, Mama, *nem*. – Nein! War nicht ich, war nicht ich!« Erneut kichern wir.

»Wie alt ist dein Kleiner jetzt?«, fragt Lara die junge Mutter.

Augenblicklich überschattet tiefe Traurigkeit das Gesicht der Ungarin. Ihre Augen fokussieren abwesend die gegenüberliegende Wand des schmalen Raumes. »Schon groß. Neun, bald zehn. Letzte Mal gesehen, war er acht.«

Betroffen starren wir vor uns hin. Während ich abwarte, ob Catinka noch etwas nachschieben möchte, mustere ich die Essenreste. Verteilt über den einfachen Tisch und die marode Küchenzeile liegen in mehreren Schachteln längst erkaltete Pizzastücke, eine offene Packung Toastbrot, einige Gläser mit Zigarettenstummeln, Kekse, Süßkram, Chips und Knabberzeug. Alles muss schnell gegen Hunger helfen und kann direkt stehen gelassen werden, wenn ein Kunde den Gang des Laufhauses betritt. Dann müssen die Dienstleisterinnen für den »Service« für den Freier sofort verfügbar sein.

Ab und an unterhalte ich mich im Aufenthaltsraum so lange mit den anderen, bis die Abberufene aus ihrem Zimmer zurückkehrt. Aber es scheint sich nur ihr von Deo umnebelter Köper wieder eingefunden zu haben, während der Blick lange Zeit abwesend bleibt.

In die raumfüllende Stille dringt Vogelzwitschern durch das gekippte Fenster. Die hereinströmende Kälte ist zwar ungemütlich, aber die erfrischende Luft hilft ein wenig gegen den starken Zigarettengeruch, der sich in der Küche gesammelt hat. Lara wischt mehrmals über das zerschlissene Kunstleder des schwarzen Sofas, als könne sie dadurch ihre stimmungskippende Frage wieder beseitigen. Aber es ist in Ordnung. Auch solche Fragen sind wichtig.

»Bleiben immer klein«, meint Stella schließlich tröstend. Die Spanierin schiebt ihrer Kollegin die Kekspackung hin. »Eigene Kinder bleiben immer klein.«

Catinka scheint keinen Appetit mehr zu haben, aber sie nickt nachdenklich. Dann verjagt sie mit wedelnder Hand eine nicht vorhandene Fliege und verscheucht dabei den Schleier auf ihrem Gesicht. Es gelingt der gefassten Miene sogar ein dünnes Lächeln. »*Igen, igen*. Ja, ja. Immer klein und bisschen dumm.« Wir lachen verhalten mit ihr.

Die Art der jungen Mutter erinnert mich an eine Frau, die ich bei einem der Wohnwagenplätze getroffen habe. Vielleicht gründet die Ähnlichkeit in derselben Nationalität. Vielleicht auch darin, wie bei beiden ab und zu die traurige Sehnsucht durch die Oberfläche der trotzigen Verdrängung bricht. Der Bauch von Catinkas Landsfrau spannte sich kugelig unter dem Top aus Netzstoff. Ich schätze, sie war im achten Monat und weiterhin berufstätig …

Im Flur erklingt das bekannte Geräusch, das stets Unruhe in die geselligen Runden bringt. Noch bevor die Eingangstür wieder zufällt, steht Stella bereits und zieht ihr enges Kleid am Hintern glatt. »Ich mach schon«, gibt sie mit einem Wink der Kollegin zu verstehen.

Diese nickt nur zustimmend. Mit kerzengerader Haltung verschwindet die Spanierin durch die offen stehende Tür und klackert auf den High Heels durch den Gang. Wir hören eine knappe Absprache, ohne dass wir die Worte verstehen. Dann öffnet und schließt sich eine Tür in dem Flur, der sich links vom Eingang befindet und wo sich die einzelnen Zimmer zur Angebotsauswahl aufreihen.

Kurz schweigen wir unbeholfen, dann finden wir schließlich Themen, um ein neues Gespräch aufzunehmen. Nach einer Weile tönt es durch den Gang, als gehe erneut die Haupttüre auf und zu. Catinka bedeutet uns mit einer Handbewegung, dass sie rasch nachschauen gehe. Gleich darauf kehrt sie zurück und zuckt mit den Schultern. »Vielleicht anders überlegt.«

Die Bewohnerin setzt neues Teewasser auf und wir unterhalten uns weiter. Kaum nimmt sie auf der Couch Platz, hören wir wieder das Geräusch. Die Ungarin drückt sich aus dem Polster hoch und verschwindet im Hausflur. Wieder steht sie unmittelbar danach kopfschüttelnd am Tisch. »War nix.«

Verspielter Qualm steigt aus den frisch gefüllten Tassen, als sich das Ganze ein drittes Mal wiederholt.

»Es ist heute ansonsten so leer hier«, stelle ich mit aufkommender Unruhe fest. »Wo sind denn die anderen?«

»Alle einkaufen. Kommen spät zurück«, winkt Catinka ab.

Gerade nippe ich an dem ausreichend abgekühlten Kräutertee, da knallt noch einmal die schwere Zugangstür. Unsere Gastgeberin müht sich nur noch bis zur Schwelle des Küchenraums und schaut den Gang entlang. Wie zuvor kein Kunde. Niemand da. Schulterzucken. »Dann sind es wohl die Geister«, stellt die Ungarin trocken fest und setzt sich auf den Stuhl am Tischende.

Augenblicklich stellen sich die Härchen an meinen Armen auf. »Was meinst du damit?«

Schulterzucken. »Hier bewegt sich öfter etwas einfach so. Tassen, Teller, Türen ... das sind die Geister hier.« Catinka redet über die überirdischen Phänomene wie über seltsame Mitbewohner. *Spooky*, würden Waldi und ich das sonst spaßeshalber kommentieren. Aber hier trifft es zu ernsthaft zu.

Lara war noch nicht bei sonderlich vielen Einsätzen dabei und ihr Schrecken ist unübersehbar. Trotz meiner Erfahrungen im Streetwork-Bereich verunsichert auch mich die neue Dimension in der Finsternis des Milieus. Und insbesondere meine bisherigen Erfahrungen mit dunklen Mächten warnen mich. Ich bemühe mich, nach außen ruhig zu wirken.

Plötzlich hören wir Schritte im Flur. Schweres, langsames Auftreten auf hartem Boden. Ohne das Öffnen einer Tür. Die Eingangstür ist zu wuchtig, um ungehört betätigt zu werden, und die anderen Türen zu nah. Es muss sich eine ganz andere Pforte geöffnet haben, durch die nicht jemand, sondern etwas in dieses Gebäude gelangt ist.

Alle inneren Alarmglocken brüllen und wecken jenen Teil in mir, der in Notsituationen die Kontrolle und Koordination übernimmt. Sofort weiß er, was jetzt dran ist, und reißt meinen Körper aus dem Sofa in den Stand. »Lara, wir müssen jetzt beten«, leite ich meine Teampartnerin an.

Die überforderte Mitarbeiterin klammert sich mit hektischem Nicken an den zugeworfenen Rettungsring und zieht sich daran hoch. Dicht neben mir spüre ich ihren vor Aufregung zitternden Körper. Die Schritte im Gang werden lauter, kommen näher. Rasch hebe ich die Arme zum Gebet und drücke meine rechte Schulter an Laras linke, um uns durch gegenseitige Nähe zu ermutigen. Sie presst den Arm gegen meinen und reckt ebenfalls ihre gefalteten Hände. Mit trockenem Hals stimme ich ein Lobpreislied an, schief und krächzend, aber es setzt dem hallenden Klang im Flur Lichtworte entgegen. Meine Handflächen strecken sich geöffnet nach oben. Richtung Himmel. Er ist da, auch jetzt, auch hier. In Teufels Küche.

Noch nie habe ich die Präsenz einer bösen Macht so stark und real gespürt. Ich schließe die Augen, um nicht mehr die Küche zu sehen, in der ein Etwas aufkochende Dunkelheit zusammenbraut, sondern den Retter zu fokussieren, von dem zitternde Lippen und bebende Herzen singen. Ich habe Angst. Aber zugleich spüre ich einen Halt, eine Stärke in mir und um mich, einen Schild. Mein Singen geht über ins Gebet. Ich weiß nicht, was ich sagen soll, aber ich bekomme Hilfe. Aus meinem Mund strömen Worte, die ich selbst nicht verstehe, aber mich aufbauen, ermutigen, umhüllen. Während ich in fremden Sprachen Himmlisches bete, merke ich, wie jenes Etwas versucht, an mich heranzukommen. Aber es kann nicht. Es schafft es nicht. Es darf nicht. Licht ist stärker als Finsternis. Das Licht, das die Schatten des Todes bezwungen hat, hüllt uns ein und verbietet dem Dunkel, an uns heranzutreten.

Und schließlich weicht die Finsternis. Die Schritte verstummen, die Präsenz verschwindet.

Aufgewühlt öffne ich die Augen und finde Laras Blick. Er ist entsetzt und gleichzeitig erleichtert, so wie auch ich empfinde. Das war krass! Heftig!

Freundlich, aber eilig verabschieden wir uns von der etwas verwunderten Catinka, die wie ein unerfahrener Statist der Szene beigewohnt hat. Wir hinterlassen Grüße an Stella und die anderen Zimmerbewohnerinnen. Die Eindrücke aus des »Teufels Küche« treiben uns zügig durch den Gang, aus der Haupttür und ins Freie.

Erleichtert atme ich die frische Luft ein, strecke mein Gesicht dem Wolkenhimmel entgegen und flüstere immer wieder: »Danke, Jesus, danke.«

Vor dem Gebäude steht ein Wohnwagen. Bei unserer Ankunft am Bordell befand sich die Frau mit einem Kunden im Anhängerinneren. Nun sitzt sie auf einem Hocker davor und wartet rauchend auf die nächste Schicht. Fragend schaue ich zu Lara. Wenn auch blass im Gesicht, nickt sie zustimmend, und wir sprechen die Wartende an. Nach einer Weile Reden lässt sich die Frau zum Gebet einladen.

Die Augenlider geschlossen, zucke ich erschrocken zusammen, als eine kläffende Stimme hineingrätscht: »Wer seid ihr? Was macht ihr hier?«

Ich reiße die Augen auf und starre den Fragenden an, der in dunkelgrüner Jacke und abgenutzter Cap vor uns steht und zurückstarrt. Meine Alarmglocken sind noch nicht ausgeschwungen und das Küchen-Erlebnis von eben klingt noch hallend nach. Die Eindrücke, Fragen und Gedanken turnen chaotisch durch meinen Kopf: *Ist das jetzt ein Dämon? Ein Mensch? Zuhälter? Freier? Wer?*

»Was macht ihr hier?«, wiederholt der schlaksige Typ mit Dreitagebart.

Perplex betätige ich den Antwortknopf: »Beten.«

Nun ist unser Gegenüber verblüfft: »Beten? Hier?!«

»Ja«, gebe ich zunehmend gefestigt zurück.

Die Einordnung zum Freier scheint am naheliegendsten und diese Kategorie stimmt mich gerade verhältnismäßig gelassen. »Man kann hier auch beten. Man kann hier auch Gott finden … Und Sie sind?«

Der Mann um die dreißig schaut mich verdutzt an, dann Lara, dann die sitzende Frau. Sein Blick bleibt an ihr hängen. »Ich komme eigentlich, um …«, er stutzt und starrt verständnislos wieder mich an. »Na, um bedient zu werden … Und nicht, um zu beten.«

Wieder mustern seine Augen uns im Dreieck. Als sich nichts innerhalb der Formation ändert, macht er einen unentschlossenen Schritt zurück. Schließlich dreht er sich um und stapft davon. Wir wollten die Frau nicht um ihren Verdienst bringen, doch da sie keine Anstalten gemacht hat, diesen Kunden bedienen zu wollen, und wir alle drei ihm nur perplex hinterhersehen … Die Situation hat etwas Komisches, fast schon Komik: Der Mann kam ins Rotlichtmilieu, um seinen Spaß zu haben, und dann beten wir ausgerechnet hier. Ja, Gott kann überall überraschen.

Völlig ausgelaugt komme ich nach dem Einsatz zu Hause an. Mein Mann und die Kinder schlafen bereits. Aber es braucht einiges an Zeit, bis ich es ihnen gleichtue.

Die Erschöpfung hat noch lange mit einer unbändigen Unruhe gekämpft, die mich auch am nächsten Morgen im Griff behält. Die heftige Begegnung mit einer Furcht einflößenden Kraft, die sich unserer Arbeit mit schweren Schatten entgegenstellt, schürt Sorgen. Sorgen, dass sie vielleicht auch vor meiner Familie nicht haltmacht.

Als ich die obere Wohnung des Familienhauses betrete, liegt meine Schwiegermutter wie so oft lesend in ihrem Bett, an das sie krankheitsbedingt die meiste Zeit gebunden ist. Die vertraute Gemütlichkeit des Raumes und ihre tröstliche Gegenwart heißen mich willkommen.

»Mama, bitte bete für mich und uns«, beginne und schließe ich meinen Bericht von den aufwühlenden Erlebnissen des Einsatzes vom Vortag.

Waldis Mutter hört mir aufmerksam zu. Dann nimmt sie die Lesebrille von ihrem freundlichen, runden Gesicht und braune Augen schauen mich bedeutungsvoll an. »Natalie, weißt du, ich konnte gestern den ganzen Abend kaum lesen. Wie immer habe ich für eueren Einsatz gebetet, als ihr losgezogen seid. Und dann wollte ich wie sonst mein Buch weiterlesen. Aber ich musste es immer wieder zur Seite legen. Ständig kamt ihr in meine Gedanken und der Heilige Geist hat mich aufgefordert, für euch zu beten. So oft und deutlich hatte ich das noch nie.«

Ihre Aussage hebelt gleich einem Katapult die riesige Belastung von mir und schleudert sie weit fort. Ich fühle mich so erleichtert, dass ich eigentlich vom Sesselpolster abheben und schweben müsste. Stattdessen sinke ich erschöpft nach hinten in die weiche Lehne.

Krass. Wenn wir uns in der Kampfzone befinden, sorgt der Heilige Geist für Rückendeckung, geht es mir fasziniert durch den Kopf. *Er weiß, was wir brauchen, und er gibt uns sicheren Schutz und einen starken Schild.*

Das ist, was ich wissen muss und was reicht, um mutig weiterzugehen. Wohin, ist noch nicht klar, aber gewappnet bin ich sicher. Mit jenem Schild, auf dem ein besonderes Wappen prangt.

10

KRONzeugen

Juli 2019, Neuwied

Betagte Augen, umrandet von den goldenen Rändern einer feinen Brille, betrachten mich aufmerksam. Der kleine, kräftige Mann strahlt etwas Freundliches aus, sodass ich mich beim Reden vor allem auf ihn konzertiere. Natürlich versuche ich auch Blickkontakt zu den anderen beiden Unternehmern aufzubauen. Schließlich brauchen wir ihre geeinte Zustimmung.

Ich bin so froh, dass ich nicht alleine mit den Präsentationsfolien vor den Geschäftsmännern stehen und unsere Idee bewerben muss. Waldis ruhige Art stützt die Atmosphäre wie eine unerschütterliche Säule und mit Karola und Roman haben wir erfolgreiche Unternehmer mit im Boot. Allerdings garantiert das nichts.

Die älteren Männer, die in den gepolsterten Stühlen um den Tisch sitzen, verfügen nicht nur über immense Businesserfahrung, sondern haben auch keinerlei dringenden Grund, unser Anliegen an sich heranzulassen. Reich an Vermögen und Einfluss haben die Immobilieninvestoren freie Entscheidungsgewalt und eine breite Auswahl an gewinnversprechenden Deals. Wer Grundstücke auf der ganzen Welt besitzt und mit höchsten Politikern Golf spielt, hat keinen Druck. Es braucht Interesse, um ihre Gunst zu gewinnen. Das macht nervös, aber anderseits können wir nichts verlieren, was wir noch nicht besitzen. Vielmehr bin ich einfach gespannt. Gespannt, was Gott an Land holt – an sein Land.

Ich fokussiere den Endfünfziger mit den goldumrandeten Rundfenstern unterhalb des ergrauten Haars und lächle. Er antwortet mit einem Lächeln und stützt die Ellenbogen auf die geschwungenen Armlehnen, während er sich neugierig vorlehnt.

Nicht er entscheidet, erinnere ich mich an den Grund und das Ziel der Werbepräsentation. *Jesus entscheidet, was geschehen soll.*

Das Vertrauen darauf ist unser Schild. Es hat uns den Weg durch die bisherigen Anfechtungen gebahnt. Mein Lächeln wird breiter, als mein Blick auf das Logo fällt, welches den Kopf jeder Präsentationsfolie ziert. Es ist das Wappenmotiv unseres Glaubensschilds.

Frühling 2018, Teichern

Haltet diesen Schild hoch! Sams Zuspruch hallt gleich einem Manöverruf über das weite Feld meiner aufgebrachten Gedanken und Gefühle.

Es fühlt sich an wie ein Stellungskampf, wenn man andauernd seinen Standpunkt verteidigen muss. Dabei will ich mich nicht vor Freunden, Bekannten und Familie dafür rechtfertigen müssen, was wir als tiefen Wunsch in uns tragen. Es ist mehr als ein Wunsch: ein hartnäckiger Eindruck, der immer wieder von Gott durch Menschen und Ereignisse bestätigt wurde. Auch dem Pastor unserer Gemeinde hat er ein Bild für uns gegeben. Während einer Gebetsgemeinschaft beschrieb Sam eine Szene, die sich vor seinem inneren Auge abbildete: »Ich sehe, wie ihr einen Schild des Glaubens vor euch haltet. Darauf ist kein Kreuz, sondern eine Krone. Haltet diesen Schild hoch.«

Ja, es braucht viel Glauben, um auf etwas zu vertrauen, das man nicht sieht oder von dem man noch nichts sieht. Zum Beispiel einen Begegnungsort, wo Menschen vom Rande der Gesellschaft in die Gemeinschaft hineingenommen werden und alle Kommenden Wertschätzung erfahren. Waldemar und ich haben beschlossen, diesen Traum in die Realität umzusetzen und notfalls alles dafür zu investieren. Denn es ist Gottes Traum. Und seinen Schild brauchen wir bereits intensiv, um unser Vertrauen auf ihn vor der Gegenwehr zu schützen. Skepsis, Zweifel, Unverständnis schlagen uns bei den meisten Gesprächspartnern entgegen, wenn wir von dem Vorhaben erzählen, ein Café oder Ähnliches aufzubauen, um diesen Raum des Miteinanders gestalten zu können.

Wir seien naiv und verrückt, belächelten uns heute Nachmittag erneut Bekannte. Es ist so anstrengend. Ich drücke Waldis Hand fester. Der Spaziergang entlang der Felder tut gut. Sachter Wind weht erfrischend über die sanft ansteigenden Hügel, während die Sonne im Tagesendspurt zum Horizont eilt. Trotz der Wärme findet mein Körper nicht zur Entspannung. Nach solchen Gesprächen, in denen wir für die große Sache werben und dabei kleingeredet werden, bin ich jedes Mal völlig ausgelaugt.

Zusätzlich zupft permanent eine Unruhe an meiner Aufmerksamkeit. Meine Augen suchen immer wieder den Himmel ab. Kaum Wolken, alle klein und viel zu klumpig. Keine Ecken, Spitzen oder … Zacken. Enttäuscht schaue ich zum Feuerball, der Orangetöne auf die Himmelsleinwand auskippt, die breitflächig ins Blau sickern.

Gott, bitte forme ein Wolkenbild, das eine Krone zeigt. Eine Krone mit Zacken, so wie man sie malen würde. Ich brauche gerade eine Bestätigung von dir.

Mit dieser Bitte war ich losgestapft, doch an dem hohen Gewölbe sammeln sich nur spärliche Wolkenknäuel, und sosehr ich meine Fantasie auch bemühe, kann ich in keine davon ansatzweise ein Krönchen hineininterpretieren. Zu meiner Erschöpfung gesellen sich Ernüchterung und Traurigkeit.

Wir erreichen eine Aussichtsbank, setzen uns und beschließen zu beten. Waldemar lädt bei Jesus den angestauten Frust ab, während mein Blick wiederholt die Weite über uns mit dem Eifer eines Minendetektors durchkämmt. Nichts Kronenartiges. Ich schließe die Augen, um mich auf die Worte meines Banknachbarn zu konzentrieren.

Einen Moment später schüttle ich den Betenden an den Armen: »Waldi, hör auf zu beten! Guck mal, guck mal!«

Überrumpelt blinzelt Waldi ins Licht der Sonne, die auf Augenhöhe ihr Strahlen entfächert. Dann sucht er in meinem Gesicht nach einer Erklärung und folgt mit dem Blick meinem nach oben fuchtelnden Zeigefinger.

»Was siehst du?!«, überfalle ich mein Gegenüber, energisch auf den Bankbrettern wippend.

»Ähm … na …«, der Bärtige beschaut den weißen Brocken über uns, »… eine Krone.«

Und was für eine! Eine riesige Krone. Wie gemalt, mit dem deutlichen Auf und Ab der Zacken. Krass!

Mein Herz schwebt auf Wolke sieben, besser noch: der gigantischen Wolke entgegen, die der himmlische Schöpfer über der Bank ausgebreitet hat. Waldemar wusste nichts von meiner Bitte an Gott, es ist also kein Wunschgebilde, sondern ein reales Gebilde, um meinen Wunsch zu erfüllen. Gott ist so gut!

Die Krone soll das Logo des noch nicht sichtbaren Projekts werden! Jesus ist der König über die ganze Welt, unsere Stadt und den werdenden Begegnungsort. Wir sind Kronzeugen seiner Wunder. Die Krone steht für ein neues Reich, das mitten unter uns entsteht und lebt – unaufhaltsam, denn Gottes Treue reicht so weit, wie die Wolken ziehen.

2018, Tagebucheintrag

Jesus, wenn es ein Café ist, an das du denkst, dann soll es vor Freundlichkeit und Freude leuchten. Mein Wunsch ist es, dass dort Menschen zur Ruhe kommen.

Der vorübereilende Angestellte lässt mich aufschauen. Ich hebe die Hand, um auf mich aufmerksam zu machen, doch der junge Mann hastet mit Tunnelblick nach draußen, um dort Tische abzuwischen. Wieder. Die geleerte Kaffeetasse neben meinem Gebetstagebuch wartet schon seit einer Weile auf Ablösung, doch die Bedienung scheint unentwegt Wichtigeres auf der To-do-Liste zu haben als die fünf Gäste in dem altmodisch eingerichteten Kaffeehaus. Er tut mir leid. Sicherlich scheucht ihn eine Führungskraft umher oder ein innerer Antreiber. Ein solcher Geist soll nicht durch unseren Einkehrort wehen. Wo und welcher auch immer das sein wird.

Die Villa im Nachbarort sollte es jedenfalls nicht sein. Gott hatte recht zügig diese Tür geschlossen. Die große Immobilie hätte sich hervorragend für ein hübsches Café geeignet. Doch groß bedeutet auch teuer und trotz der positiven Rückmeldungen seitens der Inhaber zerschlugen sich weitere Planungen. Fern vom Zentrum einer ohnehin kleinen Stadt sprach der Standort nicht für gute Gewerbeeinnahmen. Okay, also nicht dort.

Seit einiger Zeit versuchen wir nun, unsere Vision mit der eines anderen Projekts zu verknüpfen. Eine Frau aus einer Nachbargemeinde sah in den leer stehenden Hallen einer bankrottgegangenen Firma das gigantische Potenzial, einen Zufluchtsort zu schaffen. Sie sammelt bereits Spenden und Unterstützung, um ein Frauenhaus, ein Gebetshaus, ein betreutes Wohnen und vieles mehr auf dem Gelände zu realisieren. Auch ein Café ist geplant. Aber das steht weit unten auf der Prioritätenliste und es wird noch lange dauern, bis dessen Umsetzung nach oben wandert. Also wahrscheinlich auch dort nicht.

Doch unabhängig davon tun der Kontakt und Austausch mit der Visionärin und ihrem Team gut, denn wir können uns gegenseitig in unseren Vorhaben bestärken. Mehrere Schilde bieten breiteren Schutz gegen Pfeile des Spottes und der vereinte Glaube an Gottes Möglichkeiten stärkt gegen Missbilligungen.

Die Kugelschreibermine jagt über das linierte Papier und vermag kaum, mit meinen Gebetsgedanken Schritt zu halten:

Ich will alles an dich abgeben. Du hast mich mit deiner bedingungslosen Liebe berührt. Während der Musical-Tour vor einem Jahr hast du an Karfreitag mein Herz neu und ganz tief angerührt. Bei der Abendmahlsfeier spürte ich, wie du eimerweise deine Liebe über mich ausschüttest.

Es ist so viel passiert, so viel Spannendes, so viel Geistliches. Du bist mein bester Freund geworden. Du berufst mich immer wieder neu. Danke, dass Kinder aus aller Welt das erleben können. Wir wollen das weitergeben.

Zeig uns bitte: Wo soll unser weiterer Weg hingehen? Was sollen wir tun, um es herauszufinden? Soll es ein Café werden? Ist es das Café »Schnittstelle«?

Unsere Freunde Sam und seine Frau Sarah hatten den Kontakt zu einer Gemeinde in der Nähe von Darmstadt hergestellt. Diese besitzt das Begegnungsbistro *Schnittstelle* und sucht nach Betreibern. Waldi und ich haben bereits eine Art Praktikum dort gemacht, um mitzuarbeiten und einander kennenzulernen. Der Türspalt weitet sich momentan immer mehr und es scheint, als führe uns der Ruf zu diesem Platz. Mila und Lukas sind dort schon im Kindergarten angemeldet und der Umzug ist in Planung. Doch eigentlich will ich nicht.

Dein Wille geschehe, aber wenn möglich, lass diesen Kelch an mir vorüberziehen … und mich nicht fortziehen.

Ein Wunschgebet, das ich nicht notiere. Ich will Gott gehorsam sein. Wenn er uns im Café *Schnittstelle* gebrauchen will, werde ich gehen. Aber ich möchte viel lieber bei Neuwied bleiben, denn für die Menschen hier brennt mein Herz. Noch ist nicht alles für den Umzug entschieden, noch stehen wir an der Schwelle zum Neuland …

Gedanken wälzend geht mein Blick auf Wanderschaft. Durch das große Fenster kann ich die Leute beobachten, wie sie zielstrebig durch die Fußgängerzone eilen, zerstreut vorbeitrotten oder ins Handydisplay versunken die Geschäfte passieren. Jeden scheinen Sorgen durch den Tag zu treiben. Direkt vor der Glastür der Gaststätte steht ein städtischer Mülleimer, darüber beugt sich ein Mann um die fünfzig mit ausgeblichenem Hut und ungepflegtem Vollbart. Trotz warmer Temperaturen trägt er fingerlose Handschuhe. Mit ihnen wühlt er in dem Entsorgungsbehälter und stopft schließlich zwei herausgefischte Getränkedosen in seine Plastiktüte. Jeder einzelne Griff in den Abfall versetzt mir einen Stich ins Herz. Ich kann das nicht mitansehen. Früher habe ich selbst im Müll gewühlt.

Der Suchende zieht weiter und meine Hand schreibt wie von selbst: *Jesus, du sagst: Sorgt euch zuerst um Gottes neue Welt und lebt nach seinem Willen, dann wird er euch mit allem versorgen. Ich habe es erlebt. Ich vertraue dir.*

Und ich will, dass es auch dieser Mann erfährt. Es braucht unbedingt diesen Ort in Neuwied, wo Gottes Reich sichtbar wird.

März 2019, Neuwied

Das ist es!

Aufgeregt presse ich meine Nase an die Scheibe, um mehr durch den Schlitz im Sichtschutz zu erkennen. Die Glasfassade des Lokals wurde von innen vollständig mit blickdichten Folien zugeklebt, allerdings befindet sich zwischen ihnen in der Mitte ein schmaler Spalt. Begeistert winken wir uns abwechselnd heran, damit alle den kahlen Raum hinter der Schaufensterfront bespitzeln können.

Waldi und ich sind zusammen mit einer kleinen Gruppe in die Fußgängerzone Neuwieds losgezogen. Denn hier, im Umkreis von Neuwied, befinden wir uns als Familie nach wie vor. Auch die Tür zum Café *Schnittstelle* hat sich kurz vor den finalen Umzugsschritten geschlossen. Die Café-Leitung entschied, das Begegnungsbistro wie bisher weiterzuführen und uns nicht einzustellen. Wir konnten einiges durch den Prozess lernen – ohne gehen zu müssen. Gott sei Dank …

Aber was jetzt? Werden wir unseren Platz nun doch auf dem ehemaligen Fabrikgelände finden? Nach viel Gebet und Prüfen teilten wir heute dem Projektteam mit, dass es uns besser scheint, nicht den ungewissen Zeitpunkt abzuwarten, bis bei ihnen eine solche Begegnungsgaststätte dran sei. Noch während des gemeinsamen Mittagessens verstärkte sich mein Eindruck, dass sich der Standort in der Neuwieder Innenstadt befinden könnte.

Kurzerhand sind wir daher gemeinsam nach der Mahlzeit aufgebrochen und haben in der Fußgängerzone die Entdeckungstour gestartet. Im Stillen betend erforschen wir die Stadt, als sei sie Neuland für uns. An welcher Stelle könnten wir Gottes Banner wehen lassen? Welches Ladenlokal soll mit der Krone markiert werden?

Und da, mitten in der Flanierzone zwischen kleinen Geschäften mit Billigkram und überquellenden Mülleimern, erhebt sich unscheinbar die vom Wetter gezeichnete Fassade. Das untere verglaste Drittel bleibt für Passanten durch eine Folie verdeckt. Aber wir sehen, was man nicht allein mit den Augen erkennen kann. In der Location schlummert ein Potenzial, das unsere Aufmerksamkeit weckt. Denn ich weiß nur zu gut, dass nicht das Kleid eine Königin ausmacht und dass Schätze meist im Unscheinbaren verborgen liegen.

Durch die Spicklöcher bewundern wir das verkannte Schmuckstück: einen leer stehenden Rohbau mit nacktem Boden und kahlen Wänden. Aber auch mit verzaubernden Säulen, welche sich zu einer hohen Decke hinaufrecken. Mit mehreren Fensterelementen, die viel Helligkeit versprechen. Mit verspielter Innenarchitektur und einladender Weite. Im hinteren Bereich befindet sich sogar ein Treppenaufgang, der auf weitere Ebenen mit noch mehr Fläche schließen lässt.

Ich sehe es schon vor mir … die Möglichkeiten … das Café … einfach alles: gestrichene Wände, eine lange Theke, eine Kinderecke, hübsche Möbel unter charmanten Lampenschirmen, die sich von weit oben herabseilen und verlockende Menükarten in sanftes Licht tauchen. Gestaltungsfreude und Menschenliebe satteln mein Herz und es galoppiert davon. Ich rieche frisch gemahlenen Kaffee und die herrliche Duftkomposition aus üppiger Kuchenvielfalt und herzhaftem Imbiss. Ich höre das Prusten des Milchaufschäumers, klirrendes Geschirr und rege Gespräche, die den hohen Raum mit dem warmen Klang von Geselligkeit erfüllen. Ich spüre an meiner Handfläche das Glas vor dem Sichtschutz und in mir den Drang, ihn augenblicklich abzulösen und loszulegen.

Es ist ein besonderer Moment, denn die ganze Gruppe nimmt wahr, dass hier etwas Besonderes geschehen kann. Vor dem Verborgenen bilden wir einen Kreis, beten laut und singen Lobpreislieder. Schon jetzt hat Jesus einen Platz hier in unserer Mitte. Er wird regeln, ob hinter dieser Folie auch andere mit ihm bei einer Tasse Kaffee Platz nehmen werden.

Juli 2019, Neuwied

Noch immer befindet sich ein Lächeln unterhalb des schimmernden Brillengestells. Der Geschäftsmann nickt nachdenklich bei den letzten Sätzen der Präsentation. Die Vorstellung ist zu Ende. Mit pochendem Herzen werfe ich dem Immobilienmakler einen fragenden Blick zu. Herr Baumer hat das Treffen arrangiert, obwohl seine Meinung zu unserem Vorhaben ambivalent zu sein scheint.

In das leer stehende Gebäude direkt schockverliebt, nahm ich umgehend Kontakt zu dem zuständigen Gebäudeunternehmen auf. Zwei Tage später betraten wir mit Herrn Baumer den Rohbau. Aalglatt und höflich präsentierte der Makler uns den Innenbereich, auch wenn ihm schnell klar wurde, dass unsere Träume sehr groß und unsere Mittel sehr begrenzt waren. Als wir ihm von der Idee erzählten, hier ein Café zu verwirklichen, allerdings ohne vorhandenes Geld, schüttelte der Mann belustigt den Kopf. Doch dann schob er nach: »Das könnte den Inhabern gefallen.«

Überrascht horchte ich auf: »Wieso das?«

»Sie sind Juden und haben Immobilien auf der ganzen Welt. Sehr erfolgreiche Geschäftsmänner, aber womöglich aufgeschlossen für eine soziale, gemeinnützige Verwendung der Räume.«

»Juden?«, schoss der Hoffnungsfunken aus mir heraus. »Was für Juden? Messianische?«

Die Stirn unter den gegelten Haaren legte sich irritiert in Falten: »Nein, nein, ganz normale Juden. Aber es wird ihnen gefallen.«

Und nun sitzen diese »normalen« Juden tatsächlich vor uns, um sich die Vision vorstellen zu lassen. Herr Baumer nickt mir freundlich zu, doch sein Pokerface verrät nicht, wie wirkungsvoll die Präsentation ankam. Hoffentlich ist es eine gute Mischung gewesen. Begeisterung und Ideen kann ich reichlich einbringen. Den passenden unternehmerischen Ton müssen unsere frisch hinzugekommenen Partner treffen. An sie bin ich über eine lose Bekanntschaft und Gemeindekontakte gelangt. Karola und Roman seien ein einkommensstarkes Unternehmerehepaar, so der Tipp, und würden sich gut mit Businessplänen und Kalkulationen auskennen. Das kam uns sehr gelegen. Wir suchten das Gespräch und dabei zeigte sich, dass die beiden ebenfalls seit Langem das Anliegen auf dem Herzen hatten, eine solche Plattform zu unterstützen. Trotz unterschiedlicher Lebenskonzepte und abweichender Glaubenseinstellungen scheinen erfolgreiche, gläubige Geschäftsleute genau das zu sein, was wir brauchen, um Gottes Plan zu folgen. So bildete sich aus uns ungleichen Paaren die Leitung des Projektteams für das angedachte Café mit zugehörigen Ferien-Appartements.

Haben Geschäfts-Know-how und leidenschaftlicher Elan ausgereicht? Vielleicht punktet ja auch der Name des Begegnungsortes: *ZION*.

Als Karola den Titel vorschlug, war sofort klar, dass er perfekt zu dem Gebäude passt, das ein Wohnraum für Gott sein soll. Wie der namensgebende Tempelberg soll dieser Einkehrort Teil seines Himmelreichs auf Erden sein. Wirkt das nun anmaßend oder ansprechend für die hier sitzenden Juden?

Das freundliche Blinzeln hinter den vergoldeten Kreisen wandert von einem zum anderen, bis sein Blick an mir hängen bleiben. Der ältere Mann, der sich mit Yosef vorgestellt hat, möchte mehr von meiner Lebensgeschichte erfahren, von der ab und zu etwas anklang. Überrascht nicke ich und nutze die Möglichkeit, das wahre Märchen meines Werdegangs zu erzählen.

»Kasachstan?«, hakt Yosef mit aufleuchtenden Augen und starkem Akzent nach.

»Ja. Ich und auch Karola und Roman stammen aus Kasachstan.«

»Ich liebe Kasachstan!«, verkündet der lebenserfahrene Mann begeistert.

Die Tür fliegt auf. Gott hat im Vorhinein schon die Schlüssel bereitgelegt. Das Folgegespräch verläuft aufgeschlossen und hoffnungsvoll stimmend. Und tatsächlich, die Hoffnung erfüllt sich: Wir bekommen eine positive Rückmeldung für das *ZION*-Konzept!

Nun liegt es an uns, die Finanzierung zu organisieren.

»Das ist doch verrückt«, antworte ich Gott auf den Knien hockend. Auf denen bin ich wieder mal gelandet, als er mir eben einen Gedanken eingegeben hat. Eine unglaubliche Aufforderung. »Willst du wirklich, dass wir das auch so machen?!«

So wie das Ehepaar John in Peru, welches dem Ruf folgte, in den Anden ein Krankenhaus für die dortige Quechua-Bevölkerung zu errichten – aus dem Nichts, ohne Geld, ohne Bank. Ihre autobiografische Erzählung habe ich schon vor einiger Zeit gelesen. Sie handelt von der wunderreichen Entstehung des mittlerweile riesigen Spitalgeländes *Diospi Suyana*. Heute stieß ich erneut auf das Buch und die Botschaft jener Wunder schubst mich an meine Grenzen.

»Wie soll das funktionieren, Gott? Ohne Finanzierung durch eine Bank?!«

Aber keinen Schritt, den ich bisher mit Jesus über meine Vorstellungsgrenzen hinweggegangen bin, habe ich jemals bereut. Viel mehr hat es freigesetzt und gezeigt, was ihm möglich ist. »Okay«, gebe ich daher vorsichtig nach. »Wenn das Team mitmacht, dann ist dieser Eindruck von dir.«

Denn wenn Menschen, die ihren Beruf aufgeben, um für die Vision Vollzeit zu arbeiten, sowie kalkulierende Geschäftsleute einem solchen Vorschlag zustimmen, dann muss Gott die Finger im Spiel haben. Vor allem nach wochenlangem Gebetsringen um die Unterstützung der Bank.

Am nächsten Abend trifft sich das Team und schließlich wage ich es, meinen Eindruck in den Raum zu stellen. Allen Erwartungen zum Trotz beschließt die Gruppe einstimmig: Wir gehen ohne Bank im Vertrauen voran. Verrückt!

Aber wir planen die Gaststätte ja für und mit jenem, der aus einem Lunchpaket ein überreiches Gastmahl für Tausende zubereiten konnte. Das verrückt die Perspektive.

Steigt auf den Berg, holt Holz und baut das Haus auf. So werde ich geehrt und ihr macht mir Freude damit (Haggai 1,8).

Durch Ermutigungen wie diese begleitet uns Jesus durch die spannende Entwicklungsphase. Dabei lernen wir die Unterstützung von Freunden und Gemeinde neu und intensiv schätzen. Unsere Pastoren stehen hinter uns mit Gebet, Ratschlägen und Gesprächen über Glaubensthemen. Neben den wachsenden Beziehungen in unserer jetzigen Gemeinde vertiefen sich bereits bestehende Freundschaften und werden mir zu kostbaren Brunnen, aus denen ich innerlich schöpfen kann. In jeder der Gemeinden durfte ich Gefährtinnen finden, die mich bei den weiteren Lebensetappen treu begleiten.

Dazu gehört auch Anna, die trotz unseres letzten Gemeindewechsels eine meiner besten Freundinnen geblieben ist. Die Mutter von zwei eigenen und zwei Pflegekindern passt oftmals auf Mila und Lukas auf, wenn wir besonders viel für das *ZION*-Projekt eingespannt sind. Denn der Verein und die anlaufenden Renovierungsarbeiten nehmen nun umfassend Raum in unserem Alltag ein.

Eines kommt zum anderen und manches geht dafür ... Ich beschließe, aus dem Verein *Schattentöchter* auszutreten. Es war eine ganz besondere Wegstrecke für mich und jetzt ist es an der Zeit, die Abzweigung zu nehmen. Dieser Pfad verfolgt noch dasselbe Ziel: Menschen die Wertschätzung Gottes vermitteln. Immer wieder bestärkt Jesus diesen Auftrag, indem er das leidenschaftliche Feuer in mir schürt. Aber wie finanzieren wir dieses Vorhaben ohne die Unterstützung einer Bank?

Plötzlich tritt wie in einer Bilderbuchgeschichte ein unverhoffter edler Ritter auf: In *ZION*s Story erscheint er in Gestalt eines wohlhabenden Künstlers, der Kontakt zum Verein aufnimmt und Unterstützung verspricht. Mir scheint es zu schön, um wahr zu sein, doch bei jedem gemeinsamen Treffen erneuert der Künstler sein Versprechen, als Investor das Café ermöglichen zu wollen. Wenn der Makler in den Besprechungen nach der finanziellen Absicherung fragt, können wir nun also beruhigen und weiterplanen. Dadurch ergibt sich endlich der Vertrag für einen Pop-up-Store, mit dem sich das Projekt im Neuwieder Zentrum bereits bemerkbar machen kann. Schwarz auf weiß halten wir die offizielle Grundlage in den Händen, um einen ersten Teil der Vision umzusetzen.

Doch kurz darauf wird uns der Boden unter den Füßen weggezogen: Der großzügige Ritter offenbart sich als Bluff. Der Künstler zieht unvermittelt alle Ankündigungen zurück und hinter der großen Klappe der Versprechungen gähnt erschreckende Leere.

Gott, was nun?! Wir haben dir vertraut und keine Bank miteinbezogen. Wir vertrauen dir immer noch. Der Vertrag ist unterschrieben. Aber woher soll das Geld kommen?

Das Team macht sich auf die Suche nach Sponsoren und wirbt um Spenden. Gemeinden sammeln für uns, Privatpersonen überweisen und eine Organisation gibt von einer empfangenen Großspende mehrere Tausend an unser Projekt ab. Mehrfach erreicht den Verein kurz vor knapp Unterstützung, um notwendige Besorgungen und Renovierungsarbeiten erledigen zu können.

So kann *ZION* Mitte Dezember den Pop-up-Store im vorderen Bereich der Räumlichkeiten eröffnen. Das Lokal präsentiert sich einfach und klein, aber einladend und zugewandt. Das schlicht gehaltene Logo aus Krone und dem Schriftzug *ZION* ziert nachhaltige Kleidungsstücke und Kleinartikel im Verkaufsbereich. Als Vorboten für das Café werden an einer Theke aus OSB-Platten Heißgetränke ausgeschenkt und ein Couchbereich aus hübschen Secondhandbeständen lädt an der Frontseite des Raumes zum gemütlichen Zusammensein ein. Stilvolle Lampen, Pflanzen und Einrichtungsaccessoires verleihen dem unfertigen Innenbereich eine freundliche Atmosphäre. Doch noch zeigt sich der Begegnungsort sehr provisorisch. Wir warten weiter auf die Vertragsunterzeichnung für die Gesamtumsetzung und auf die Genehmigung als Gastronomiegewerbe. Es ist noch sehr viel zu tun und es braucht eine Menge an Hilfe, Geldern und Wundern.

Im Frühjahr 2020 reist Waldemar nach Tansania zu den Kaffeebauern, von denen *ZION* die Bohnen beziehen möchte, um sich von den fairen Arbeits- und Handelsdingungen zu überzeugen. Derweil rattern die Räder in Neuwied ununterbrochen weiter. Während die Umbauarbeiten in vollem Gang sind, trudeln Hilfsangebote von Ehrenamtlichen und Einzelspenden ein. Doch es reicht bei Weitem noch nicht. Für die Verwirklichung des Cafés und der Ferienunterkünfte fehlen noch um die dreihunderttausend Euro!

Also legt das Leitungsteam bei Herrn Baumer die Karten auf den Tisch. Zuletzt wage ich einfach zu fragen: »Meinen Sie, die jüdischen Inhaber würden uns helfen, indem sie uns Geld leihen?«

Dem Makler entgleitet sein Pokerface. So viel Dreistigkeit scheint ihn zu verblüffen. »Ähm … natürlich nicht. Schließlich ist es ihre Immobilie und es sind knallharte Geschäftsleute. Wieso sollten sie das tun?! Es sei denn, es wird für sie ein Herzensprojekt …«

Wir lassen nicht locker, bis tatsächlich ein weiteres Treffen in die Wege geleitet wird.

Yosef lauscht wie immer mit freundlichem Gesicht, aber seine Stirn runzelt sich nachdenklich. Während wir das Anliegen unterbreiten, befürchte ich, dass wir uns einer Sackgasse nähern.

Sommer 2020, Neuwied

»Sie dürfen als Immobilienunternehmer keine Gelder leihen, weil sie ja keine Bank sind«, erkläre ich und nippe an meinem Cappuccino.

Die spannungsaufbauende Pause wirkt und mein Gegenüber rutscht aufgeregt vor an die Stuhlkante. »Und dann?«, fragt die acht Jahre Ältere.

Ich schmunzle. Schon immer mochte ich Erikas aktive Neugier. Diese Eigenschaft zog und zieht die Missionarin in die verschiedensten Länder. Sie ist viel unterwegs, doch wenn sie sich im Heimaturlaub spontan mit mir trifft, fühlen wir uns gleich wieder verbunden. »Mir kam eine Idee und ich habe vorgeschlagen, dass sie uns ja ein fertig möbliertes Café vermieten könnten.«

Mit großen Augen nimmt meine langjährige Freundin einen großen Schluck Kaffee aus ihrer Tasse.

»Sie haben sich tatsächlich darauf eingelassen!«, erzähle ich begeistert. »Und uns dreißigtausend Euro für die Einrichtung vom Café und noch mal so viel für die Ausstattung der drei Ferienwohnungen zur Verfügung gestellt.«

Erika schüttelt mit vielsagendem Lächeln den Kopf und flüstert: »Gott ist gut ...«

»O ja«, bestätige ich und fahre mit den Fingern die Muster der hübschen Tasse vor mir nach. Das Gefäß erinnert mich an all die Sachspenden des Münchner Cafés, in dem Waldi und ich eine Weile mitgearbeitet haben, um weitere Erfahrungen in diesem Gewerbe zu sammeln. Die christliche Gaststätte musste während der Corona-Pandemie leider schließen – und spendete fast ihre gesamte Ausstattung an *ZION*.

»Nach der Übereinkunft meinte einer der jüdischen Unternehmer zum Immobilienverwalter: ›Sehen Sie, wir dachten, in Neuwied gibt's nur Allah, aber wir haben auch Gott gefunden.‹ Das hat er so gesagt, weil in der Stadt viele Ausländer leben ... Und der Immobilienmakler war sogar richtig gerührt, als wir kurz darauf den Vertrag unterzeichneten und im Anschluss gemeinsam beteten.«

Das Staunen und Freuen darüber lässt uns einen Moment lang still nicken und nachsinnen.

»Corona hat euch bestimmt heftig ausgebremst, oder?«, erkundigt sich Erika.

Während dem geleerten Cappuccino duftender Tee folgt, berichte ich meiner Besucherin die weiteren Geschehnisse der letzten Monate. Noch im selben Monat der Vertragsunterzeichnung mussten wir wegen der Pandemie-Bedingungen den Pop-up-Store schließen. Doch wir blieben während der Einschränkungsphasen nicht untätig, sondern werkelten, soweit es möglich war, auf der Baustelle weiter. Wir planten und organisierten, beteten und trafen Entscheidungen. Unter anderem die, dass Waldi seinen Job kündigte, damit er sich ganz in das Projekt investieren konnte. Meine selbstständige Tätigkeit als Floristin und Eventgestalterin übte ich, schon seit ich Mama sein darf, nicht mehr aus.

Also beschlossen wir, als Familie monatlich mit sechshundert Euro an ausgezahlten Spenden auszukommen. Völlig verrückt – doch verrückte Schritte mit Jesus haben enormes Wunderpotenzial, wie uns der gesamte bisherige Weg gezeigt hatte. Und wieder legte unser Versorger ausreichend obendrauf, indem er mehreren Menschen aufs Herz legte, die vierköpfige Familie finanziell zu unterstützen. Wir lebten von nicht sonderlich viel, aber hatten immer genug.

Indirekt wurden wir bereits ein Jahr vorher darauf vorbereitet. Damals hatte die Geschichte des Ärzte-Ehepaars in Peru angestoßen, das *ZION*-Projekt ohne die Unterstützung einer Bank umzusetzen. Jesus forderte mich auf, ihm radikal zu vertrauen. Wir entschieden, ihm zu folgen, ohne zu wissen, was das nächste Jahr bringen würde. Wer hätte erwartet, dass ein Virus die ganze Welt lahmlegen würde?

Doch mein Lebenskönig drehte sie weiter und ermöglichte sogar, dass sich die Einschränkungen genau rechtzeitig weit genug lockerten, um eine unglaublich schöne Jubiläumsfeier erleben zu dürfen.

»Wie war's?«, fragt Erika, die den Werdegang unserer Beziehung von Beginn an mitverfolgt hat.

»Wunderschön«, seufze ich und kann nur schwärmen.

Ein großes Fest zum Zehnjährigen habe ich mir immer gewünscht, um nochmals unser »Ja« zu zelebrieren. Als leidenschaftliche Organisatorin hatte ich früh im Voraus mit den Planungen begonnen. Aber dann kam Gottes Aufforderung, alle Pläne an ihn abzugeben. Zusammen mit der Entscheidung ließ ich die Zukunftskonzepte los. Ich sagte allen Dienstleistern ab, die ich bereits für unseren zehnjährigen Hochzeitstag angefragt hatte. Während all dem Trubel des laufenden Jahres meldete sich immer wieder zaghaft der Wunsch in mir, das Fest trotz allem zu ermöglichen. Doch danach sah es die Monate vor dem besagten Datum absolut nicht aus. Die ungewissen Pandemieauswirkungen und die unerschöpflichen Projektaufgaben stellten sich wie abwehrende Türsteher vor den nahenden Termin.

Unmöglich gibt's bei Jesus aber nicht. Notfalls agiert er selbst als Eventmanager. Zwei Wochen vor dem Hochzeitstag fand und fügte sich alles unglaublich schnell und unerwartet zusammen! Die Corona-Beschränkungen sowie Fallzahlen nahmen ab und die Zusagen an Helfern zu. Zuletzt wurde es viel schöner, als ich es im Jahr zuvor organisieren wollte.

Unter freiem Himmel auf dem Wiesengrundstück von guten Freunden feierten wir mit vielen lieb gewonnenen Menschen und unseren beiden Kindern samt Brautkleid und Anzug einen traumhaften Gottesdienst. Wir lasen einander Eheversprechen vor, Sam segnete uns und eine Musikband, die sich aus Gemeindefreunden gebildet hatte, spielte Lobpreislieder. Mit großem Büfett und Programm folgte bei idealem Wetter eine herrliche Party bis in die Nacht hinein. So viel Gutes!

Ich bin so dankbar. Es ist märchenhaft, was ich erleben darf. Dass ich mit meinem Traummann schon zehn glückliche Jahre erleben durfte. Mit ihm an meiner Seite habe ich alles, was ich möchte. Ein Leben ohne ihn kann ich mir nicht mehr vorstellen.

Doch bald sollte ich es mir vorstellen müssen.

11

BEI EINBRUCH der Finsternis

2020, Teichern

Ich tippe die Zahl »300 000« und starre die Ziffern im Textfeld an. Es fühlt sich nicht gut an. Schon dreimal habe ich begonnen, eine Antwortmail an den Schweizer zu verfassen, und sie jedes Mal wieder gelöscht. Noch viel öfter habe ich Gedanken gegeneinander abgewogen und das Thema in Gebeten umhergewälzt.

»Schreib ihm ›dreihunderttausend Franken‹«, höre ich Karolas selbstsichere Stimme in meinem Hinterkopf. »Wir brauchen viel für den Aufzug und er hat ja gefragt.«

Das stimmt. Wir brauchen einen Aufzug für das dreistöckige Gebäude, doch die jüdischen Inhaber ließen sich nicht von dessen Notwendigkeit überzeugen. Und mitten in dieser finanziellen Misere kommt völlig unvermittelt die Frage des fremden, schweizerischen Unternehmers: »Wie viel braucht ihr?«

Ist das nicht ein göttlicher Wink mit dem Zaunpfahl, eigentlich mit dem gesamten Zaun? Für mich steht außer Frage, dass Gott dafür gesorgt hat, dass der gläubige Mann beim Fernseher-Zappen beim christlichen Sender ERF hängen blieb. Zuvor hatte dieser Kanal nie sein Interesse wecken können, doch die Erzählungen aus meiner Lebensgeschichte zogen seine Aufmerksamkeit auf sich. Der Schweizer musste den Programmbeitrag bei *Mensch Gott* bis zum Ende verfolgen, wie er mir nach dessen Ausstrahlung in einer Mail schrieb. Gott habe ihm aufgetragen, für das Projekt *ZION* zu spenden.

All das spricht dafür, ihm eine hohe Betragsangabe zukommen zu lassen. Aber nicht mein Bauchgefühl, nicht mein Empfinden, nicht mein Vertrauen in Gott. Karola und Roman können sehr überzeugend sein, doch Waldi und ich finden keinen Frieden darüber. Ich drücke die Rücktaste und lösche die Ziffern auf dem Bildschirm. Das digitale Weiß setzt mich sichtbar frei.

»Dein Reich, Papa«, lege ich die Verantwortung an dem einzig richtigen Ort ab. »Dein Reich komme. Dein ist *ZION* und du bestimmst, wie es möglich wird.«

Ich atme durch und schreibe: *Wenn Gott dir aufs Herz gelegt hat, dass du spenden sollst, dann wird dir der Heilige Geist sagen, wie viel.*

Dieses Mal lösche ich nicht, sondern drücke auf *Senden*.

Meine Mail löst enormen Trubel im *ZION*-Leitungsteam aus, da sie keine konkrete Summe übermittelt hat. Der Konflikt darüber stellt für den gesamten Zusammenhalt eine Zerreißprobe dar. Mit großer Anspannung warten wir die Reaktion des ungewöhnlichen Gönners ab.

Einerseits mit mulmigem Gefühl, andererseits mit einem inneren Frieden darüber, dass es richtig war, die Entwicklung Gott anzuvertrauen, öffne ich schließlich die Mail aus der Schweiz. Die Antwort des Fremden schockt geradezu – positiv: *Gott hat mir gezeigt, dass ich euch 10 000 Franken schicken soll, und ein Freund hat diesen Eindruck bestätigt. Eigentlich fordere ich sonst immer einen Businessplan ein, aber bei euch weiß ich, dass ich es einfach schicken soll.*

Kurz darauf befindet sich der gesamte Betrag auf dem Vereinskonto und wir können den Aufzug finanzieren. Noch im gleichen Monat ermöglicht uns Gott durch unerwartete finanzielle Unterstützung einen Familienurlaub, in dem wir auftanken können. Der Wundertäter versorgt.

Er berührt ein weiteres Herz, dieses Mal von einem Großunternehmer aus unserer Region, der dem Verein ebenfalls eine große Summe spendet. Parallel zu den Umbauarbeiten kümmert sich Gott um die Zusammenstellung eines bunt gemischten Personalteams für den zukünftigen Betrieb. Dazu gehört unter anderem ein Koch, der von Jesus aufgefordert wird, seinen Job zu kündigen, um für *ZION*s Küche zu arbeiten. Ein anderer junger Mann gibt seine sichere Stelle in der Stadtverwaltung auf, um sich zu hundert Prozent in die Vision einzubringen.

Für die Renovierung guckt sich Gott verschiedene Menschen aus und führt sie zum richtigen Zeitpunkt für die passende Aufgabe ins *ZION*. Neben vielen engagierten Ehrenamtlichen rekrutiert er auch Profis, die von dem Projekt erfahren und ihre Fähigkeiten dafür einsetzen möchten. So meldet sich ein Künstler, der die Wand im Spielbereich des Cafés mit ansprechenden Motiven gestaltet. Ein Team aus Freiwilligen fertigt die Einrichtung und Spielzeug für die Kinderecke an. An der Holzausstattung beteiligt sich ein Schreiner und ein selbstständiger Maler bietet uns Hilfe an, da er derzeit weniger Aufträge als sonst erhält. Ohne etwas für seinen stundenlangen Einsatz zu verlangen, streicht er viele Wände und die Theke.

Dem strahlenden Weiß fügen wir später noch Flächen in sattem Dunkelgrün hinzu. Die Farbe der Hoffnung erzählt von deren Erfüllungen in diesen Räumen. All unsere Hoffnungen wurden um ein Vielfaches übertroffen. So viele unerwartete Unterstützer betreten die Baustelle und verhelfen *ZION* zu dessen Bestimmung: einen Freiraum bieten für Leib und Seele, für Frieden, Freiheit, Würde und Neubeginn.

Manche der Mitarbeitenden verkörpern dieses Ziel bereits selbst auf besondere Weise …

Eifrig klebt Sorina Fensterrahmen und Steckdosen ab, fegt wieder und wieder durch, packt mit an, wo auch immer Aufgaben anfallen. Die Rumänin hat es geschafft. Als Waldi und ich sie nach einem produktiven Nachmittag mit dem Auto nach Hause fahren, müssen wir nicht mehr den Weg zum Wohnwagenviertel einschlagen. Von der Übergangswohnung ist sie in eine eigene kleine Mietwohnung gewechselt, hat einen Job gefunden und nun erkennen wir sie kaum wieder, obwohl wir den Weg mit ihr gegangen sind. Unbedingt möchte sie an dem Ort mithelfen, wo sich die Vision niederlässt, die in Form vom Projekt *Schattentöchter* ihre ehemaligen Kolleginnen weiterhin aufsucht.

»Wisst ihr eigentlich, dass dieser Heiligabend bei euch mein Leben verändert hat?«, kommt unvermittelt die Frage von der Rückbank.

Mit einem Schlag bin ich wie elektrisiert. Sofort spulen Erinnerungen Ausschnitte von jenem Weihnachtsabend vor meinem geistigen Auge ab, an dem wir zwei Frauen aus der Prostitution bei uns eingeladen haben. Abgeholt vom Wohnwagenplatz standen sie in hübschen Kleidern mit Geschenken für unsere Kinder im Wohnzimmer und bewunderten den Christbaum. Sorina half mir spontan mit dem Kaviar, der mich bei der Essensvorbereitung überforderte und mit dessen Zubereitung sie sich auskannte. Gemeinsam mit unserem Pastor Sam und seiner Frau Sarah verbrachten wir zu acht einen wunderschönen Abend voll Lachen, Austausch, gutem Essen, Liedern und warmen Lichtern, die um uns und in uns schienen. Danach fuhren Waldi und ich sie zurück zu ihrem Leben in den Sex-Mobilen. Das Wunderbare endete mit diesem furchtbaren Nachgeschmack. Doch es war nicht das Ende.

»Das war ein Wendepunkt«, erzählt die Dunkelhaarige in Jeans und T-Shirt. »Ich habe auch in Rumänien Christen kennengelernt, aber keiner von ihnen hat mich je eingeladen. Aber ihr habt gleich zwei Prostituierte zu euch nach Hause eingeladen, und das an Weihnachten! Ihr seid ein Teil davon, dass ich jetzt hier bin, wo ich bin.«

Tränen schießen mir in die Augen. Gerührt lege ich meine Hand auf Waldis Oberschenkel, der mit glücklichem Grinsen den Blick auf die Straße gerichtet hält.

Gott ist so gut. Dass er uns das in letzter Zeit besonders deutlich zeigt, trägt uns durch die Herausforderungen hindurch. Wir ahnen nicht, dass es uns auch rüsten soll. Für den kommenden Einschlag, der alles erschüttert.

Juli 2021, Neuwied

»Waldi, bleib bei mir! Waldi!« Entsetzt halte ich den zuckenden Körper in meinen Armen. Gerade noch rechtzeitig konnte ich meinen zusammensackenden Mann abfangen, bevor wir gemeinsam zu Boden sanken.

Er stirbt! Er stirbt!

Alles krampft und schlackert unkontrolliert. Dabei war eben noch alles gut, alles normal.

Waldemar hatte eine Frau mit Kind in der Stadt abgeholt, die wir für einige Zeit in einem der *ZION*-Appartements aufnehmen. Auf diese Weise möchten wir wenigstens einigen der Betroffenen beistehen, die Anfang des Monats bei einer Flutkatastrophe im Ahrtal alles verloren haben. Mein Mann fuhr sie mit dem Auto her, trug ihr Kind, reparierte etwas am Türschloss, stand neben mir, als die Frau sich verabschiedete und eben durch die Tür des Cafés fortging. Mitten im Gespräch über die Situation begann Waldi plötzlich, komische Bewegungen zu machen.

»Lass das, Schatz. Das ist nicht lustig.«

»Das ist kein Witz ... ich fühle mich nicht gut.« Im nächsten Augenblick fiel er in sich zusammen.

Jetzt liegt er unaufhörlich zuckend auf meinem Schoß. »Hilfe!«, brülle ich verzweifelt.

Doch Mila und einer unserer Mitarbeiter befinden sich im oberen Aufenthaltsbereich, der mit uns durch den geschwungenen Treppenaufgang verbunden ist, und oben läuft laut Musik.

Jesus! Bitte!! Jesus!

»Waldi, bleib bei mir. HILFE! LARS!«

Ich schreie so laut, wie es mir in der Position am Boden möglich ist. So lange, bis endlich ein irritiertes, dunkelblondes Mädchen auf der Treppe erscheint. Meine Tochter starrt uns geschockt an, dann macht sie Lars auf uns aufmerksam. Kurz darauf stehen die beiden bei uns und der Mitarbeiter ruft den Krankenwagen. Gott sei Dank bin ich nicht mehr allein, aber Mila …

»Was ist mit Papa?«, fragt sie mit angsterstickter Stimme immer wieder.

»Ich weiß es nicht«, keuche ich, während der koordinierende Teil in mir die Regie übernimmt. »Bring sie raus!«, weise ich das Teammitglied an.

Vor der Glasfront warten die zwei auf den Notarzt. Drinnen versuche ich, mich und die Liebe meines Lebens zu beruhigen. »Alles wird gut, Waldi. Bitte komm zu dir.«

Plötzlich stoppt das Beben seines Körpers. Alles erschlafft schlagartig, als habe man einer Marionette die Fäden durchtrennt. Nichts rührt sich mehr und Waldemars Gesicht läuft blau an. Mein Herz scheint für einen Schlag auszusetzen. Doch der innere Koordinator funktioniert wie ferngesteuert weiter, ich lege Waldi ab und starte die Wiederbelebungsmaßnahmen. Eine gefühlte Endlosigkeit lang bearbeite ich den reglosen Köper, bis den blauen Lippen ein paar Ausrufe entfahren. Die bläuliche Farbe in seinem Gesicht klingt ab und mit leichten Bewegungen von Kopf und Händen öffnen sich auch endlich die Augenlider.

»Schatz! Geht's dir gut?!«

»Ja … ja, alles gut«, antwortet Waldemar benommen, aber wieder klar und anwesend.

Unsagbar erleichtert drücke ich seine Hand und einen Kuss auf die blasse Wange. Das Adrenalin hält meinen Herzschlag weiterhin auf Hochtouren und mein aktivierter Ernstfall-Part lotst mich durch die Szenen. Ich nehme einfach wahr, während die tausend Fragen und Sorgen wie durch einen Schalldämpfer in mein Bewusstsein dringen. Ich sehe zu, wie der Notarzt Waldemar in den Krankenwagen verlädt und abfährt. Aufgrund der Pandemie-Bestimmungen darf ich ihn nicht begleiten und so fahre ich mit Mila zu Karola und Roman und warte. Beten und warten.

Am Abend meldet sich Waldi aus dem Krankenhaus und teilt mir am Handy mit, was der MRT-Befund ergeben hat: »Natalie, sie haben im Kopf was entdeckt. Und das ist ein Tumor.«

Ich antworte etwas. Wir vereinbaren, dass ich zu ihm komme, und legen auf. Wie von einer kompletten Schallschutzmauer umgeben, laufe ich mit Tunnelblick ins Gästebad. Nur einer kann gerade noch durch den Schockbunker durchdringen, nur einen lasse ich rein. *Jesus, das kann doch nicht wahr sein. Ein Hirntumor?!*

Das Schlimmste, das man sich vorstellen kann. Bisher habe ich eine heftige Erschöpfungsreaktion vermutet. Aktuell läuft so viel gleichzeitig und Waldi hängt sich stets zu hundert Prozent in die Aufgaben rein. Neben den Vorbereitungen für die näher rückende Eröffnungsfeier von *ZION* im Oktober kam noch die spontane Aufnahme der Flutopfer. Das bedeutet viel Stress, aber es war wohl nur der Tropfen, der ein gewaltiges Fass zum Überlaufen gebracht hat. Nun sind wir von dieser persönlichen Flut betroffen und ich spüre, wie die Angst ansteigt, dass sie alles fortreißen wird. Das Wichtigste, das Beste, die Säule meines Lebens.

Noch am selben Abend treffe ich mich zum »Sturmbeten« mit Leuten aus der Gemeinde und weiteren Freunden, die ich in einer Whatsapp-Gruppe direkt informiert habe und von nun an darüber auf dem Laufenden halte. Die Gebetsgemeinschaft stärkt uns in den kommenden Tagen den Rücken und wächst an. Auch der Kreis an mentalen Unterstützern und anpackenden Helfern erweitert sich rasch, während im Krankenhaus schnelle Entscheidungen getroffen werden müssen.

Recht zügig ist eine Hirnoperation in Planung. Der spezialisierte Chefarzt behandelt allerdings nur besonders schwere Fälle oder Privatpatienten. Wir müssen das hinnehmen und Gott vertrauen, dass er die richtige Ärztin stattdessen ausgewählt hat. Die OP soll so bald wie möglich erfolgen und der Termin steht in wenigen Tagen an. Womöglich sind es unsere letzten gemeinsamen Tage. Die Operation birgt alle Risiken von psychischen Beeinträchtigungen über physische Behinderungen bis hin zu dem Fall, dass Waldi nicht wieder aufwacht. Das alles scheint so surreal. Ich kann mir nicht vorstellen, Waldi, meinen geliebten Mann, zu verlieren. Und doch versuchen wir als Familie, die Zeit noch irgendwie auszukosten.

Nebenbei funktioniere ich. Unsere Freunde Anna und Wetschi stehen mir in dem Chaos zur Seite und gemeinsam bemühen wir uns, so viel wie möglich von der Schwere den Kindern fernzuhalten. Waldemars und meine Familie unterstützen, wo sie können. Bekannte und alte Kontakte melden sich und bieten Hilfe an. Auch aus unserer Nachbarschaft und von anderen Mitgliedern unserer ehemaligen Gemeinde erhalte ich besorgte Nachfragen, Gebetsrückhalt und Ermutigungen. Alle rücken zusammen und stützen in diesem erschütternden Zustand.

Um die vierzig Personen versammeln sich am Vorabend der OP beim Spital, um zu beten und sich zu verabschieden. Unsere drei Pastoren salben Waldi. Ich realisiere das alles und kann es doch nicht begreifen.

Am nächsten Morgen dann die nächste Hiobsbotschaft: Die Operation muss verschoben werden. Waldemars Gerinnungswerte sind schlecht. *Was denn jetzt noch, Gott?*

Nach einem gründlichen Check stellt sich eine genetische Veranlagung als Grund für den fehlenden Faktor heraus. Die Werte müssen perfekt sein, um das Risiko aufs Minimum zu reduzieren, aber das Spritzen des fehlenden Stoffes kostet um die zehntausend Euro! Die Ärzte sind unsicher, ob die Krankenkasse den Betrag übernehmen wird und ob nun die Verlegung in ein anderes Krankenhaus notwendig ist. In den nervenaufreibenden Prozess schaltet sich auf einmal jener erfahrene Chefarzt ein. Die genetische Problematik macht Waldi zu einem Spezialfall und der Mediziner entscheidet nicht nur, die Operation selbst durchzuführen, sondern auch, dem Patienten ohne Verzug zu helfen, selbst wenn von den Kosten letztlich etwas hinten runterfällt. Endlich erfolgt die Hirn-OP.

Sie verläuft so gut, dass die Spritze gar nicht benötigt wird! Gott ist gut! In alldem können wir uns nur daran klammern. Das auch weiterhin zu glauben, fordert mir in den kommenden Wochen alles ab. Denn so wunderbar der bisherige Prozess verlief, so plötzlich folgt der nächste Einschlag.

»Nein!« Die braunen Augen zucken panikerfüllt hin und her. Mein Mann schüttelt energisch den Kopf: »Ich nehme sie nicht! Keine Pillen!«

Es ist zu spät. Zu spät erkenne ich das Ausmaß der Situation. Zu wenig ernst haben die Ärzte Waldis merkwürdiges Verhalten eingeschätzt. Zwei Tage lang schien der frisch Operierte sich positiv zu regenerieren. Doch dann beschwerte sich das medizinische Personal darüber, dass er unaufhörlich wirres Zeug von Jesus rede und dessen Namen laut schreie. Nach einem Eingriff am Gehirn ist jeder Betroffene erst einmal »Matsch im Kopf« und sicherlich verstärken Übermüdung und Erschöpfung diesen Zustand, folgerte ich. Darum fragte ich an, ob mein Ehemann in sein vertrautes Umfeld nach Hause dürfe, damit er sich ausruhen könne. Ich vertraute der Einschätzung der Ärzte und deutete daher Waldis Verhalten als den Umständen geschuldet. Zwei weitere Tage verlief alles einigermaßen im Rahmen. Bis er sich heute Abend zunehmend unwohl fühlte. Er reagierte aggressiv und abwehrend.

Das wird schon wieder besser, wenn er schläft und seine Medikamente nimmt … Dachte ich. Doch während meiner Überredungsversuche, die Tabletten einzunehmen, steigern sich jetzt Waldis Gegenwehr und Lautstärke. Er erkennt mich nicht mehr als diejenige, die für ihn ist, erkennt sich selbst nicht mehr.

Schließlich springt Waldemar auf: »Ich will die Pillen nicht!!«

Überrumpelt erstarre ich. Dann schütteln mich meine Instinkte wach und treiben mich zur Flucht. Ich haste in den Flur und schnappe das Haustelefon. Notruf. Es ist ein absoluter Notfall, denn ich habe Angst. Angst vor Waldi!

Wie neben mir stehend gebe ich die Informationen an die Leitstelle durch und lege auf. In diesem Moment werde ich von hinten gepackt und herumgerissen. Ohne Vorwarnung prügeln Fäuste auf mich ein. Ich reiße die Arme hoch, um mich vor den Attacken zu schützen. Die Hand, an die ich einst unseren Ehering gesteckt habe, saust wieder und wieder auf meinen Kopf und Oberkörper nieder. Schmerz und Todesangst drehen meine Schreie, die durch das Haus hallen, auf. Die Angriffe drängen mich rückwärtsstolpernd gefährlich nahe an den Treppenabgang zum Keller. Verzweifelt versuche ich, die Schläge abzuwehren und der Absturzzone zu entfliehen. Doch Waldemar ist nicht nur stärker, sondern auch fremdgesteuert vom Delirium. Alle Hemmungen scheinen von der Raserei weggewischt – wie es der Alkohol bei meinem Bruder tat, als er mich umbringen wollte …

Plötzlich wird der Hirnwütige zur Seite gerissen. Waldis Vater hat mein Schreien gehört. In wildem Handgemenge ringt er mit seinem Sohn, bis die beiden zu Boden gehen. Der Kopf mit der langen, frisch vernähten Narbe prallt auf den Granitbelag.

Der alarmierte Part in mir reißt mich fort von der Szene und jagt meine Füße zur Wohnungstür hinaus. Er steuert mich zu den Nachbarhäusern, bei denen ich Sturm klingle. Mit zwei Männern kehre ich zurück in unseren Flur und die beiden eilen meinem Schwiegervater zur Hilfe. Mein panischer Ehemann windet sich schreiend hin und her, dabei schlägt sein Schädel immer und immer wieder auf den Boden. Überfordert dränge ich mich an die Flurwand, während die Verstärkung sich abmüht, ihn irgendwie zu fixieren.

Nach viel zu vielen Zusammenstößen von Schädel und Granit treffen endlich die Notärzte und Polizisten ein und bekommen den tobenden Mann unter Kontrolle. In Handschellen und unter ruhigstellenden Drogen wird er schließlich in die Psychiatrie abtransportiert.

Das überlebt er nicht, wiederholt in mir der Schrecken die ganze Nacht hindurch. *Das kann keiner überleben. Die Wunde ist erst vier Tage alt. Hundertprozentig hat er innere Nachblutungen …*

»Bitte, Gott, bitte nimm ihn zu dir. Es ist okay, wir hatten so glückliche, gesegnete Ehejahre. Ich bin dankbar für die elf Jahre, die wir hatten. Nimm ihn oder heile ihn – aber diesen Zustand ertrage ich nicht!«

Nach der Horrornacht dauert es mehrere Tage, bis ich mich traue, Waldemar in der Psychiatrie zu besuchen. Zu viel Schrecken, zu viel Furcht durch das Geschehene und vor dem, was mich dort erwartet.

Als ich mich in die geschlossene Einrichtung wage, treffe ich auf einen Mann, den ich nicht kenne. Mit Medikamenten zugedröhnt, angeschwollenem Kopf und völlig durch den Wind. Aktuell können die Ärzte nicht sagen, ob es sich um ein Delirium handelte und mein Ehemann mit ausreichend Zeit und Genesung wieder zurückkehrt.

Wenn aber der Frontallappen beschädigt wurde, bleibt er für immer wesensverändert. Das ertrage ich nicht.

Gott, wenn Waldi nicht er selbst ist, kann ich nicht mit ihm leben. Nicht so!

Ich sehe einen verstörten Fremden. Nicht Waldi. Nicht meinen Ehemann. Und ich habe Angst vor ihm. Eine Hülle irrt umher, die auch äußerlich nur noch in Ansätzen an die Liebe meines Lebens erinnert. Ein Albtraum hat alles Vertraute in grauenhafte Schemen verkehrt.

12

EIN LEBEN der zweiten Chancen

Juli 2021, Ortschaft nahe Neuwied

Widerwillig lausche ich nochmals nach.

Lass mich dein Alles sein, dein Ehemann, wiederholt Jesus.

Das ist merkwürdig. Das will ich nicht. Ich will meinen Ehemann zurück, meinen Waldi! Wie soll Jesus diesen Platz ersetzen?

Ich ersetze ihn nicht. Ich fülle deinen Mangel aus. Ich erfülle dich und erfülle meine Versprechen.

Das besagt auch die Liste, die neben mir auf dem Beifahrersitz liegt. Bei einem Treffen mit einer Seelsorgerin habe ich aufgeschrieben, was Waldi mir bedeutet oder ich mit ihm verbinde: Geborgenheit, bester Freund, sicherer Hafen, Intimität, Unterstützer, Vertrautheit …

Dann sollte ich markieren, was wegfiele, wenn sein momentaner Zustand dauerhaft bliebe. Fast alle Begriffe auf dem Blatt sind durchgestrichen.

Meine Gesprächspartnerin forderte mich auf, eine weitere Spalte anzufügen und nochmals durchzugehen, welche dieser Aspekte ich in Jesus habe oder erhalte. Hinter fast jedem Begriff steht ein Häkchen.

»Schau, Jesus will dein Ehepartner sein.« Intuitiv schüttle ich den Kopf bei der Erinnerung an ihre Aussage und biege auf den Parkplatz der Psychiatrie ein. Im Kofferraum klirren die Glasflaschen, die ich mit bunten Smoothies abgefüllt habe. Bei jedem Besuch bringe ich Waldemar selbst gemachte Immun-Booster mit, randvoll mit

Früchten, Gemüse, Kräutern, Liebe und Hoffnung. Gestern sah er immerhin ein kleines bisschen weniger schlimm aus. Tag sieben nach der schrecklichen Nacht.

Abwarten und hoffen. Mehr geht gerade nicht. Mir bleiben zwei traumatisierte Kinder, Hoffnung und Gott – mein guter Vater, mächtiger Freund, Wundervollbringer, Tröster, Helfer, Retter … aber mein Ehemann?! Das kann ich doch nicht sagen! Er kann den Kindern ein Trost für die Vater-Lücke sein, er kann mein liebevoller Versorger sein … Doch was ist mit Intimität und dergleichen?

Andererseits erinnere ich mich an den Prozess, durch den Gott mich als Teenagerin bis hinein in die Ehe begleitet hat. Wie er mir half, eine gesunde Sexualität zu finden ohne Abhängigkeiten. Indem Jesus mir bedingungslosen Wert zuspricht, hat er mir den Zugang zu einer erfüllenden Identität als Frau ermöglicht. Ich fühle mich kostbar, begehrenswert, geliebt. So wie ich bin. Denn er hat immer wieder um mich geworben – wie um eine Braut.

Trotzdem widerstrebt mir der Gedanke.

»Okay, Jesus«, ich ziehe den Autoschlüssel ab und atme tief durch. »Wenn du das auch so siehst wie die Seelsorgerin und mich wirklich sozusagen heiraten willst, also dass ich deine Braut bin und du bist mein Partner, dann gib mir ein Zeichen.«

Ich verlasse den Wagen und nehme den Korb mit den Liebestränken aus dem Laderaum.

Vielleicht ja in Form eines Ringes, kommt mir noch der Gedanke.

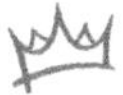

Es erscheint kein Ring. Keine kreisförmige Wolke, keine mysteriöse E-Mail, kein geistiger Eindruck, auch keine Elster, aus deren Schnabel mir »aus Versehen« ein gestohlenes Schmuckstück vor die Füße fällt. Die Tage ziehen sich in Ungewissheit dahin und fordern mich als Mama, Café-Leitende, Baustellenbeaufsichtigende, Eröffnungsorganisatorin und bangende Ehefrau an allen Fronten heraus. Doch irgendwie ist immer genug Kraft da, genug Hoffnung und Überlebenswillen. Der Alltag muss trotz Ausnahmezustand laufen.

Mit dieser Einstellung betrete ich an einem Morgen Lukas' Zimmer und wecke ihn mit einem raschen »Guten Morgen«. Bereits auf dem Weg zu seinem Kleiderschrank setzt sich das Fast-Schulkind im Bett auf. »Mama, ich habe heute Nacht von dir geträumt und von Jesus.«

Gedanklich schon im *ZION* ziehe ich eine Hose und ein T-Shirt aus den Stapeln. »So? Was hast du denn geträumt?«

»Ihr habt geheiratet.«

Das sitzt. Ungläubig betrachte ich das hübsche Kindergesicht mit den blauen Augen. Lukas wusste nichts von meinem Zwiegespräch mit Jesus. Nun muss ich glauben. Glauben, dass Jesus mein Bräutigam sein möchte, mein Ehemann, mein Alles.

So wohltuend, so befremdend, so herausfordernd. Es ist ein heftiger Prozess, den ich in diesen Wochen durchschreite, bis ich das annehmen und dadurch Waldi loslassen kann.

»Dein Wille geschehe«, noch nie war dieses Gebet ein derartiges Ringen für mich. »Es ist hart. Aber du kannst Waldi nehmen. Er gehört dir.«

Braune Augen schauen mich an. Schauen statt starren. Die Pupillen zucken nicht unruhig umher. Der Blick erzählt von Müdigkeit und Erschöpfung, von Unsicherheit und Verlorenheit, von einem sehr harten Kampf. Aber auch von einem unerwarteten Sieg. Waldis Blick ruht auf mir, seiner Ehefrau, die er als Liebe seines Lebens kennt – erkennt. Der Mann an meiner Seite erkennt mich wieder, seine Kinder, seine Mitmenschen! Er erinnert sich an alles, er versteht die Welt um sich herum, er weiß wieder, wer er ist. Waldi ist zurück.

Noch immer ungläubig und überwältigt versuche ich mich auf das ärztliche Abschlussgespräch zu konzentrieren. Aber es fällt mir schwer, nicht Waldemars Blick zu suchen. Überglücklich und doch auch prüfend betrachte ich die Augen, die mir das größte Glück bedeuten, mir aber in den vergangenen Wochen schlaflose Nächte bereitet haben. Der verlorene, verwirrte Blick des Mannes, den ich geheiratet habe, verfolgte mich in den Träumen. Jetzt ist mein Mann wieder er selbst, wenn auch geprägt von heftigsten Erfahrungen. Dass ich ihn wiederhabe, scheint mir noch zu unwirklich, zu schön, um wahr zu sein. Noch warnt mich eine gewisse Skepsis. Ist es wirklich schon vorbei?

Der Prozess verlief auf einmal so unerwartet rasch. Besuch für Besuch zeigten sich Fortschritte, mal kleiner, mal größer. Ungewöhnlich schnell gingen die Schwellungen zurück und bekannte Charakterzüge kehrten schrittweise wieder. Tag für Tag konnten die Mediziner und ich beobachten, wie sich Waldemar körperlich und innerlich aufrichtete. Seine Bewegungen wurden koordinierter. Mühsam sortierte er die vergangenen Geschehnisse und die aktuellen Eindrücke, ordnete Gedanken und Empfindungen, suchte nach altem und neuem Halt für seine Persönlichkeit. Schließlich fand Waldi wieder zu sich selbst und ins Leben zurück.

Und nun, nach nur drei Wochen in der Klinik, wird er aus der Psychiatrie entlassen! Er braucht nicht einmal mehr Psychopharmaka! Das bestätigt uns auch der Arzt, der uns zum Abschied die Hand drückt. Immer wieder schüttelt er ungläubig den Kopf. Das medizinische Personal ist völlig verblüfft, dass Waldi schon entlassen werden kann, und das dermaßen schnell. Es lässt einzig und allein die Diagnose »Wunder« zu. Allerdings ist nicht sicher, ob es so bleibt oder der Tumor zurückkehrt, wie der Arzt im Gespräch nochmals klargestellt hat. Doch vorerst gilt Waldemar als geheilt.

Zaghaft lege ich meine Hand in die meines Ehemanns. Ebenso zaghaft fasst er sie und wir verlassen gemeinsam das Gebäude.

Auf dem Weg zum Parkplatz überschlagen sich die Gedanken und Gefühle. Zugleich ordnen sich unsere Finger zwischen die des anderen und der Händedruck wird fester.

Mein Waldi ist zurück. Zusammen kehren wir zurück ins Leben, in das ersehnte »Wir«, das uns wie eine neue Verheißung erscheint.

Der Trubel geht nahtlos weiter. Direkt am Folgetag von Waldemars Entlassung wird Lukas eingeschult und einen Monat später das Café *ZION* eröffnet.

Unfassbar und doch sichtbar und greifbar zeigt sich, was mit Gott möglich ist: Ohne Bankfinanzierung, nur durch Spenden und freiwillige Hilfen entstand aus einem Rohbau ein malerischer, einladender Ort. Komplett ausgestattet und liebevoll eingerichtet, bis ins kleinste Detail möchte er die ein und aus gehenden Menschen wertschätzen. So viele geradezu fantastisch anmutende Geschehnisse haben das Werk vollendet und machen mich sprachlos, während ich mittendrin stehe.

Mit der Einweihungsfeier öffnen wir den Menschen unserer Stadt die Türen zu einem der »Wohnzimmer Gottes«, wo sie einfach sein dürfen und seiner Gegenwart begegnen können. Auf den Menükarten stehen keine Preise, denn wir wollen den Einkehrenden selbst überlassen, was sie geben können und möchten. Dadurch vertrauen wir ganz praktisch Jesus die weitere Versorgung des Betriebs an. Wagnisse wie dieses haben *ZION* immerhin verwirklicht.

Das allgegenwärtige Kronen-Logo verweist auf den König, der es möglich macht. Er hat ein Niemandskind von der Straße zu seiner Braut erwählt und sich gegenüber von einem Ein-Euro-Laden einen Begegnungsort eingerichtet. *Krass.*

Januar 2022, Neuwied

Es ist aus.

Lange angebahnt und doch schlagartig ist es vorbei. Die Differenzen zwischen uns Leitungspaaren reiben sich zu sehr. Waldi und ich packen es nicht mehr. Wochenlang habe ich vollen Einsatz im frisch aufgenommenen Betrieb von *ZION* gebracht. Während Waldemar noch schwach und am Regenerieren war, managten wir irgendwie den Alltag mit den Kindern, die unter den Erlebnissen der letzten Monate litten. Ohne jemals die Position angestrebt zu haben, bemühte ich mich, als Chefin das Café-Team bestmöglich anzuleiten. Nachdem ich monatelang auf dem Gaspedal stand, ohne ausreichende Boxenstopps, näherte sich meine innere Tankanzeige ungebremst der Null.

Da schenkte uns Gott durch Sonderspenden einen viertägigen Urlaub in Österreich. Endlich eine Verschnaufpause. Sie reichte natürlich nicht, um die schrecklichen Geschehnisse eingehend zu verarbeiten und uns als Familie wieder vollständig zu festigen, doch die Auszeit tat gut. Es war ein erster aufhelfender Schritt.

Auf den ein Tritt ins Leere folgt.

Bei den Besprechungen als Vereinsleitung verschärfen sich die Unstimmigkeiten. Schließlich wird deutlich, dass die Zusammenarbeit nicht länger möglich ist. Streit darüber, welche Partei geht, sollte keine Option sein. Schweren Herzens beschließen Waldi und ich, das Projekt zu verlassen.

Wir haben viel investiert, unsere Berufe aufgegeben und von ausgezahlten Spenden gelebt. Unzählbare Stunden verbrachten wir auf der Baustelle, machten Fehler und verziehen Fehler. Wir durften Erfolge feiern und hatten mit Rückschritten und Herausforderungen zu ringen. Mit ganzer Leidenschaft haben wir *ZION* als unser »Projekt-Kind« ausgetragen und großgezogen … und darum lassen wir los. Das Gewordene darf nicht auseinanderreißen, auch wenn es uns ein Stück Herz ausreißt. Es schmerzt unfassbar und mit einem Mal stehen wir vor einer großen, ungewissen Leere.

Alles war auf die Vision ausgerichtet, wir sind *all in* gegangen und nun ist alles offen. Aber genauso wollen auch wir offenbleiben, anstatt uns zu verschließen, zu verbittern, zu verzagen. Die Situation ruft uns dazu auf, wie Abraham zu vertrauen, als Gott dessen lang versprochenen und ersehnten Sohn als Opfer zurückforderte. Es bedeutet, im Vertrauen loszulassen, es ihm komplett zu überlassen. Anvertrauen, auch wenn es völlig unverständlich für uns ist. Alles ist von Gott geschenkt, er darf geben und nehmen. Als Familie vertrauen wir weiter darauf, dass alles dazu dient, uns näher zu ihm hinzuführen. So wie er auch die Beziehung zwischen sich und Abraham durch die Herausforderung vertiefte – und letztlich ließ er ihm doch seinen Sohn. Er hat das Beste im Sinn.

Wir bleiben offen – für Neues, für Chancen, für den Ruf von Jesus. Mit einem Wundermacher an der Seite gibt es noch so große Möglichkeiten, so viele Türen, so spannende Wege, die in andere Weiten führen. Besonders durch Waldis wiedergeschenktes Leben ist uns bewusst, dass wir ein kostbares Hier und Jetzt haben. »Nur« das. Aber das ist viel. Genug.

Gott gibt und nimmt … Gott ist gut.

In den Monaten nach der Trennung vom Verein tröstet er uns durch Freunde und gute Erlebnisse. Waldemar bekommt einen Job als Haustechniker in Aussicht gestellt und die Kinder finden sich wieder besser im Alltag und Sozialleben zurecht. Jesus weiß, was wir brauchen, und ermöglicht uns einen langen Urlaubsaufenthalt, um mit der Aufarbeitung zu beginnen und uns neu zu orientieren. Endlich können wir uns sortieren. Die Kinder sammeln unbeschwerte Erfahrungen, die den Schrecken der traumatisierenden Ereignisse lindern.

Das Erlebte zeigte Waldi, wie abhängig er von Gott ist. Zuvor hat er für anfallende Aufgaben sein ganzes Können und Wissen eingesetzt – und dabei viel auf die eigenen Fähigkeiten gesetzt. Wie er alles verloren und wieder zurückerhalten hat, veränderte seine Perspektive. Es ist ein Lernprozess, die Herausforderungen an Gott abzugeben und mit ihm zu bestreiten, aber es entlastet und befreit.

Auch ich habe viel zu ordnen: Waldi ist mein geliebter Ehemann, der wichtigste Mensch in meinem Leben – aber nicht mehr mein Alles. Jesus ist mein »himmlischer Ehemann«. Für diese seltsame Dopplung brauche ich wachsende Klarheit und Priorisierung. Mehr und mehr offenbart sich mir darin das überwältigende Glück von »zwei Lieben meines Lebens«. Es bleibt eine außergewöhnliche Vorstellung, aber sie vermittelt mir einen tiefen, wunderschönen Zuspruch, der mich durch alles begleitet und notfalls auf Händen trägt.

Ich weiß nicht, welches Schuhwerk ich für die nächsten Reiseabschnitte brauche. Vielleicht ist mancher Schuh auf dem bisherigen Weg verloren gegangen. Letztlich zeigte es sich meist als weniger entscheidend, ob ich barfuß, in Pumps oder Stiefeln unterwegs war. Jesus wählte immer Wege, die ich bestreiten konnte. Viel wichtiger war und ist, dass sich Gottes Pantoffeln, seine Hausschuhe, in meinem Lebenshaus befinden. Dass in mir ein »Wohnzimmer« für ihn eingerichtet bleibt, das wir gemeinsam gestalten. Denn bedeutender als das, was ich tue und wo ich bin, ist meine Beziehung zu Jesus und dass er bei mir ist.

Der geschenkte Urlaub ermöglicht uns, einiges sacken zu lassen und Kraft für die nächsten Schritte zu sammeln. Die Auszeit führt uns als Familie wieder zusammen und in die Dankbarkeit.

Februar 2022, in der Nähe von Neuwied

»Ich habe nicht mehr gewusst, wer ich bin. Ob ich eine Sie bin, ein Er, ein Es … wusste gar nix mehr«, die Stimme der jungen Frau hallt durch den Gemeindesaal, der gebannt ihren Worten lauscht. Die Atmosphäre knistert, als würde der Heilige Geist spürbar Funken schlagen. »Ich war so durch mit meinem Leben und ich saß da in diesem Milieu … und dann kam Jesus und hat mich dort besucht durch das Projekt *Schattentöchter*«, Sorina strahlt uns vom Podest aus an.

Die Tränen fließen unablässig über meine Wangen. Johanna und dem Team geht es nicht anders. In Weiß gekleidet steigt die Rumänin nach ihrem Lebensbericht und Glaubensbekenntnis in den kleinen, aufgestellten Pool. Ich sehe sie noch vor mir, wie sie vor ihrem Wohnwagen saß mit den wechselnden Perücken. Und jetzt … Nicht mehr wiederzuerkennen! Eine Frau, die ihren unerschütterlichen Wert erkannt hat. Ihr Schöpfer sagte Ja zu Sorina, bedingungslos wie zu einer geliebten Braut, und sie hat beschlossen, mit Ja zu antworten.

Der ganze Körper taucht ins Wasser und klatschnass wieder auf. Mit einem Leuchten im Gesicht steht die Getaufte vor der Gemeinde und dem Vereinsteam. Sie hat es geschafft. Sie ist den langen Weg des Ausstieges gegangen. Hat eine neue Wohnung gefunden, einen neuen Job. Und ein neues Leben. Frei von dem Milieu, frei von vielen belastenden Dingen. Und in dieser Freiheit des neuen Lebens hat sie ihren Glauben gefunden. Den Glauben an einen Gott, der sie die ganze Zeit nicht allein gelassen hat. Der bei ihr war, als sie im System der Ausbeutung steckte und nur als Objekt, als Ware, behandelt wurde.

Unvergesslich hat sich in mein Gedächtnis jenes Tattoo eingebrannt, das ich auf dem Arm einer Frau im Bordell entdeckt habe. In ihrer Haut verewigt stand *Property by* – dann folgte der Name des Zuhälters, dem sie als Arbeitskraft gehörte.

Sorinas unbändiges Strahlen verkündet ihre neue Zugehörigkeit, die sie frei gemacht hat. Von der Schattentochter zum Gotteskind. Sie hat ein neues Leben.

Ich weiß nur von einer Weiteren, die durch die Unterstützung des Vereins das Sex-Geschäft verlassen hat: Die einzige Deutsche, die ich kennenlernte, beschloss im Alter von sechzig Jahren nach jahrzehntelanger Arbeit in der Prostitution, die Chance noch zu ergreifen. Es ist nie zu spät für Wunder.

Das möchte *Schattentöchter* aufzeigen, das wollte die Botschaft von *ZION* sein. Das »Wunder vom Kreuz«, an dem Jesus sein Leben für uns gab, bedeutet, dass Vergebung und Neuanfang möglich sind, egal wie schwierig und komplex das Leben uns begegnet. Es verspricht, dass wir Menschen unendlich, bedingungslos geliebt sind und eine neue Chance jederzeit möglich ist. Gott wirkt und er wird es weiter tun, ohne sich aufhalten zu lassen. Und anders, als wir erwarten. Wer weiß, was wir alles noch nicht sehen und welche Saaten, die wir gestreut haben, bereits in der Erde wachsen …

So wie er mein Leben über die Zeit hinweg und durch viele Etappen hindurch komplett verändert hat. Jesus hat mir eine Krone aufgesetzt und eine neue Identität angezogen: Königskind. Das frühere Niemandskind weiß nun, dass es eine Lieblingstochter ist, denn ich gehöre zu jemandem. Zum König aller Könige:

> Jesus Christus, dem treuen Zeugen, dem Erstgeborenen aus den Toten und dem Fürsten über die Könige der Erde. Ihm, der uns geliebt hat und uns von unseren Sünden gewaschen hat durch sein Blut, und uns zu Königen und Priestern gemacht hat für seinen Gott und Vater – Ihm sei die Herrlichkeit und die Macht von Ewigkeit zu Ewigkeit! Amen.
> *Offenbarung 1,5-6 SLT*

Gott gibt und Gott nimmt, immer ist Gott gut.

Mein gesamter Lebensweg trägt diese Spur. Sie durchzieht das ganze Auf und Ab, das mich ausmacht. Wir verstehen so vieles nicht, doch es gibt eine größere Perspektive. Von weit oben, aus der Sicht des einen, der die Wolken ziehen lässt, macht das alles Sinn. Von dort aus ergibt das Zickzack der Wegführung ein Bild.

Bei mir vielleicht eine Krone.